D1724274

Thorsten Fischer: *Das GNOME-Buch*

SuSE PRESS

Thorsten Fischer

Das GNOME-Buch

Installation, Konfiguration und Anwendung der
graphischen Benutzeroberfläche für Linux

SuSE PRESS

Alle in diesem Buch enthaltenen Programme, Darstellungen und Informationen wurden nach bestem Wissen erstellt und mit Sorgfalt getestet. Dennoch sind Fehler nicht ganz auszuschließen. Aus diesem Grund ist das in dem vorliegenden Buch enthaltene Programm-Material mit keiner Verpflichtung oder Garantie irgendeiner Art verbunden. Autoren und die SuSE GmbH übernehmen infolgedessen keine Verantwortung und werden keine daraus folgende Haftung übernehmen, die auf irgendeine Art aus der Benutzung dieses Programm-Materials, oder Teilen davon, oder durch Rechtsverletzungen Dritter entsteht.

Die Wiedergabe von Gebrauchsnamen, Handelsnamen, Warenbezeichnungen usw. in diesem Buch berechtigt auch ohne besondere Kennzeichnung nicht zu der Annahme, dass solche Namen im Sinne der Warenzeichen- und Markenschutz-Gesetzgebung als frei zu betrachten wären und daher von jedermann verwendet werden dürften.

Alle Warennamen werden ohne Gewährleistung der freien Verwendbarkeit benutzt und sind möglicherweise eingetragene Warenzeichen. Die SuSE GmbH richtet sich im Wesentlichen nach den Schreibweisen der Hersteller. Andere hier genannte Produkte können Warenzeichen des jeweiligen Herstellers sein.

Dieses Werk ist urheberrechtlich geschützt.

Alle Rechte, auch die der Übersetzung, des Nachdruckes und der Vervielfältigung des Buches, oder Teilen daraus, vorbehalten. Kein Teil des Werkes darf ohne schriftliche Genehmigung des Verlages in irgendeiner Form (Druck, Fotokopie, Microfilm oder einem anderen Verfahren), auch nicht für Zwecke der Unterrichtsgestaltung, reproduziert oder unter Verwendung elektronischer Systeme verarbeitet, vervielfältigt oder verbreitet werden.

Die Deutsche Bibliothek – CIP-Einheitsaufnahme

Fischer, Thorsten:
Das GNOME-Buch : Installation, Konfiguration und Anwendung der graphischen Benutzeroberfläche für Linux / Thorsten Fischer. – Nürnberg : SuSE PRESS, 2002
    ISBN 3-934678-79-3

© 2002 SuSE GmbH, Nürnberg (http://www.suse.de)
Umschlaggestaltung: Fritz Design GmbH, Erlangen
Gesamtlektorat: Dr. Markus Wirtz
Fachlektorat: Marco Banse, Michael Eicks, Sven Grabau
Satz: LaTeX
Druck: Kösel, Kempten
Printed in Germany on acid free paper.

Vorwort

„Linux is sexy" – dieser Ansicht ist wenigstens die Gemeinschaft der Benutzer Freier Software, die so genannte „Community". Denn die Verwendung von Linux zeugt von Neugier, Eigeninitiative und Selbstbewusstsein, von Beharrlichkeit und Ausdauer – und von der Fähigkeit, wahre Qualitäten jenseits des Aussehens zu erkennen und zu schätzen.

Wenn Linux das Sex-Appeal ist, dann ist GNOME der tiefe Blick in die Augen beim kerzenlichtbeschimmerten Diner ... Es fügt dem System ein attraktives Äußeres hinzu und ist sogar in der Lage, emotionale Beziehungen dazu zu verstärken.

Es ist natürlich nicht wirklich überzeugend, die Bits und Bytes verarbeitende Maschine unter Ihrem Schreibtisch mit menschlichen Attributen zu belegen. Doch unbestritten hat GNOME sein eigenes Flair, das es von anderen Umgebungen – und erst recht von der Oberfläche von MS Windows – abhebt.

Linux ist nicht nur ein Betriebssystem, sondern auch das herausragende Beispiel der Idee der Freien Software, die sich inzwischen zu einer eigenständigen Kultur entwickelt hat. Und einer ihrer zentralen Aspekte ist die Möglichkeit zur Wahl: Es gibt prinzipiell eine Alternative zu der Lösung, die sich auf den ersten Blick anbietet. Dieses Buch möchte Ihnen GNOME als eine dieser möglichen Alternativen zur Gestaltung Ihrer graphischen Benutzeroberfläche vorstellen, in der Hoffnung, Sie dauerhaft dabei zu behalten und Teil der Kultur werden zu lassen.

Aber auch wenn Sie lediglich schnell und einfach Ihre tägliche Arbeit erledigt sehen wollen, sei es daheim oder im Büro, ist GNOME die richtige Wahl, und der vorliegende Band wird Sie auch bei diesem Vorhaben unterstützen – und vielleicht lernen Sie über diesen Weg ja den Charme von GNOME schätzen.

Fröhliches GNOMEn!

Berlin, im November 2001 *Thorsten Fischer*

Inhaltsverzeichnis

Teil I

GNOME benutzen

Kapitel 1

Fragen über Fragen

Wir beginnen diesen Band mit einer kleinen Fragerunde. Dafür benötigen Sie noch kein laufendes GNOME, keinen Computer, sondern nur sich selbst.

Wenn Sie an den folgenden Fragen kein Interesse haben und GNOME ohnehin schon startet, sobald Sie Ihr System booten, können Sie auch gleich zum schnellen Einstieg auf Seite 19 springen. Wenn Sie auch diese Einführungen nicht brauchen, beginnen Sie am besten in Kapitel 4, um mit den besonderen Eigenschaften des GNOME-Desktop vertraut zu werden.

1.1 Warum dieses Buch?

Es gibt natürlich bereits Literatur zu GNOME auf dem Markt, als Beispiele sind zu nennen [Spe00], [Ste00] oder [FH01]. Sie ist allerdings nicht so reich gestreut wie z. B. Bücher zu KDE, aber man kann schon einen ordentlichen Einstieg erhalten. Warum also das vorliegende Buch, und ausgerechnet bei SuSE PRESS? Zum einen, weil die Auswahl an *deutschsprachiger* Literatur eher dünn ist. Die zitierten Werke sind entweder „Einsteigerbüchlein" oder aber nicht mehr ganz aktuell, und um im Geiste des Vorwortes zu bleiben: Es fehlt an Alternativen. Das englischsprachige Material ist schon etwas gehaltvoller, präsentiert dem Leser aber lediglich die trockenen Fakten der täglichen Arbeit.

Der Titel, den Sie in der Hand halten, strebt an, darüber hinauszugehen und Ihnen einen echten Mehrwert zu bieten. Sie sollen nach der Lektüre dieses Buches nicht nur schnell und effizient mit Ihrem GNOME-Desktop zurechtkommen, sondern auch einiges über das GNOME-Projekt erfahren haben. Es ist mein Anliegen, Sie in die Philosophie dieses schönen Projektes offener und freier Software einzuführen und Ihren Weg in eine Richtung zu lenken, die Sie Teil der Gemeinschaft der GNOME-Benutzer – und vielleicht sogar -entwickler? – werden lässt.

Viele Anwender von GNOME sind Umsteiger vom Desktop-Monopolisten Microsoft auf ein freies Unix-System, meist Linux. Einige kommen auch von anderen Oberflächen auf Unix-Systemen und möchten nun einen vollwertigen Desktop statt nur einer Oberfläche. Wenn Sie den Unterschied nicht kennen, werden Sie ihn im Verlauf des Buches kennen lernen. In manchen Teilen des Buches wird davon ausgegangen, dass Sie eventuell den Namen des ein oder anderen bekannten, kommerziellen Produktes kennen, da dies das Vergleichen erleichtert. Sollten Sie diese Vorkenntnisse nicht haben, wird Sie das aber nicht aus der Bahn werfen, denn eine Erklärung folgt immer auf dem Fuße.

1.2 Warum eine graphische Oberfläche?

Bisher war es den Benutzern von MacOS und MS Windows vorbehalten, mit einigen Mausklicks ans Ziel zu kommen. Unter Linux musste man sich mit der Kommandozeile behelfen und dieses kryptische Instrument zunächst umständlich, schwierig, langwierig beherrschen lernen.

So weit zum Gerücht. Nun zur Wahrheit.

Wahrscheinlich gibt es wieder einmal keine allgemeingültige Lösung, was kaum überrascht, denn die gibt es wohl niemals. Allerdings habe ich folgende Erfahrung gemacht: Das Klicken ist tatsächlich einfacher – aber umständlicher. Wozu andere zwanzig Mausklicks benötigen, das bekomme ich vielleicht durch eine einzige, in sieben Sekunden getippte Zeile hin, und ich rege mich oft über die Langsamkeit der Mausklicker auf.

Das Schöne daran ist: Es ist völlig irrelevant. Linux bedeutet, wie gesagt, immer eine Wahl zu haben, und GNOME nimmt Ihnen die Flexibilität Ihres Linux nicht weg, sondern verbirgt sie nur vor Ihnen. Sie können ganz leicht jederzeit beide Methoden gleichzeitig anwenden oder von einer zur anderen wechseln. Jeder hat seine eigenen Präferenzen, wie er seine Probleme am schnellsten und einfachsten löst, und die Kombination aus Linux und GNOME reicht diese Einfachheit an *alle* Benutzer durch, nicht nur an die versierten Gurus.

1.3 Warum GNOME?

Die Gründe, GNOME als Desktopsystem zu benutzen, sind vielfältig. Hier eine kleine Liste der Argumente, die immer wieder genannt werden:

❑ *Weil es Freie Software ist.* Freie Software, die wie GNOME unter der *General Public License* (GPL) der *Free Software Foundation* steht, kann nach Belieben kopiert, weiter verbreitet und nach Bedarf verändert werden, solange die

Hinweise auf den Urheber erhalten und Hinweise auf die Änderungen hinzugefügt werden. Das macht das System nicht nur kostengünstig, sondern auch sehr flexibel und verspricht – im Gegensatz zu den angeblich immer neuen Features in neuen Versionen kommerzieller Software – ständige Weiterentwicklung. Und wer ständige Änderungen mit Argwohn betrachtet, ist nicht verpflichtet, diese Änderungen mitzumachen.

GNOME basiert darüber hinaus auf GTK+, einer Bibliothek für die Erstellung von Programmen mit graphischer Oberfläche, die ebenfalls zu 100 % frei ist.

❏ *Weil es viel Software dafür gibt.* Ständig stehen Entwickler Freier Software vor einem Problem, und die Lösung dieses Problems teilen sie mit den Benutzern und anderen Entwicklern. Das führt zu einer großen Menge von Software für alle möglichen Aufgaben daheim und am Arbeitsplatz.

❏ *Weil es in jeder Distribution enthalten ist.* GNOME ist weithin als Oberfläche anerkannt, so dass es zu einem festen Bestandteil jeder Linux-Distribution geworden ist. Die Softwarepakete, aus denen ein komplettes GNOME-System besteht, sind aus den Werkzeugen der Distributionen heraus schnell und einfach zu installieren.

❏ *Weil es flexibel ist.* Wie unter Unix üblich, herrscht jeder Benutzer über seinen eigenen Bereich, in dem er nach Belieben schalten und walten kann. Demnach kann auch der GNOME-Desktop an die eigenen Wünsche und Vorlieben angepasst werden. Dem Systemverwalter ist es vorbehalten, Einstellungen vorzunehmen, die für *alle* Benutzer auf dem System gelten, z. B. bestimmte Einträge in der Menüleiste vorzunehmen.

❏ *Weil es hübsch anzusehen ist.* Ästhetik sollte durchaus ein Auswahlkriterium für eine Oberfläche sein, die die tägliche Arbeit begleitet. GNOME bietet, aufbauend auf der Widget-Bibliothek GTK+, ein angenehmes Aussehen und die Möglichkeit, alle Elemente von Fenstern mit so genannten *Themes* zu versehen, ihr Aussehen also unter dem Gedanken eines bestimmten Themas zu verändern.

1.4 Was ist mit KDE?

Wenn Sie von GNOME gehört haben, ist Ihnen sicherlich auch schon der Name „KDE" untergekommen. Das *K Desktop Environment* ist „der andere Desktop". Unter den Benutzern beider Systeme – weniger unter den Entwicklern – tobt eine Art „Glaubenskrieg", aus welchen Gründen welche Umgebung zu bevorzugen sei. In den Diskussionsforen im Usenet oder im WWW wird man zuweilen Zeuge regelrechter Beleidigungsorgien, die meist umso heftiger ausfallen, je weniger die Teilnehmenden tatsächlich von den Programmen wissen bzw. von ihrer Technologie verstehen.

Was ist dran an solchen Diskussion, die man ja in ähnlicher Form auch von „Anhängern" der prominenten Editoren *vi* und *emacs* kennt? Es lassen sich sicherlich Argumente für den einen und gegen den anderen Desktop finden. Meine eigenen Präferenzen treten durch die Autorschaft an diesem Buch wohl klar zutage. Ich möchte es jedoch mit dem Ausspruch eines KDE-Entwicklers (sic!) halten, der – sinngemäß – gesagt hat: „Wem KDE gefällt und wer damit an sein Ziel kommt, der soll KDE benutzen. Wer anderen Menschen vorschreiben möchte, was sie benutzen sollen, der soll Windows verwenden." Vor so viel Weisheit neige ich mein Haupt und bleibe in ihrem Sinne bei GNOME.

Im Übrigen wird parallel zu diesem Band, ebenfalls für SuSE PRESS, ein Buch über KDE verfasst [Die02]. Wenn Sie also auch dort hineinschnuppern möchten, ist dies wahrscheinlich die beste Quelle.

1.5   Warum auf deutsch?

Die deutschsprachige Literatur zu GNOME zeichnete sich bisher durch eine Eigenart aus: die Screenshots und die verwendeten Begriffe waren fast durchweg englisch gehalten.

Begründet wurde das zumeist damit, dass die Übersetzungsarbeit, die an Freier Software geleistet wird, unvollständig und inkonsistent sei, die Verwendung englischer Begriffe würde hingegen stets Klarheit schaffen. Mit dieser Idee möchte ich in diesem Buch brechen.

Der Text wie auch die Abbildungen werden durchgehend an die Distribution von SuSE angelehnt sein, eine primär deutschsprachige Distribution. Selbstverständlich wäre es ohne weiteres möglich, das System in englisch, französisch oder anderen Sprachen zu betreiben. Wer ein deutschsprachiges Buch kauft, möchte aber in der Regel nicht mit englischsprachigen Details verwirrt werden.

Was die Vollständigkeit der Übersetzungen betrifft, so sind die Fortschritte inzwischen immens, und es ist ohne weiteres möglich, den Desktop komplett zu benutzen, ohne mit einem unklaren englischen Wort konfrontiert zu werden. Die Ausnahme ist der Fenstermanager *Sawfish*, der ab Seite 133 als Standardfenstermanager für GNOME in einem eigenen Kapitel besprochen wird und dessen Konfiguration im Moment noch englisch abläuft.

1.6 Danke & so

Danke...

...den Herren *Nicolaus Millin* und insbesondere *Markus Wirtz* für die trotz – offenbar unvermeidlicher – Pannen und Verzögerungen vergnügliche Zusammenarbeit bei diesem, dem letzten und vielleicht nächsten Büchern...

...den guten Seelen, die sich durch pure Freundlichkeit und nicht enden wollende Gönnerhaftigkeit entweder um meinen Umzug oder um die trümmerhaften Reste meines sozialen Lebens während des Schreibens eines weiteren Buches oder gar um beides verdient gemacht haben – dazu möchte ich zählen Tanja, Yvonne, Bettina, Maak, Tom, Dirk, Jens, Steffi, Stanzi...

...Steffi, schlopp schlopp...

...the weird people from Clan Alienwing and EJF – alien8, boomshanker, ijssel, grommit (who also contributed the screenshot of the KDE panel on p. 11), shadow, althuman, tsunami, obi, repellant for hours of online fun; thug.angel and scoorpion, whereever they hide now...

...und da sie im ersten Buch vergessen, weggelassen und nicht berücksichtigt wurde, möchte ich *Jeannette* endlich und in aller Nachdrücklichkeit zum Geburtstag gratulieren und ihr alles nur erdenklich Gute in Ulm wünschen. Oder in Göttingen. Oder wo auch immer sie sich herumtreibt, während dieser Band gedruckt wird.

Geschrieben werden Bücher, Diplom-, Haus- und sonstige Arbeiten vernünftigerweise mit LATEX. Am besten unter GNOME, natürlich, unter Zuhilfenahme von *vi* und *XEmacs* – aber man kann ja nicht alles richtig machen.

Kapitel 2

Installation

2.1   SuSE Linux 7.2

Die Linux-Distributoren dieser Welt sind aus der Sicht der Desktop-Systeme in zwei Lager einzuteilen, als da wären die KDE- und die GNOME-Fraktion. Die Parteien zeichnen sich dadurch aus, dass sie einen bestimmten Desktop als Standard für ihre Installation vorsehen. Red Hat beispielsweise setzt inzwischen voll auf GNOME, wohingegen SuSE von jeher ein vehementer Unterstützer von KDE ist. Man munkelt, dass sich solche Präferenzen unter anderem auf die Herkunft der Systeme gründen – dennoch ist es sehr einfach, unter der deutschen Distribution von SuSE das vor allem in den USA entwickelte GNOME einzusetzen. Zwar ist SuSE Linux vor allen Dingen auf den Einsatz von KDE vorbereitet, aber dennoch lässt sich das System ohne Schwierigkeiten als reine GNOME-Workstation betreiben.

Selbstverständlich können auch beide Desktops parallel installiert werden – sie zeigen sogar eine erstaunliche Kooperationsbereitschaft, was die Verwendung von Menüeinträgen und so weiter betrifft, doch darauf komme ich später zu sprechen.

2.1.1   Pakete installieren

Die Installation von Software in einem SuSE Linux System geht über das Werkzeug YaST 2 vonstatten. Sie haben dieses Programm bereits bei der Einrichtung Ihres Systems kennen gelernt. Schon bei der Erstinstallation von SuSE Linux können Sie das System als GNOME-Workstation einrichten, und das ist auch der bevorzugte Weg, das System aufzusetzen.

Um diesen Weg zu gehen, wählen Sie bei der Installation als *Software-Auswahl* die Option *Standard-System* oder *Standard-System mit Office* und gehen dann in die *Erweiterte Auswahl*. Dort entscheiden Sie sich für ein *GNOME-System*.

Beachten Sie bitte, dass GNOME und KDE bereits an dieser Stelle parallel installiert werden können, Sie also nicht auf eines verzichten müssen, nur weil Sie das andere ausprobieren.

Wenn Sie einzelne Pakete installieren möchten, dann sollten Sie in YaST 2 die Pakete von Hand auswählen und wie in Abbildung 2.1 die Ansicht nach *Paketserien* wählen. YaST löst Abhängigkeiten von Paketen automatisch auf (gegebenenfalls mit einem Hinweisfenster, dass Sie bestätigen sollten), so dass Sie sich keine Gedanken darüber machen müssen, ob die Programme, auf denen GNOME basiert, auch alle installiert sind.

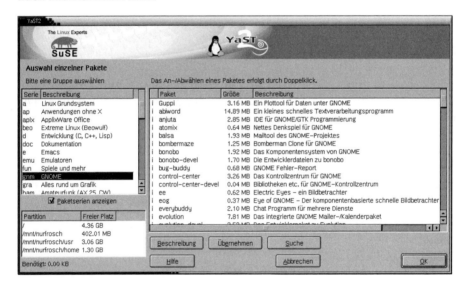

Abbildung 2.1: Auswahl von GNOME-Paketen in YaST 2

Wenn Ihnen Pakete fehlen, die Sie nachträglich installieren möchten, können Sie auch mit dem Icon, das in Abbildung 2.2 zu sehen ist, aus dem GNOME-Panel heraus YaST 2 starten.

Abbildung 2.2: Starter für die SuSE-Systemverwaltung im Panel

Sollten Sie im Moment KDE benutzen und GNOME installieren wollen, so können Sie YaST 2 auch aus dem KDE-Panel starten, indem Sie das Icon mit dem Hammer und dem Schraubenschlüssel benutzen, das in Abbildung 2.3 zu sehen ist.

Abbildung 2.3: Sie starten YaST unter KDE mit dem dritten Icon von links

2.1.2 Einsatz von GNOME vorbereiten

Es gibt zwei Möglichkeiten, sich lokal in sein Linux-System einzuloggen: von der Textkonsole aus – dann muss man eine graphische Oberfläche „von Hand" starten – oder graphisch, wobei automatisch eine Oberfläche zur Benutzung mit der Maus gestartet wird.

Sollten eventuell Unklarheiten auftreten, konsultieren Sie bitte das Handbuch der SuSE-Distribution.

2.1.2.1 Graphisches Einloggen

Wenn Sie Ihr System mit einem graphischen Login installiert haben, lässt es sich mit einigen wenigen Handgriffen auf den Einsatz von GNOME vorbereiten.

Im besten Fall können Sie in Ihrem Loginmanager einen Sitzungstyp wählen; im GNOME-eigenen *gdm* und auch in KDEs *kdm* ist dies der Fall. Wählen Sie im entsprechenden Menü einfach GNOME aus und loggen sich dann ganz normal ein.

Wenn Sie den GNOME-eigenen Loginmanager *gdm* benutzen möchten, richten Sie diesen wie folgt ein:

❑ Wechseln Sie mit der Tastenkombination (Alt)+(Strg)+(F1) auf die Textkonsole.

❑ Loggen Sie sich als Superuser `root` ein.

❑ Wenn Sie schon einen graphischen Login, zum Beispiel in einem KDE-System, verwenden, wechseln Sie den Runlevel, indem Sie den Befehl `init 2` eingeben.

❑ Starten Sie YaST mit dem Befehl `yast`.

❑ Wählen Sie im Menü *Administration des Systems* den Punkt *Login-Konfiguration* aus.

❏ Wählen Sie den *grafischen* Login mit dem Programm *GDM*. Das Shutdownverhalten wählen Sie bitte nach eigenem Gusto aus.

❏ Beenden Sie YaST und wechseln Sie mit dem Befehl `init 3` in den Runlevel 3 .

❏ Wechseln Sie zurück auf die graphische Konsole mit der Tastenkombination
(Strg)+(Alt)+(F7).

2.1.2.2 GNOME von der Textkonsole

Versiertere Benutzer, die sich auf der Kommandozeile auskennen und auf einen
Login-Manager verzichten wollen, können die Umgebungsvariable $WINDOW-
MANAGER setzen und das Fenstersystem dann von Hand starten, etwa so:

```
user@linux: > export WINDOWMANAGER=/opt/gnome/bin/gnome-session
user@linux: > startx
```

Es ist natürlich sinnvoll, einen entsprechenden Eintrag in Ihre Konfigurationsdatei .xinitrc aufzunehmen, um diese Variable nicht jedesmal von Hand setzen
zu müssen. Die letzten beiden Zeilen in dieser Datei sollten dann ungefähr so
aussehen:

```
export WINDOWMANAGER=/opt/gnome/bin/gnome-session
exec $WINDOWMANAGER
```

2.2 SuSE Linux 7.3

Die Installation für SuSE Linux 7.3 unterscheidet sich nur unwesentlich von der
Installation für Version 7.2.

Wenn Sie GNOME schon bei der Installation des Systems aufspielen möchten,
wählen Sie bei der Installation als *Software-Auswahl* die Option *Standard-System*
oder *Standard-System mit Office* und gehen dann in die *Erweiterte Auswahl*. Dort
entscheiden Sie sich für ein *GNOME-System*. Beachten Sie bitte, dass GNOME
und KDE parallel installiert werden können, Sie also nicht auf eines verzichten
müssen, nur weil Sie das andere ausprobieren.

SuSE Linux ist allerdings sehr eng mit KDE verwoben, so dass Sie die Auswahl
KDE Desktop-Umgebung zwar entfernen können, dann aber beispielsweise mit
fehlenden Abhängigkeiten für das SuSE-Hilfesystem konfrontiert werden. Dann
hilft nur noch die Installation eines Webserver, um eine browserbasierte Hilfe
zu installieren – oder eben doch das SuSE Helpcenter zu nehmen, das auf KDE-
Bibliotheken beruht.

Über den Button *Einzelne Anwendungen* können einzelne Pakete selektiert und wieder verworfen werden. Wenn Sie etwas bestimmtes suchen, können Sie es jetzt auswählen; selbstverständlich kann jedes Softwarepaket auch später noch nachinstalliert werden.

Der allereinfachste Weg zu einem laufenden GNOME ist nun, wie schon bei 7.2, auf den Login-Manager von KDE zu warten und dort als Sitzungsart *gnome* auszuwählen. Der GNOME-Desktop wird gestartet und die Einstellungen dazu gespeichert.

Wenn man einen anderen Weg wählen möchte, etwa ohne graphischen Login oder mit dem GNOME-eigenen *gdm* als Login-Manager, geht man nun genauso vor, wie weiter oben für SuSE Linux 7.2 beschrieben.

2.3   GNOME 1.4 für SuSE 7.1

Die Firma SuSE stelllt auf ihrem FTP-Server und einigen Spiegeln davon – nicht auf allen! – aktualisierte Pakete für GNOME 1.4 zur Verfügung. Eine Liste ist in Tabelle 2.1 zu sehen. Anhand dieser Liste können Sie auch nachschlagen, wenn Sie auf einen Paketnamen stoßen und ihn nicht auf Anhieb zuordnen können; das geht eventuell schneller, als YaST zu starten und dort nachzuschauen.

Der vollständige URL für die Update-Pakete lautet: `ftp.suse.com/pub/suse/` `i386/supplementary/GNOME/update_for_7.1`

Um in der Tabelle ein wenig Platz zu sparen, habe ich bei den Paketnamen die Endung `.rpm` fortgelassen. Die Zahl nach dem Eintrag in der Spalte *Serie* ist ein Teil der internen Paketorganisation von SuSE; der volle Eintrag aus Name und Zahl ergibt den Namen des Unterverzeichnisses, in dem das Paket liegt.

Wie Sie dem URL entnehmen können, sind an der gleichen Stelle auch Updates für spätere Versionen von SuSE Linux zu finden, also zum Beispiel im Unterverzeichnis `update_for_7.2` für Version 7.2. Die GNOME-Pakete sind nicht über das Online-Update in YaST 2 zugänglich!

Tabelle 2.1: Liste der RPM-Pakete von GNOME 1.4 für SuSE Linux 7.1

Paket	Serie	Beschreibung
abiword	*gnm3*	klassische Textverarbeitung
anjuta	*gnm3*	Entwicklungsumgebung
atomix	*gnm3*	Spiel
audiofile	*snd1*	Soundbibliothek
balsa	*gnm3*	E-Mail-Client

Tabelle 2.1 – Fortsetzung

Paket	Serie	Beschreibung
bombermaze	*gnm3*	Spiel
bonobo-devel	*gnm2*	Entwicklerpaket für das Komponentensystem
bonobo	*gnm2*	Komponentensystem
bug-buddy	*gnm3*	Fehlereingabe
control-center-devel	*gnm3*	Entwicklerpaket für das Kontrollzentrum
control-center	*gnm3*	Kontrollzentrum
dia	*gra2*	Diagrammeditor
eog	*gnm3*	*Eye of Gnome* – ein Bildbetrachter
esound-devel	*snd2*	Entwicklerpaket für *esound*
esound	*snd1*	*Enlightenment* Sounddämom
fpm	*gnm3*	Passwortmanager
gabber	*gnm3*	Instant Messaging
gal-devel	*gnm2*	Entwicklerpaket zu *gal*
gal	*gnm2*	Widget-Bibliothek
galeon	*gnm3*	Webbrowser
gconf	*gnm3*	Konfigurationsdatenbank, ähnlich der Windows-Registry
gdk-pixbuf-devel	*gnm2*	Entwicklerpaket zu *gdk-pixbuf*
gdk-pixbuf	*gnm2*	Bibliothek für die Manipulation von Graphiken
gdm	*gnm2*	Login-Manager
gedit	*gnm3*	Texteditor
gfax	*gnm3*	Frontend zum Faxen
ggv	*gnm3*	Betrachter für Postscript-Dateien
ghex	*gnm3*	Hexeditor
glade	*xdev2*	Entwicklungsumgebung
glib-devel	*xdev2*	Entwicklerpaket zu *glib*
glib	*gra1*	Bibliothek zur Programmentwicklung
gnome-applets	*gnm3*	Applets für das Panel
gnome-audio	*gnm2*	Audiodateien, um Ereignisse mit Klängen zu unterlegen
gnome-core-devel	*gnm2*	Entwicklerpaket für *gnome-core*
gnome-core	*gnm2*	Kernkomponenten von GNOME, unter anderem das Panel
gnome-doc	*gnm3*	Dokumentation
gnome-games-devel	*gnm3*	Entwicklerpaket für *gnome-games*
gnome-games	*gnm3*	Spiele

Tabelle 2.1 – Fortsetzung

Paket	Serie	Beschreibung
gnome-guile-devel	*gnm2*	Entwicklerpaket für *gnome-guile*
gnome-guile	*gnm2*	Scheme-Bindungen für GNOME
gnome-libs-devel	*gnm1*	Entwicklerpaket für *gnome-libs*
gnome-libs	*gnm1*	die grundlegenden Bibliotheken
gnome-media	*gnm3*	Multimediaprogramme
gnome-print-devel	*gnm3*	Entwicklerpaket für *gnome-print*
gnome-print	*gnm3*	Drucksystem
gnome-utils	*gnm3*	Utilities
gnome-vfs-devel	*gnm3*	Entwicklerpaket für *gnome-vfs*
gnome-vfs	*gnm3*	Virtuelles Dateisystem
gnomeicu	*gnm3*	Messengerprogramm, ähnlich *ICQ*
gnomemm-devel	*gnm3*	Entwicklerpaket für *gnomemm*
gnomemm	*gnm3*	C++-Sprachbindung für GNOME
gnorpm	*gnm3*	Manager für RPM-Pakete
gnucash	*xap2*	Finanzverwaltung
gnumeric	*gnm3*	Tabellenkalkulation
gob	*gnm3*	*Gtk Object Builder*, zum leichten Erstellen eigener Widgets
googlizer	*gnm3*	Applet zur Internet-Recherche
gtk-devel	*xdev2*	Entwicklerpaket zu GTK+
gtk-engines	*xwm2*	Erweiterung für Pixmap-Themen unter GTK+
gtk-themes	*gnm3*	Diverse GTK+-Themen
gtk	*xdev1*	Widgetset, auf dem GNOME basiert
gtkhtml-devel	*gnm4*	Entwicklerpaket für *gtkhtml*
gtkhtml	*gnm4*	HTML-Widget für GTK+
gtkmm-devel	*xdev2*	Entwicklerpaket für *gtkmm*
gtkmm	*xdev2*	C++-Bindungen für die GTK+-Programmierung
gtop	*gnm3*	Systemmonitor
imlib-devel	*gra2*	Entwicklerpaket für *imlib*
imlib	*gra1*	Bildbibliothek für GNOME
libghttp-devel	*gnm4*	Entwicklerpaket für *libghttp*
libghttp	*gnm4*	HTTP-Bibliothek
libglade-devel	*xdev2*	Entwicklerpaket für *libglade*
libglade	*xdev2*	Bibliothek zum dynamischen Laden graphischer Oberflächen
libgtop-devel	*gnm4*	Entwicklerpaket für *libgtop*

Tabelle 2.1 – Fortsetzung

Paket	Serie	Beschreibung
libgtop	*gnm4*	Bibliothek zum Zugriff auf Systemeigenschaften
libsigc++-devel	*d3*	Entwicklerpaket für *libsigc++*
libsigc++	*d3*	Signalbibliothek für C++
medusa	*ap3*	Indizierungssystem für den Festplatteninhalt
merlin-cpufire	*gnm3*	CPU-Last Applet für das Panel
mozilla	*xap2*	Webbrowser
nautilus	*gnm3*	GNOME Desktop-Shell und Dateimanager
oaf-devel	*gnm2*	Entwicklerpaket für *oaf*
oaf	*gnm2*	Teil des Komponentensystems von GNOME
orbit-devel	*d3*	Entwicklerpaket für *orbit*
orbit	*d2*	Request Broker, Teil des GNOME-Komponentensystems
pan	*xap2*	Newsreader
panelmm	*gnm3*	C++-Sprachbindungen für die Programmierung von Panel-Applets
radioactive	*gnm3*	Tuner für Radiokarten
rep-gtk	*gnm1*	Lisp-Bindungen für die Programmierung mit GTK+
sawfish	*xwm2*	Fenstermanager
scrollkeeper	*ap3*	Dokumentationsverwaltung
suse-gnome-theme	*gnm3*	SuSE-Thema für den GNOME-Desktop
toutdoux	*gnm3*	Projektplanung
xalf	*gnm3*	*Application Launch Feedback*
xml-i18n-tools	*d3*	Internationalisierung für XML-Dateien

Wenn Sie sich in der Paketkonfiguration von YaST befinden, wählen Sie *Pakete einspielen*, nachdem Sie die Pakete heruntergeladen haben, und wählen Sie das Verzeichnis, in dem sich die Pakete befinden. Danach können Sie sich wie bei einer ganz normalen Paketinstallation verhalten, die im Handbuch beschrieben ist. Konsultieren Sie auf alle Fälle das Handbuch, um von unliebsamen Details verschont zu bleiben.

Sollten Sie vor dem Update bereits GNOME benutzt haben, so sollten Sie jetzt noch Ihr System vom Dateimanager *Midnight Commander* zum neuen *Nautilus* migrieren. Wie das geht, wird in Kapitel 7 ab Seite 73 beschrieben.

2.4 Andere Distributionen

Die Installation von GNOME unterscheidet sich bei den meisten anderen Distributionen kaum von dem Weg, der bei SuSE eingeschlagen werden muss: CD-ROM einlegen, Installationswerkzeug starten, Pakete aus der korrekten Serie auswählen und installieren.

Einige Distributionen kommen bereits mit einem vorinstallierten GNOME-Desktop, während KDE außen vor gelassen wird. In die Gruppe dieser Distributionen reihen sich als bekannteste Vertreter Debian, Red Hat und TurboLinux ein.

Bei diesen Distributionen reicht es im Allgemeinen aus, eine Standardinstallation vorzunehmen, beim Start der graphischen Oberfläche begrüßt einen dann GNOME. Um der Rivalität zwischen den beiden großen Systemen Tribut zu zollen, behandeln außerdem die meisten Handbücher, die dem einen Desktop den Vorzug geben, detailliert die Vorgehensweise zur Installation des anderen. Wenn Sie also kein SuSE-Linux besitzen, sollten Sie trotzdem keine Schwierigkeiten haben, den Ausführungen in diesem Buch zu folgen. Unter Umständen sehen Ihre Fenster etwas anders aus, weil die verwendeten Versionen etwas auseinanderdriften und der Fenstermanager andere Themes verwendet – das alles sind minimale Unterschiede, die dem Verständnis von GNOME keinen Abbruch tun.

2.5 Ximian Desktop

Der *Ximian Desktop* ist ein vorgefertigter Desktop eines Unternehmens, das sich voll und ganz auf GNOME konzentriert.

Ximian ist ein Unternehmen, das vom Mitbegründer des GNOME-Projekts, Miguel de Icaza, ins Leben gerufen worden ist. Die Firma bietet professionelle Unterstützung bei der Einrichtung und Verwendung von GNOME, entwickelt diverse Softwareprodukte für GNOME und vertreibt schließlich eine CD-ROM mit einem leicht installier- und wartbaren GNOME-Desktop. Bis Januar 2001 trug *Ximian* noch den Namen *Helixcode*, der aus Gründen des Titelschutzes jedoch in *Ximian* geändert wurde.

Obwohl ich persönlich den *Ximian Desktop* präferiere, befasse ich mich im Rahmen dieses Buches mit der SuSE-Installation. Das ist eben das schöne an Freier Software: Man hat die Wahl, und durch die Wahl entstehen verschiedene Ansichten, die wiederum Kommunikation erzeugen. Wenn alle Leute ein und die gleiche Software benutzen (müssen), dann...

Ximian GNOME ist leichter auf andere Distributionen übertragbar, da übergreifend über alle Distributionen ein einheitlicher Installationsprozess abläuft. Des weiteren dürfte es allerdings schwierig für Sie werden, Ihre Hände auf den *Ximian Desktop* zu legen, denn er ist auf CD-ROM bisher nur über einen Internetshop in den USA erhältlich. Und ein kompletter Download von der Website dürfte für die meisten Benutzer immer noch ein wenig zu lange dauern.

Trotz dieser Einschränkungen wird die Installation im Anhang ab Seite 237 kurz beschrieben.

2.6 Selbst kompilieren

Der Pfad für die Erleuchteten besteht darin, sich aus dem Internet die allerneuesten Pakete mit den Quelltexten zu besorgen und diese selbst zu kompilieren und zu installieren. Neben dem Vorteil, immer auf dem neuesten Stand der Entwicklung zu sein, kann ein solches System signifikant schneller sein als eines, das von den Distributions-CDs installiert worden ist. Die Distributionen bestehen im Wesentlichen nur aus fertigkompilierten Programmen. Allerdings sind diese Programme auf relativ schwachbrüstigen Prozessoren erstellt und somit durch den Compiler für diese optimiert worden. Wenn Sie also stolzer Eigentümer des allerallerneuesten „Septium VI" aus dem Hause Intel sind, können Ihnen durchaus Geschwindigkeitsverluste entstehen, von denen Sie nicht einmal etwas wissen.

Sollten Sie in der Tat auf die Idee kommen, sich Ihren GNOME-Desktop komplett selbst zusammenzukompilieren, so wünsche ich Ihnen viel Freude dabei. Es handelt sich mehr um eine zeitaufwendige als um eine wirklich schwierige Arbeit. Beachten Sie jedoch bitte, dass es einige hakelige Stellen gibt, in denen auch jemand ins Rudern kommen kann, der Erfahrung mit solchen Dingen hat. Besonders das nachträgliche Ersetzen installierter Bibliotheken durch neuere Versionen kann eine Menge Aufwand bedeuten, da im schlimmsten Fall auch alle Programme neu erstellt werden müssen, die von dieser neuen Bibliothek abhängen.

Im Anhang ab Seite 245 finden Sie eine Liste der benötigten Pakete und eine Beschreibung des Vorganges.

Kapitel 3

Der schnelle Einstieg

Die nun folgenden Seiten sind für das erste Erfolgserlebnis gedacht. Sie erleben das erste Einloggen und das erste Herumnavigieren, es wird ein Programm gestartet und auch wieder beendet, und schließlich wird die Sitzung mit dem Ausloggen beendet. Das alles wird so einfach sein, dass Sie sich erst einmal die Frage stellen werden, warum Sie sich dafür ein Buch gekauft haben.

Außerdem werden ein paar wichtige Begriffe eingeführt, die Sie während der gesamten Lektüre dieses Buches und mit GNOME begleiten werden. Selbst Benutzer, die mit anderen Systemen vertraut sind, sollten diese Abschnitte lesen, da sie einige Begriffe oder Konzepte klären, die ihnen möglicherweise noch nicht geläufig sind.

Doch nun soll GNOME endlich gestartet werden!

3.1 Pole Position

Haben Sie einen graphischen Login, bei dem GNOME nicht automatisch gestartet wird, dann nehmen Sie die in Abschnitt 2.1.2.1 beschriebenen Einstellungen vor. Wählen Sie dann den Sitzungstyp *gnome* aus und loggen Sie sich mit Ihrem Benutzernamen und Ihrem Passwort ein.

Benutzer, die sich auf der Kommandozeile auskennen und auf einen Login-Manager verzichten wollen, können die Umgebungsvariable $WINDOWMANAGER setzen und das Fenstersystem dann von Hand starten, bzw. einen entsprechenden Eintrag in ihre Datei .xinitrc aufnehmen:

```
user@linux: > export WINDOWMANAGER=/opt/gnome/bin/gnome-session
user@linux: > startx
```

Voilà, vor Ihnen erscheint der GNOME Desktop.

Abbildung 3.1: Der GNOME-Desktop nach dem ersten Start

3.2   Ihre Sitzung

Der Zeitraum, den Sie eingeloggt in GNOME verbringen, wird *Sitzung* genannt (englisch: *Session*).

Warum wird für diesen simplen Zustand ein eigener Terminus verwendet? Die Sitzung beschreibt unter GNOME einen bestimmten Zustand Ihrer Umgebung. Wenn Sie Ihre Sitzung beenden, wird der momentane Zustand gespeichert und steht Ihnen beim nächsten Login identisch wieder zur Verfügung. Alle GNOME-Programme, die zum Zeitpunkt des Beendens geöffnet waren, werden beim nächsten Start ebenfalls wieder vorhanden sein.

Dieses Konzept war bei graphischen Oberflächen unter Linux bisher keine Selbstverständlichkeit – daher die eigene Bezeichnung. Alle modernen Oberflächen bringen inzwischen ein Sitzungsmanagement mit. Wie Sie die Sitzung beeinflussen und konfigurieren können, erfahren Sie im Kapitel über das Kontrollzentrum ab Seite 103.

3.3 Der Desktop

Der *Desktop* – oder auch *Arbeitsplatz* genannt – ist die gesamte Fläche, die Sie vor sich haben. Mit der Maus bewegen Sie den Pfeil, den *Mauszeiger*, auf dem Desktop hin und her. Wenn in Zukunft von einem *Linksklick* oder einfach nur *Klick* die Rede ist, dann bewegen Sie die Maus auf den bezeichneten Punkt, drükken die linke Maustaste und lassen sie wieder los. Analoges gilt für den Rechtsklick, und wenn jemand einen Doppelklick verlangt, dann Klicken Sie einfach zweimal kurz hintereinander mit der linken Taste.

Nichts Überraschendes also an dieser Stelle. Und das ist alles, was Sie als generelle Einführung in die Bedienung einer graphischen Benutzeroberfläche bekommen – mehr benötigen Sie nämlich nicht.

Unter den meisten GNOME-Installationen ist es üblich, dass beim allerersten Start einige *Fenster* vor Ihnen erscheinen, um genau zu sein, drei: ein Fenster mit Tipps, das Fenster mit dem GNOME-Hilfesystem und ein Fenster des Dateimanagers, in dem die Dateien in Ihrem Heimatverzeichnis angezeigt werden.

SuSE geht an dieser Stelle einen Sonderweg – GNOME ist bereits so eingerichtet, dass diese Fenster nicht mehr bei jedem Start erscheinen, auch beim ersten Start nicht. Alle Distributoren sind frei in der Gestaltung Ihrer GNOME-Installation. In den meisten Fällen werden Sie diese Fenster jedoch vor sich sehen.

Um die Fenster, so sie denn erschienen sind, zu schließen, klicken Sie auf das Symbol mit dem Kreuz, das sich am oberen Rand der *Dekoration* um das Fenster befindet. Die Programme werden damit beendet.

3.4 Das Panel

Am unteren Rand des Bildschirmes sehen Sie eine Leiste, das so genannte *Panel*. Das Panel dient Ihnen als zentraler Anlaufpunkt für die Organisation ihrer Programme und den Aufbau Ihres Desktop. Hier lassen sich kleine Icons zum Starten von Programmen platzieren, neue Menüs einfügen und sogar kleine nützliche Programme integrieren, die eigens für das Panel geschrieben wurden. Das Panel ist hochkonfigurierbar, Position, Anordnung, Größe und Inhalt können verändert werden. Und natürlich sind Sie nicht auf ein einziges Panel beschränkt – wie Sie sehen können, haben Sie am oberen Rand des Bildschirms eine weitere Leiste, die zum Beispiel die aktuelle Uhrzeit enthält. Auch das ist ein Panel – doch dazu später mehr.

Eines der Icons auf dem Panel ist die Sprechblase mit einem Fragezeichen. Wenn Sie dieses Icon jetzt *einmal* anklicken, wird ein Programm gestartet – das Fenster für das GNOME-Hilfesystem ist zu sehen! Jedes Programm, das Sie im Laufe

Ihrer Arbeit benutzen möchten, lässt sich mit einem frei wählbaren Icon und diversen Einstellungen auf dem Panel ablegen.

Falls beim einmaligen Anklicken nicht sofort etwas passiert, lassen Sie sich davon nicht irritieren. Das Starten eines Programms kann unter Umständen einige Sekunden in Anspruch nehmen. Lassen Sie sich insbesondere nicht so schnell dazu verführen, das Icon weitere Male oder gar doppelt anzuklicken! Damit würden Sie weitere Instanzen des Programms starten, und da dies gleichzeitig geschehen würde, nähme das noch einmal zusätzlich Zeit in Anspruch.

Abbildung 3.2: Der Hilfe-Browser

Schließen Sie nun wieder das Hilfe-Fenster und öffnen Sie das *Hauptmenü* des Panel. Das Hauptmenü ist der kleine Fuß mit dem Pfeil in der rechten oberen Ecke. Es muss ebenso einmal angeklickt werden wie ein „normales" Icon, damit es sich öffnet. Wenn Sie sich das Symbol übrigens genau anschauen, werden Sie feststellen, dass der Fuß ein stilisiertes „G" ist. Dieses Logo wird Ihnen noch häufiger begegnen.

Wenn Sie nun die Maus auf den obersten Eintrag *Programme* bewegen, erscheint ein *Untermenü*. Solche Untermenüs erkennt man an dem Pfeil am Rand, der weitere Einträge andeutet. Am unteren Rand dieses Untermenüs finden Sie einen Eintrag mit dem inzwischen bekannten Titel *Gnome-Hilfe* – ein Mausklick startet wieder das entsprechende Programm. Im weiteren Verlauf des Buches werden

Sie lernen, die vorhandenen Menüs zu verändern, indem Sie Einträge hinzufügen oder entfernen, und natürlich auch, eigene Untermenüs im Panel anzulegen.

3.5 Dateimanager

Auf Ihrem Desktop sehen Sie diverse Icons. Eines davon ist mit der Beschriftung *Heim von <Benutzer>* versehen, wobei *<Benutzer>* Ihr eigener Benutzername auf dem System ist. Wenn Sie dieses Symbol *einmal* (dies sei noch einmal wiederholt und hervorgehoben, auch wenn es später konfigurierbar ist) anklicken, öffnet sich ein Fenster des Dateimanagers, das den Inhalt Ihres Heimtverzeichnisses anzeigt. Mit der Hilfe eines Dateimanagers organisieren Sie Ihre Dateien und Verzeichnisse.

Der Dateimanager von GNOME trägt den Namen *Nautilus* und ist eine Art eierlegende Wollmilchsau. Da es sich um ein äußerst umfangreiches Programm handelt, das nicht nur Dateien verwaltet, sondern auch für die Gestaltung Ihres Desktop und diverse andere zentrale Bestandteile von GNOME zuständig ist, ist ihm in diesem Buch ein eigenes Kapitel gewidmet.

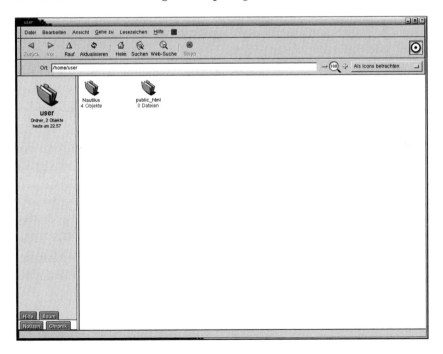

Abbildung 3.3: *Nautilus* – der GNOME-Dateimanager

Dateien und Verzeichnisse werden als kleine Symbole oder in Listen angezeigt. Sie können innerhalb des Verzeichnisbaumes navigieren, indem Sie im *Seitenpanel* am linken Rand den Tab *Baum* wählen, und Unterverzeichnisse mit einem Klick auf das Symbol vor einem Verzeichnisnamen auf- oder wieder zuklappen. Außerdem können Dateien und Verzeichnisse per *Drag&Drop* verschoben werden, also indem man sie mit niedergehaltener Maustaste bewegt.

Zur detaillierten Benutzung des Dateimanagers gibt es, wie gesagt, ein eigenes Kapitel. Ab Seite 73 können Sie in die Tiefen von *Nautilus* vordringen.

3.6 Widgets

Bevor Sie sich aus ihrer Beispielsitzung wieder ausloggen, sollen Sie noch mit einem etwas abstrakteren Konzept vertraut gemacht werden: dem Begriff des *Widget*.

Jeder kleine Bestandteil eines Fensters ist ein Widget. Ein einzelner Knopf ist ein Widget, egal ob normaler, Check- oder Radiobutton (siehe unten). Ebenso ist ein Menüeintrag ein Widget, ein Scrollbar, ein Textfeld oder die Statuszeile. Der Name des *Widgetset*, auf dem GNOME basiert, ist GTK+. Es obliegt den Programmierern von GNOME, aus diesen Widgets Programme zusammenzusetzen und zu definieren, wie sie funktionieren sollen.

Themen für GTK+ ändern das Aussehen dieser Widgets: Form, Farbe und Schriftarten lassen sich an die eigenen Wünsche anpassen. Wie man sein GTK+-Thema ändert und neue Themen installiert, ist Gegenstand von Abschnitt 8.4.6 auf Seite 117.

Keine Widgets im Sinne von GTK+ sind die so genannten *Dekorationen* an den Fenstern. Dazu zählen ein eventueller Rahmen, die Kopfzeile – in der zumeist der Name des Programms zu lesen ist – und die Knöpfe in dieser Kopfzeile, die z. B. für das Schließen, Minimieren oder Maximieren der Fenster verwendet werden können. Diese Teile können über die Themen des Fenstermanagers verändert werden – ein Konzept, das im Kapitel über *Sawfish* ab Seite 133 nachzulesen ist.

Im Folgenden eine kleine Aufzählung der häufigsten Widgets und ihrer Namen – damit Sie auch wissen, wovon im Verlauf des Buches eigentlich gesprochen wird.

3.6.1 Label

In den meisten Fenstern ist irgendein Text zu sehen. Wenn es sich nicht um ein Eingabefeld handelt, können Sie sicher sein, dass Sie ein so genanntes *Label* vor sich haben.

Das ist kein Versuch, jeder noch so nichtigen Kleinigkeit einen Namen zu geben, mit dem man um sich werfen kann; ein Programmierer von GNOME-Applikationen muss sich tatsächlich mit Labels als Widgets beschäftigen.

3.6.2 Knöpfe

Knöpfe – oder *Buttons* – sind die typischen Widgets, die auch generell als Beispiel für alles herhalten müssen. Buttons sind generell beschriftet oder bebildert und sind dadurch zu erkennen, dass eine der Beschriftung entsprechende Aktion passiert, sobald man sie anklickt. Ein Klick auf einen *OK*-Knopf ist also beispielsweise eine Bestätigung.

Abbildung 3.4: Verschiedene Knöpfe

Eine besondere Abart von Knöpfen sind die so genannten *Toggle Buttons*. Diese Knöpfe werden angeklickt und behalten ihren Status dann bei, bleiben also eingedrückt; klickt man sie ein weiteres Mal an, erscheinen Sie wieder im Ursprungszustand. Diese Knöpfe findet man nur selten, häufiger ist ihre Abart: die weiter unten gezeigten *Check Buttons*.

3.6.3 Radio Buttons

Radio Buttons treten immer in Gruppen auf und dienen dazu, zwischen Optionen zu wählen, die sich gegenseitig ausschließen. Abbildung 3.5 zeigt einen Ausschnitt aus dem Dialog für ein neues Bild im Bildverarbeitungsprogramm *GIMP*: In den beiden Gruppen ist nur eine der Optionen auswählbar.

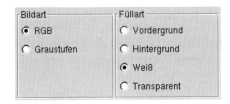

Abbildung 3.5: Radio Buttons

Der Name „Radio Button" enstammt übrigens alten Radiogeräten, bei denen die Einstellungen über Knöpfe am Gerät vorgenommen werden konnten und die heraussprangen, wenn man einen anderen Knopf gedrückt hatte.

Eine Abart des Radio Button ist das *Option*-Menü; klickt man die Fläche an, erscheint ein Menü, aus dem man einen Eintrag wählen kann. Wie bei Radio Buttons kann immer nur eine Einstellung gleichzeitig gelten.

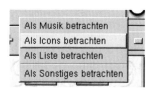

Abbildung 3.6: Ein *Option*-Menü in *Nautilus*

3.6.4 Check Buttons

Check Buttons sind kleine Felder, die anzeigen, ob eine Eigenschaft gesetzt ist oder nicht. In Abbildung 3.7 sind einige solcher Knöpfe aus einem Konfigurationsdialog des Programms *xchat* zu sehen. Diese Buttons setzen jeweils eine einzige Eigenschaft und sind im Gegensatz zu den Radio Buttons unabhängig voneinander.

Abbildung 3.7: Check Buttons

3.6.5 Tooltips

Tooltips – oder: *Schnellhilfen* – sind kleine Fenster, die erscheinen, wenn man eine kurze Weile mit dem Mauszeiger über einem Widget verharrt. Auf diese Weise ist es möglich, schnell etwas über die Funktion eines Widget zu erfahren, ohne es benutzen zu müssen.

Abbildung 3.8: Tooltip des Applet, mit dem ich den Schnappschuss gemacht habe

3.6.6 Menüs

Menüs befinden sich meist am oberen Rand eines Programms und bieten Zugriff auf dessen Funktionen. Unter GNOME finden Sie in Applikationen eine Standardmenüstruktur vor: ganz links das *Datei*-Menü, das Einträge wie das *Öffnen* und *Schließen* von Dateien und das *Beenden* des Programms enthält. Daneben das *Bearbeiten*-Menü zum *Kopieren*, *Einfügen* und so weiter. Am äußersten rechten Rand schließlich befindet sich das *Hilfe*-Menü, von wo aus sich Dokumentation für das Programm und in den meisten Fällen eine *Info*-Box aufrufen lässt.

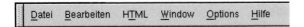

Abbildung 3.9: Die Menüleiste des Chatprogramms *xchat*

Unter GNOME lassen sich Menüs ebenso wie Werkzeugleisten prinzipiell von ihrer Position entfernen und verschieben. Dazu ziehen Sie das Menü mit der Abreißkante am Rand per Drag & Drop fort und platzieren es nach Belieben auf dem Desktop.

3.6.7 Werkzeugleisten

Werkzeugleisten dienen der Abkürzung. Es handelt sich um eine Ansammlung von Buttons, die besonders häufige Aktionen in einem Programm repräsentieren, die man nicht ständig über das Anwählen von Menüpunkten aktivieren möchte. Der Ausschnitt in Abbildung 3.10 zeigt die Werkzeugleiste – englisch: *Toolbar* – aus dem Texteditor *gEdit*.

Abbildung 3.10: Eine Werkzeugleiste

Unter GNOME lassen sich Werkzeugleisten genauso wie Menüs prinzipiell von ihrer Position entfernen und verschieben. Dazu ziehen Sie den Toolbar mit der Abreißkante am Rand per Drag & Drop fort und platzieren ihn nach Belieben auf dem Desktop.

3.6.8 Statusleisten

Statusleisten befinden sich am unteren Rand von Programmen und sollen informieren. Eine typische Anwendung von Statusleisten sind die Menüs am oberen

Rand einer Applikation: Bewegt man den Mauszeiger auf einen Menüpunkt, erscheint im *Statusbar* meist eine längere Erklärung des Menüpunktes.

Abbildung 3.11: Die Statusleiste des Kontrollzentrums

3.6.9   Fortschrittsanzeigen

Fortschrittsanzeigen – Progress Bars – sind kleine Felder, die sich je nach Fortschritt auffüllen. Am unteren Rand der Bildbearbeitung *GIMP* findet man beispielsweise eine solche Anzeige; wendet man einen Filter auf das Bild an, füllt sich der Balken, bis der Filter seine Arbeit beendet hat.

Progress Bars dienen sozusagen dazu, den Benutzer während des Wartens durch einen graphischen Hinweis „bei Laune" zu halten.

3.6.10   Listen und Bäume

Listen und *Bäume* spielen eine wichtige Rolle bei der Darstellung von Daten. Bäume lassen dabei eine Hierarchisierung zu, Listen sind auch für den Programmierer im wesentlichen Bäume, die sich auf eine Ebene beschränken. In der aktuellen Version von GTK+ ist das mit `GtkCList` und `GtkCTree` noch nicht wirklich wahr, mit GTK+ 2.0 wird aber beides in einem Widget verschmolzen.

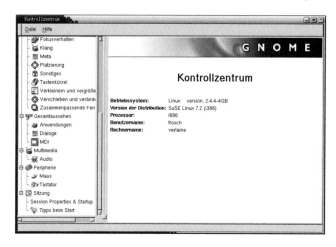

Abbildung 3.12: Ein Baum im Kontrollzentrum, rechts durch ein *Pane* abgetrennt

3.6.11 Textfelder

In *Textfelder* werden kleine Eingaben getätigt; Konfigurationsdialoge, Passwortabfragen und so weiter sind Beispiele für solche kurzen Einträge. Für lange Texte wird die *Textbox* verwendet (siehe weiter unten). In Abbildung 3.13 sind zwei kleine Textfelder zu sehen, in einer speziellen Form, die als *Spinbutton* bekannt ist; zwei kleine Pfeile begleiten das Textfeld, mit denen sich der Wert im Feld in kleinen Schritten erhöhen oder vermindern lässt.

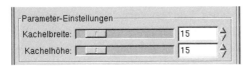

Abbildung 3.13: Textfelder (hier sog. *Spinbuttons*), in einen Frame eingeschlossen

3.6.12 Comboboxen

Comboboxen sehen wie Textfelder aus, haben jedoch einen kleinen Pfeil am Rand, der eine Liste aufklappt, aus der sich ein Eintrag wählen lässt. Im Gegensatz zum *Option*-Menü lassen sich in Comboboxen jedoch meist eigene Einträge wie in einem Textfeld vornehmen, die dann auch in die Liste übernommen werden.

3.6.13 Textboxen

Textboxen sind für die Eingabe großer Mengen von Zeichen gedacht; ein Texteditor ist ein naheliegendes Beispiel.

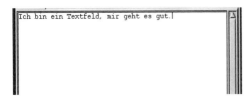

Abbildung 3.14: Eine Textbox

3.6.14 Frames

Mit einem *Frame* wird ein *Rahmen* um eine Gruppe Widgets gezogen, außerdem kann man ihnen so einen Titel geben. In Abbildung 3.13 ist ein Frame um einige Widgets zu sehen.

3.6.15 Panes

Mit *Panes* lassen sich Fenster mit einer Linie in zwei Teile spalten, die über über einen kleinen Griff vergrößert und verkleinert werden können. In Abbildung 3.12 ist ein Pane zu sehen, der den Baum links von der Fläche rechts trennt.

3.6.16 Notebooks

Notebooks sind in anderen Systemen unter dem Namen *Karteikarten* bekannt; sie sind gut dafür geeignet, einen Bereich thematisch zu unterteilen. In Abb. 3.15 ist zum Beispiel das Notebook im Hauptfenster des *Napster*-Clients *Gnapster* zu sehen.

Abbildung 3.15: Notebooks

3.6.17 Dialoge

Dialoge dienen der Interaktion: ein neues Fenster erscheint, auf das der Benutzer reagieren muss. In Abbildung 3.16 sind zwei verschiedene Dialoge zu sehen. Auf den rechten Dialog kann man nur sehr beschränkt reagieren. Er dient der Information über ein Programm und kann mit einem Klick auf den *OK*-Button bestätigt werden. Ein wenig erweitert ist unser Beispiel dann doch: mit einem zweiten Button kann eine Website im Browser geöffnet werden.

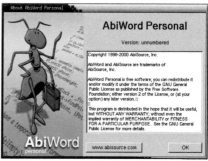

Abbildung 3.16: Zwei grundverschiedene Dialoge

Der zweite Dialog ist wesentlich umfangreicher, es handelt sich um den Konfigurationsdialog zum GNOME-Terminal. Dieses Beispiel soll zeigen, dass Dialoge

zwischen einfachen Informationen und komplexem Aufbau changieren können
– es handelt sich aber immer um ein Dialog-Widget.

3.7 Fenster manipulieren

Um ein Fenster auf dem Desktop zu bewegen, klicken Sie dessen Titelleiste an,
halten den Mausknopf gedrückt und bewegen dann das Fenster dorthin, wo Sie
es haben möchten. Ähnlich funktioniert das Verändern der Größe: Bewegen Sie
den Mauszeiger auf den Rand des Fensters, den Sie verändern möchten. Sobald
sich der Zeiger verändert, können Sie durch das Gedrückthalten des Mausknop-
fes den Rand vergrößern oder verkleinern. Einige Programme oder Fenster, z. B.
simple Dialoge, erlauben dies allerdings nicht. Das gleiche funktioniert an den
unteren Ecken eines Fensters.

Die Dekoration am oberen Rand des Fensters kann mehrere Knöpfe enthalten,
mit denen Sie das Fenster schließen, auf Bildschirmgröße vergrößern oder es minimieren können. Und spätestens an dieser Stelle wird eine Beschreibung schwierig bis unmöglich: Die Dekorationen sind abhängig vom so genannten *Thema* des
Fenstermanagers, und diese ändern die Buttons je nachdem, wie es dem Ersteller
des Themas beliebt.

Generell ist jedoch eine Darstellung wie in Abbildung 3.17 oder ähnlich zu erwarten, mit vier Buttons, zum Schließen, Minimieren, Maximieren und Aufrollen der
Fenster.

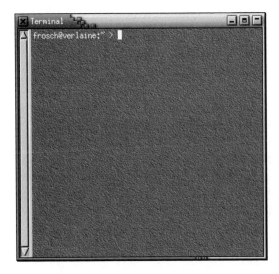

Abbildung 3.17: Die Buttons von links nach rechts: Fenster schließen, minimieren, maximieren und aufrollen

Fenster schließen erklärt sich wohl von selbst. *Minimieren* lässt das Fenster verschwinden und fügt, wenn Sie eine Desktopübersicht in Ihrem Panel haben, ein Icon ein, über das Sie das Fenster wieder erscheinen lassen können. *Maximieren* vergrößert das Fenster auf den gesamten Bildschirm (eventuell vorhandene Panels werden dabei normalerweise ausgespart). Ein wiederholter Klick auf den gleichen Button bringt das Fenster dann auf die ursprüngliche Größe zurück.

Wenn man ein Fenster *aufrollt*, ist nur noch die Titelzeile des Fensters zu sehen, ein weiterer Klick auf den Button rollt das Fenster dann wieder aus. Ein Doppelklick auf die Titelleiste bewerkstelligt das gleiche.

Darüber hinaus hat jeder der Buttons ein eigenes Kontextmenü, das mit einem Klick der rechten Maustaste aufgerufen wird. In *Sawfish* können Sie über dieses Menü die Funktionen der anderen Buttons ausführen, dem Fenster ein anderes Thema verpassen, es auf eine andere virtuelle Arbeitsfläche schieben und vieles mehr. In Abschnitt 9.2 erfahren Sie, was Sie an dieser Stelle noch alles veranstalten können.

Die meisten Einzelheiten dieser Verhaltensweisen lassen sich später konfigurieren. Lesen Sie in diesem Buch das Kapitel über den Fenstermanager *Sawfish* oder konsultieren Sie die entsprechende Dokumentation, wenn Sie einen anderen Fenstermanager verwenden.

3.8 Und wieder 'raus

Nachdem Sie sich wie beschrieben ein wenig auf Ihrem Arbeitsplatz umgesehen und vielleicht auf eigene Faust ein wenig gestöbert haben, sollten Sie sich wieder von GNOME abmelden. Das geschieht, indem Sie auf das Icon „Monitor mit Mond" klicken, der sich im Panel befindet. Sie erhalten dann einen kleinen Dialog, den Sie mit einem Klick auf den *OK*-Button bestätigen.

Mit diesen wenigen Schritten haben Sie Ihre erste Sitzung unter GNOME hinter sich gebracht! Allerdings werden wir für den Rest des Buches auf dieses Schritt-für-Schritt-Prinzip verzichten und vielmehr die Konzepte und die zentralen Bestandteile von GNOME systematisch erläutern. Sie müssen sich daher bei der Lektüre nicht gezwungenermaßen an die Reihenfolge der einzelnen Kapitel halten. Wenn Sie sich zunächst mit dem Hilfesystem und dem Dateimanager und erst danach mit dem Panel beschäftigen wollen, ist dagegen nichts einzuwenden.

Kapitel 4

Der Desktop

Ein *Desktop* (*Arbeitsplatz*) ist mehr als nur eine graphische Oberfläche. GNOME bietet Ihnen ein einheitliches Aussehen aller Applikationen, das sich beispielsweise in der Anordnung der Menüpunkte äußert, die sich bei jedem Programm an den selben Stellen befinden sollen. (Zwar gibt es immer noch Programmierer, die eigene Wege gehen, doch werden diese gerne auf die Richtlinien hingewiesen – probieren Sie es ruhig aus, wenn Sie einen Grund finden!) Darüber hinaus werden die Programme z. B. im Panel alle „unter einen Hut gebracht", und sie sind in der Lage, untereinander zu kommunizieren.

Unter dem Desktop versteht man aber auch die Fläche, die Sie auf dem Bildschirm sehen. So befindet sich bei einer Standardinstallation das große Panel am unteren Rand des Desktop und diverse Icons sind in der linken oberen Ecke des Desktop angeordnet.

Der Desktop wird unter GNOME von der *Desktop-Shell Nautilus* kontrolliert, einem mächtigen Programm, das ebenso als Dateimanager und Webbrowser dienen kann – und noch viele andere Möglichkeiten bietet, eben zum Beispiel das Verwalten Ihrer Desktopfläche. Die Arbeit mit *Nautilus* als Dateimanager wird in Kapitel 7 beschrieben.

Die meiste Interaktion mit dem Desktop wird über die Icons geschehen, die auf ihm liegen. Wir widmen uns jedoch zunächst dem Desktop-Menü und gehen dann zu den Icons über. Beachten Sie bitte, dass die folgenden Dinge nur dann zum Tragen kommen, wenn Sie tatsächlich *Nautilus* zum Zeichnen Ihres Desktop verwenden. Das ist standardmäßig bei allen neueren Distributionen und Eigenkompilationen der Fall. Falls Sie den Eindruck haben, dass *Nautilus* nicht verwendet wird, um Ihren Desktop zu zeichnen, schlagen Sie auf Seite 94 nach, wie sich das ändern lässt.

Nautilus ist noch ein sehr neues Programm; erst vor kurzer Zeit ist es als Ersatz für den *Midnight Commander* eingeführt worden. Wenn Sie den Eindruck haben, dass die Funktionalität auf dem Desktop noch nicht sonderlich umfangreich ist, so liegt das daran, dass bei der Entwicklung der Schwerpunkt bisher auf die Funktionalität als Dateimanager gelegt worden ist. In neueren Versionen, die Sie sicherlich auch über die Update-Funktionen Ihrer Distribution erhalten werden, werden die Möglichkeiten der Desktopfläche umfangreicher sein und mit der Zeit wachsen.

4.1 Das Desktop-Menü

Das Desktop-Menü ist eines der üblichen Popups. Es erscheint, wenn Sie Ihren Desktop-Hintergrund mit der rechten Maustaste anklicken. Die folgenden Einträge stehen Ihnen im Desktop-Menü zur Verfügung:

Neues Fenster öffnet ein neues Fenster des Dateimanagers *Nautilus* für Ihr Heimatverzeichnis. *Neues Verzeichnis* legt ein neues Verzeichnis für Dateien etc. auf dem Desktop an, das angeklickt werden kann und seinen Inhalt dann in einem Fenster des Dateimanagers *Nautilus* darstellt.

Wenn Sie den Desktop *Nach Namen aufräumen*, werden die Icons, die darauf liegen, alphabetisch sortiert.

Im Punkt *Platten* wird eine alte Microsoft-Terminologie eingeführt. Um ein Dateisystem (bei MS: „Laufwerk") unter Linux nutzen zu können, muss die Partition (der Teil der Festplatte), auf dem es sich befindet, „gemountet" (eingebunden) werden, d. h., es muss über einen Befehl explizit zum Teil des Systems gemacht werden. Das gilt auch für CD-ROMs, Disketten und so weiter. Das Mounten – oder auf deutsch auch „Einhängen" – geschieht nicht automatisch. Der Superbenutzer (Systemverwalter) root kann „normalen" Benutzern sogar das Mounten von Laufwerken gezielt verbieten. Das hat seinen Urpsrung in Sicherheitserwägungen für ein Multibenutzersystem: Nicht jeder beliebige Thorsten Normalbenutzer soll Dateisysteme ein- oder aushängen können, die nichts im System zu suchen haben.

Auf der anderen Seite sind Sie ohne die Laufwerksbuchstaben nicht auf 26 Dateisysteme beschränkt.

Um ein Laufwerk einzuhängen, wählen Sie im Untermenü *Platten* den gewünschten Punkt aus. Es erscheint nun ein Icon auf dem Desktop, das das Dateisystem – sei es nun eine Festplatte, ein CD-ROM-Laufwerk, ein Diskettenlaufwerk – repräsentiert und das sich auf einen Klick in einem *Nautilus*-Fenster öffnet. Um ein Dateisystem wieder auszuhängen, klicken Sie übrigens das Symbol mit der rechten Taste an und wählen *Platte aushängen*.

Desktop-Hintergrund zurücksetzen setzt den Hintergrund des Desktop auf die Standardeinstellung zurück, das helle Muster mit den GNOME-Füßen. Mit *Desktop-*

Hintergrund ändern wird das entsprechende Capplet im Kontrollzentrum aufgerufen. Sie werden es in Abschnitt 8.4.4 kennen lernen.

4.2 Icons

Icons sind kleine Symbole auf dem Desktop, die als Abkürzungen dienen. Unter GNOME können diese Icons Verweise auf Dateien oder Verzeichnisse sein oder Programme starten.

Bei Systemen wie GNOME muss man immer daran denken, dass Begriffe wie „Verzeichnis" sich nie auf den lokalen Rechner beschränken, sondern immer auch ganze Netzwerke und damit natürlich auch das Internet einbeziehen können. URLs von Adressen im World Wide Web sind ebenso möglich wie FTP-Verzeichnisse.

Der einfachste Weg, eigene Icons auf dem Desktop zu kreieren, ist das Verschieben per Drag & Drop aus einem *Nautilus*-Fenster. Auf diese Weise können Dateien und Verzeichnisse schnell auf dem Desktop zugänglich gemacht werden. Aus dem Kontextmenü des Desktop heraus können bisher nur neue Verzeichnisse angelegt werden.

4.2.1 Iconmenüs

Auch Icons haben ein eigenes Kontextmenü, das erscheint, wenn das Icon mit der rechten Maustaste angeklickt wird. Der genaue Aufbau des Menüs hängt natürlich von der Art des Icon ab.

Es gibt drei Einträge für das *Öffnen* von Dateien. Einfach nur *Öffnen* führt die Aktion aus, die für diese Art von Icon festgelegt ist. Verzeichnisse werden dabei in einem *Nautilus*-Fenster geöffnet; es wird ein bereits vorhandenes Fenster benutzt, sofern schon eines offen ist. Detailliertes über den Dateimanager in Kapitel 7. Bei Programm-Icons führt es zu einem simplen Start der Applikation, Dateien werden in dem für sie festgelegten Programm geöffnet.

Öffnen in neuem Fenster öffnet Verzeichnisse in einem neuen *Nautilus*-Fenster, Dateien werden wiederum in ihre entsprechende Applikation geladen, und Applikationen werden einfach gestartet.

Öffnen mit ermöglicht festzulegen, in welchen Programmen Dateien geöffnet werden sollen. Dabei wird zwischen Betrachtern und Anwendungen unterschieden, wobei mit letzteren die Datei auch verändert werden kann. Wenn für den Dateityp keine Standardanwendung existiert, kann das Kontrollzentrum aufgerufen werden, um den Dateityp an eine oder mehrere Anwendungen zu binden. Mehr dazu in Abschnitt 8.5.1 auf Seite 119.

Das Anzeigen der *Eigenschaften* zaubert einen kleinen Dialog hervor, mit dem sich die Eigenschaften des Icon nicht nur anzeigen, sondern auch verändern lassen. Dieser Dialog wird im Kapitel über *Nautilus* besprochen (Seite 86). Dort wird im Wesentlichen auf die Möglichkeit Bezug genommen, seinen Icons Embleme zu verpassen, um sie so zu kennzeichnen.

Der nächste Eintrag ist interessant und für viele Benutzer ein echter Vorteil gegenüber der Kommandozeile: *In den Müll verschieben*. GNOME hält einen Mülleimer vor, der gelöschte Objekte aufnimmt und so vor unabsichtlichem Löschen schützt. Dieser Mülleimer nimmt bisher jedoch nur Dateien und Verzeichnisse auf, die durch *Nautilus* gelöscht wurden; wenn Sie Dateien auf der Kommandozeile, z. B. in einem Terminalfenster, löschen, werden diese nicht in den Mülleimer verschoben und sind damit endgültig verschwunden. Der Mülleimer existiert auch als eigenes Icon auf dem Desktop, mehr dazu weiter unten.

Mit dem nächsten Eintrag lässt sich das Icon *Duplizieren*, es wird damit lediglich eine Kopie davon auf dem Desktop angelegt.

Link anlegen erzeugt einen Verweis auf das Icon, aber keine Kopie davon; und mit *Umbenennen* können Sie dem Icon einen anderen Namen geben.

Die übrigen drei Einträge im Iconmenü beziehen sich auf das Bild des Icon. *Eigenes Bild entfernen* entfernt ein Symbol, das Sie über den Eigenschaftendialog aussuchen können, und ersetzt es durch eine Standardvorgabe. Solche Vorgaben gibt es beispielsweise mit dem Ordnerbildchen für Verzeichnisse.

Mit *Icon strecken* erscheinen kleine „Griffe" an den Rändern und Ecken des Icon, mit denen es sich größer und kleiner ziehen lässt; mit *Originalgröße des Icons wiederherstellen* lassen sich solche Änderungen auch wieder rückgängig machen.

4.2.2 Starter

Starter auf Ihrem Desktop funktionieren wie Starter-Symbole im Panel. Sie dienen dazu, ein Programm durch Klick zu starten.

Momentan fehlt noch die Möglichkeit, Starter über das Desktop-Menü anzulegen. Sie können aber bereits bestehende Starter aus einem Menü per Drag & Drop auf den Desktop ziehen. Dadurch wird eine Kopie des Starters erzeugt, der genau das tut, was Sie von ihm als Menüeintrag gewohnt sind.

Auf die gleiche Weise hat SuSE seine Standardwerkzeuge nicht als Icons auf dem Desktop, sondern als Verweise in ein Verzeichnis gepackt und das Verzeichnis auf den Desktop gelegt.

4.2.3 Laufwerke und Verzeichnisse

Ein Klick auf ein Laufwerk- oder ein Verzeichnisicon öffnet ein *Nautilus*-Fenster, in dem der Inhalt ganz normal im Dateimanager verwaltet werden kann. Ein Verzeichnis, das Sie auf Ihrem Desktop anlegen, wird als echtes Unterverzeichnis im Dateisystem unter /home/<user>/.nautilus/desktop angelegt, wobei <user> der Benutzername ist.

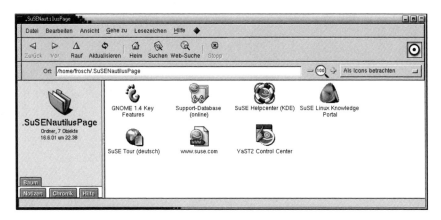

Abbildung 4.1: Die SuSE-Tools, vom Desktop aus aufgerufen

Hinweis: Mit Erscheinen dieses Buches haben Sie höchstwahrscheinlich schon eine Version von *Nautilus* auf Ihrem Desktop, die bereits die Möglichkeit bietet, Starter auf dem Desktop direkt anzulegen, und sie wird sich kaum vom Anlegen von Startern auf dem Panel unterscheiden. Schlagen Sie im entsprechenden Abschnitt nach, wenn Schwierigkeiten auftreten sollten.

4.2.4 Müll

Unter Linux gibt es ein besonders für Einsteiger etwas ungewohntes Konzept: was gelöscht ist, ist gelöscht, und kommt garantiert nicht wieder. Auch mir hat das schon den einen oder anderen Wutausbruch auf der Kommandozeile beschert...

Wenn Sie jedoch in *Nautilus* Dateien oder Verzeichnisse löschen, so landen diese zuerst im Papierkorb, unter GNOME einfach *Müll* genannt. Wenn Sie den Mülleimer doppelklicken, erhalten Sie wieder ein *Nautilus*-Fenster, aus dem heraus Sie wie gewohnt Ihre Dateien und Verzeichnisse herausholen können.

Mit dem Eintrag *Müll leeren* entfernen Sie den Inhalt des Mülls und bannen ihn damit endgültig von Ihrer Festplatte.

4.2.5   Embleme auf Icons

Genauso wie sie im Dateimanagerfenster von *Nautilus* zu finden sind, können auch die Symbole auf dem Desktop mit *Emblemen* versehen werden. Über das Kontextmenü eines Symbols gelangt man per *Eigenschaften zeigen* in den gleichen Dialog zur Konfiguration.

Mehr Infos über Embleme gibt es in einem Abschnitt im Kapitel über *Nautilus* als Dateimanager auf Seite 86.

Kapitel 5

Das Panel

Das *Panel* ist die zentrale Schaltstelle auf Ihrem GNOME-Desktop. Von hier aus
werden die meisten Programme gestartet und alle Einstellungen vorgenommen.
Das Panel entspricht entfernt der Startleiste in Windows – ist jedoch um einiges
anpassungsfähiger.

Falls Sie den Abschnitt über die Konfiguration der Eigenschaften des Panel suchen, blättern Sie bitte auf Seite 58 vor. Die vorhergehenden Seiten in diesem
Kapitel besprechen die vielseitigen Elemente des Panel und deren Verwendung.

Abbildung 5.1: Ein Panel

Das Panel in Abbildung 5.1 zeigt links zwei Menüs, einige Starter und einige
Applets: eine Desktopübersicht und eine Taskliste.

5.1 Grundlegendes

Einige Grundlagen sollten Sie kennen, damit Sie im Folgenden wissen, wovon
die Rede ist.

5.1.1 Aktivieren von Panel-Elementen

Ob nun Buttons, Menüs oder Schubladen: Wenn Sie mit dem Mauszeiger darüber
fahren, leuchten diese Symbole leicht auf, um Ihnen zu zeigen, welches Icon aktiv
ist und was nun passieren würde, wenn Sie klicken. Und egal welches Icon gerade aktiv ist, generell gilt: Ein Klick mit der linken Maustaste aktiviert es. Menüs

klappen also nach einem Klick mit der linken Taste auf, Programme werden mit einem simplen Klick gestartet und so weiter.

Besonders beim Starten von Programmen gilt folgende Goldene Regel: Klicken Sie einen Starter nur ein einziges Mal an und warten Sie, bis das Programmfenster vor Ihnen erscheint. Dass Sie ein Symbol angeklickt haben, sehen sie zusätzlich daran, dass es ein wenig in eine Richtung „wegrutscht", als ob tatsächlich jemand von oben darauf gedrückt hätte.

5.1.2 Das Panel-Menü

Je nachdem, wo Sie das Panel mit der rechten Taste anklicken, klappt ein anderes Menü auf. Sie können davon ausgehen, dass immer ein Menü aufklappt: Bei einem Applet, bei einem Menü oder einem Starter erscheint das Menü zur Konfiguration desselben, und wenn Sie eine freie Fläche des Panel erwischen, werden Sie das Hauptmenü sehen. Aber egal, welches dieser Menüs auch erscheint, es wird immer ein Untermenü mit dem Namen *Panel* geben, in dem Sie die Einstellungen für das Panel vornehmen können.

5.2 Starter

Ein *Starter* ist ein Icon auf dem Panel, das nach dem Anklicken ein bestimmtes Programm startet. In der Installation von SuSE sind dabei von Vornherein das Kommandozentrum, die GNOME-Hilfe und der Browser *Netscape Navigator* mit eigenen Startern im Panel vertreten. Wie Sie am *Navigator* sehen können, müssen es keine GNOME-eigenen Programme sein, die mit einem Starter verknüpft werden, und Sie können sogar Programme für die Kommandozeile ausführen lassen.

Um dem Panel einen eigenen Starter hinzuzufügen, klicken Sie mit der rechten Maustaste das Panel an. Dabei ist es egal, ob sie einen Starter, ein Applet oder ein Stück freie Fläche des Panel erwischen. Im Menü *Panel* wählen Sie das Untermenü *Zum Panel hinzufügen*. Dort klicken Sie den Punkt *Starter* an, um einen neuen Starter hinzuzufügen. Es erscheint ein Dialog, wie Sie ihn in Abbildung 5.2 sehen können.

Als Beispiel möchten wir die Finanzsoftware *GnuCash* einrichten. Im Kapitel *Anwendungen* erfahren Sie auf Seite 12.6.4 mehr über dieses Programm.

Name ist der Name, unter dem dieser Starter abgespeichert werden soll. Es entsteht eine Datei in Ihrem privaten Konfigurationsverzeichnis, die diesen Namen trägt. Der *Kommentar* erscheint als Tooltip, wenn der Mauszeiger länger über dem fertigen Starter verharrt, ohne dass man ihn anklickt. Manche Benutzer schreiben

Abbildung 5.2: Einrichten eines neuen Starters für das Panel

hier lange Kommentare wie „Finanzsoftware GnuCash" hinein, andere bevorzugen spartanische Kommentare wie „gnucash 1.6.1".

Schließlich notwendig ist das auszuführende *Kommando*. In den meisten Fällen genügt der Name der auszuführenden Datei, in unserem Beispiel gnucash. Sicherer sind komplette Pfadangaben. GNOME-Programme residieren bei SuSE und auch bei den meisten anderen Distributionen im Verzeichnis /opt/gnome/ bin. Ein vollständiger Eintrag würde demnach /opt/gnome/bin/gnucash lauten.

Und Sie sollten sich ein *Icon* wählen, das das Symbol für das Programm sein soll, indem sie das so beschriftete Feld anklicken. Sie können sich durch eine gewisse Anzahl von Symbolen browsen und mit der *Durchsuchen*-Option auch in anderen Verzeichnissen nachsehen, bis Sie ein passendes Icon gefunden haben. Sollten Sie kein Icon auswählen, erscheint der Starter mit einem GNOME-Fragezeichen als Symbol im Panel.

Die Option *Im Terminal laufen lassen* benötigen Sie nur dann, wenn es sich um ein Programm handelt, das kein eigenes Fenster erzeugen kann, dies aber explizit tun soll. Sie werden diesen Punkt kaum einmal benötigen, auch für Programme nicht, die auf der Kommandozeile laufen. Er ist dann sinnvoll, wenn es sich um ein Kommandozeilenprogramm handelt, das eine Interaktion mit dem Benutzer erwartet, zum Beispiel ein Mail-Programm.

Es gibt auch einige fortgeschrittene Optionen, die sich durch die Menüseite *Komplex* erschließen – siehe Abbildung 5.3 –, die für einen gewöhnlichen Starter in den meisten Fällen jedoch kaum von Belang sind.

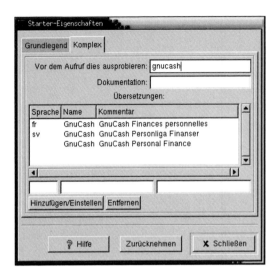

Abbildung 5.3: Komplexere Einstellungen für einen neuen Starter

Vor dem Aufruf dies ausprobieren: Dieser Eintrag ist vor allen Dingen für Personen gedacht, die GNOME-Distributionen erstellen. Bevor der Starter im Menü angezeigt wird, wird getestet, ob das hier eingetragene Programm gestartet werden kann. Die Menüeinträge erscheinen also erst dann, wenn die enstprechende Software auch installiert worden ist. Der Punkt *Dokumentation* wird nicht benutzt; *Übersetzungen* schließlich listet Einträge für Namen und Kommentare in verschiedenen Sprachen auf. Diese Einträge werden generell von der Software mitgeliefert und sind dann von Belang, wenn beim graphischen Login in das System eine bestimmte Sprache gewählt wurde. Für gewöhnlich werden diese Einträge nicht von Hand verändert.

5.2.1 Starter aus einem Menü übernehmen

Wenn für den gewünschten Starter bereits ein Eintrag in einem Menü vorhanden ist, so kann der Eintrag einfacher vorgenommen werden, indem er mit der rechten Taste angeklickt wird.

Ein Beispiel: Das Bildbearbeitungsprogramm *GIMP* soll einen eigenen Starter auf dem Panel erhalten und hat bereits einen Eintrag im Hauptmenü des Panel. Wählen Sie im Untermenü *Grafik* im Menü *Programme* den Eintrag von *GIMP*, klicken ihn jedoch nicht mit der linken Maustaste an. Benutzen Sie vielmehr die rechte Taste und klicken Sie im erscheinenden Menü den Punkt *Diesen Starter zum Panel hinzufügen* aus. Sie haben nun einen Starter für *GIMP* im Panel.

Und um es noch einfacher zu machen, können Sie einen Eintrag aus einem Menü auch einfach per Drag & Drop auf das Panel ziehen; also den Eintrag mit der linken Taste anklicken, die Maustaste gedrückt lassen und das Symbol auf diese Weise auf das Panel fallen lassen.

5.3 Spezielle Knöpfe

Einige Knöpfe für das Panel verhalten sich „unnormal", weil sie nicht einfach eine neue Applikation starten oder ein Menü öffnen und auch kein Applet sind. Wir erkennen drei verschiedene Spezialknöpfe in Abbildung 5.4: Die Knöpfe zum *Abmelden* von GNOME, zum *Ausführen* eines Programms und zum *Sperren* des Bildschirms.

Abbildung 5.4: Die speziellen Knöpfe für das Panel

Alle diese Knöpfe können über den Punkt *Dem Panel hinzufügen* im Panel-Menü erzeugt werden.

5.3.1 Abmeldeknopf

Der Abmeldeknopf ist natürlich zum Abmelden von GNOME gedacht. Wird dieser Knopf angeklickt, verdunkelt sich der Bildhschirm und ein Dialog erscheint, der es noch einmal erlaubt, das Vorhaben zu überdenken. Sein Symbol ist ein Monitor mit einem kleinen Mond – Zeit, schlafen zu gehen.

Beim Abmelden von GNOME wird die Sitzung gespeichert, d. h., es werden gestartete Programme, deren Position usw. gespeichert, solange die Applikationen durch den Programmierer an das Session Management angepasst worden sind. Bei GNOME-Programmen ist das automatisch der Fall.

5.3.2 Sperrknopf

Mit diesem Knopf wird der Bildschirm gesperrt. Nun wird entweder der Bildschirm schwarz oder es schaltet sich der eingestellte Bidschirmschoner ein. Wird die Maus bewegt oder eine Taste gedrückt, erscheint ein Dialog, der die Eingabe Ihres Passwortes fordert. Auf diese Weise kann kein anderer Benutzer Ihren Login benutzen, während Sie eine Weile nicht am Rechner sind.

Früher war es gang und gäbe, einen Bildschirmschoner zu verwenden, damit sich bei längeren statischen Ansichten das Bild nicht in die Monitorröhre einbrennen konnte. Dieser Effekt tritt bei modernen Geräten praktisch überhaupt nicht mehr auf, und so werden Bilschirmschoner nur noch benutzt, weil sie schön aussehen, oder aber eben wegen der Möglichkeit, seinen eigenen Bereich in der Abwesenheit zu sperren.

Die Konfiguration der Bildschirmschoner erfolgt über das *Kontrollzentrum* und wird in Abschnitt 8.4.1 besprochen.

5.3.3 Ausführen-Knopf

Manche Programme installieren keinen Eintrag im Hauptmenü. Das ist für gewöhnlich der Fall, wenn es sich nicht um ein GNOME-Programm handelt. Viele Benutzer haben nebenbei noch ein oder mehrere Terminal-Fenster geöffnet, in dem sie Programme von der Kommandozeile aus ausführen können.

Wer keine Kommandozeile möchte oder aus anderen Gründen kein Terminal starten mag – und das, obwohl ich dem GNOME-Terminal ab Seite 179 ein ganzes Kapitel widme –, kann mit dem *Ausführen*-Button dennoch ein Programm starten. Es erscheint ein Dialog, wie er in Abbildung 5.5 zu sehen ist. Hier kann der Programmname eingetragen oder über einen weiteren Dialog im Dateisystem gesucht werden.

Abbildung 5.5: Ausführen von Programmen

Wenn Sie einen Programmnamen eingeben – beachten Sie, dass hier Groß- und Kleinschreibung wichtig sind und Sie den tatsächlichen Namen der ausführbaren Datei eingeben müssen – und das Programm startet nicht wie erwartet, versuchen Sie es noch einmal mit einer vollständigen Pfadangabe; also beispielsweise `/usr/X11R6/xplanet` statt einfach nur `xplanet`.

Der Dialog kann übrigens jederzeit auch mit der Tastenkombination $\boxed{\text{Alt}}$+$\boxed{\text{F2}}$ auf den Bildschirm gezaubert werden.

5.4 Menüs

Menüs sind auf Ihrem Desktop allgegenwärtig. Die meisten Programme haben am oberen Rand eine Menüleiste, wenn Sie das Panel mit der rechten Taste anklicken, erhalten Sie ein Popup-Menü und auf Ihrem Panel liegt als eigenes Symbol das Hauptmenü. In Abbildung 5.6 ist das aufgeklappte Hauptmenü in einem Panel zu sehen.

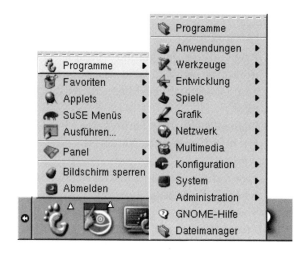

Abbildung 5.6: Das aufgeklappte Hauptmenü mit dem ebenfalls aufgeklappten *Programme*-Menü

Das voreingestellte Icon für das Hauptmenü ist der GNOME-Fuß. Man kann Menüs von Startern daran unterscheiden, dass sie – wie Schubladen – an einer Ecke einen kleinen weißen Pfeil tragen, der anzeigt, in welche Richtung das Menü ausklappt, wenn das Icon angeklickt wird.

Das Hinzufügen und Manipulieren von Menüs unterscheidet sich je nachdem, ob man ein normaler Benutzer oder der Superbenutzer root ist. Als normaler Benutzer können Sie systemweit vorgegebene Menüs nicht verändern; lediglich ein eigenes Menü mit dem Namen *Favoriten* kann nach Ihren eigenen Vorstellungen gestaltet werden.

Wenn Sie aber root sind, können Sie systemweite Veränderungen vornehmen. Konsultieren Sie die Dokumentation des Menüeditors auf Seite 213 für mehr Informationen.

5.4.1 Das Hauptmenü

Den meisten Raum im Hauptmenü nimmt das Untermenü *Programme* in Anspruch. Seine Kategorien sind in Tabelle 5.1 erläutert. Eine Auswahl von Programmen aus allen Kategorien wird in Kapitel 12 ab Seite 187 vorgestellt.

Tabelle 5.1: Die Kategorien im *Programme*-Menü

Name	Englisch	Beschreibung
Anwendungen	*Applications*	Anwendungsprogramme, beispielsweise Büroapplikationen wie Textverarbeitungen, aber auch Editoren, Adressbücher usw.
Werkzeuge	*Utilities*	kleine Programme: Farbwähler, kleine Betrachter, Tools zum Mounten von Laufwerken usw.
Entwicklung	*Development*	Programmier- und Entwicklerwerkzeuge, wie z. B. *Glade* oder *Anjuta*
Spiele	*Games*	Spiele
Grafik	*Graphics*	Programme zur Bildbearbeitung und Betrachter für diverse Formate
Netzwerk	*Internet*	Netzwerkprogramme, darunter alles Internetbezogene; E-Mail-Clients, Webbrowser, Instant Messaging usw.
Multimedia	*Multimedia*	Sound und Video. MP3- und CD-Spieler, Lautstärkeregelung, Player für MPEG und andere Videoformate
Konfiguration	*Settings*	Konfiguration; die Untermenüs entsprechen den Einträgen im Kontrollzentrum, das ab Seite 103 vorgestellt wird.
System	*System*	Paketverwaltung, Benutzerlisten, Login-Konfiguration etc. Die Programme in diesem Untermenü sind nur dem Systemadministrator zugänglich.

5.4.2 Favoriten

Favoriten sind Ihre Lieblingsprogramme – oder einfach die, die Sie am häufigsten benutzen (müssen). Im *Favoriten*-Menü können Sie frei schalten und walten.

Wenn Sie dieses Menü fertig konfiguriert haben, ist es am sinnvollsten, es als eigenständiges Icon im Panel zu haben; im Panel-Menü können Sie es über *Zum Panel hinzufügen* als Menü wählen. Auf Seite 213 können Sie sich mit der Verwendung des Menüeditors vertraut machen.

5.4.3 Der Menüeditor

Der Menüeditor, mit dem sich das Hauptmenü verändern lässt, wird im Abschnitt über GNOME-Systemprogramme auf Seite 213 eingehend beleuchtet. Als Normalbenutzer können Sie nur in ihrem Favoriten-Menü walten, wohingegen Sie als Superbenutzer `root` systemweite Änderungen vornehmen können.

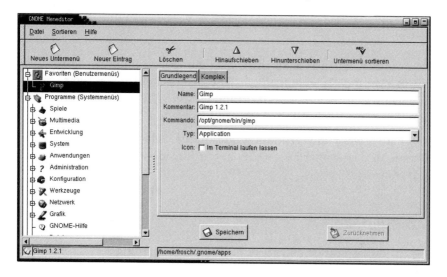

Abbildung 5.7: Der Menüeditor, hier mit einem kargen *Favoriten*-Menü

5.5 Schubladen

Starter, Menüs, dazu einige Applets ... – schnell ist das Panel voll, selbst wenn es sich als Kantenpanel über die gesamte Breite des Bildschirms spannt. Zusätzlicher Platz tut not, und Schubladen schaffen Abhilfe.

Schubladen sind neue „Zweige" im Panel, man könnte sie auch „Unterpanel" nennen. Abbildung 5.8 zeigt, wie das gemeint ist: Ein Klick auf das Schubladen-Icon im Panel öffnet einen weiteren Bereich. Dieser Bereich ist ein ganz normaler Teil des Panel und kann seinerseits wieder Starter, Menüs, Applets und auch wieder neue Schubladen enthalten.

Abbildung 5.8: Eine Schublade mit Graphikprogrammen

Schubladen werden, wie gewohnt, über das Panel-Menü über den Punkt *Zum Panel hinzufügen* in das Panel eingefügt. Eine neue Schublade erscheint aufgeklappt im Panel. Ab diesem Zeitpunkt kann der Zweig wie ein normales Panel behandelt werden. Ein Klick auf das Icon der Schublade schließt dieselbe wieder.

Alle Eigenschaften wie Hintergrundbild oder -farbe, Setzen oder Entfernen der Versteckknöpfe und so weiter lassen sich auf Schubladenpanels ebenso anwenden wie auf „normale" Panels.

5.5.1 Konfiguration

Der Dialog zur Konfiguration einer Schublade ist in Abbildung 5.9 zu sehen. Die *Panel-Größe* gibt die Breite des neuen Panel-Zweiges an; die *Ebene der Panelfenster*, wie sich der Zweig gegenüber Applikationsfenstern verhalten soll: Die verschiedenen Möglichkeiten sind in Tabelle 5.2 aufgelistet.

Tabelle 5.2: Verhalten der Schublade gegenüber anderen Fenstern

Art	Beschreibung
Voreinstellung	Die Schublade verhält sich so, wie es für Panels in der globalen Einstellung festgelegt ist.
Über anderen Fenstern	Die Schublade überdeckt stets alle Fenster, die ihr im Weg sein könnten.
Unter anderen Fenstern	Die Schublade öffnet sich stets unter allen bereits vorhandenen Fenstern.
Normal	Verhalten wie ein normales Applikationsfenster.

Durch *Aussehen des Applets* kann ein Icon festgelegt und die Schublade mit einem *Namen* versehen werden, der auch als Tooltip erscheint, wenn der Mauszeiger über dem Symbol verharrt. Und wie bei einem „normalen" Panel kann der *Versteckknopf an- und ausgeschaltet* sowie mit einem *Pfeilsymbol* versehen werden.

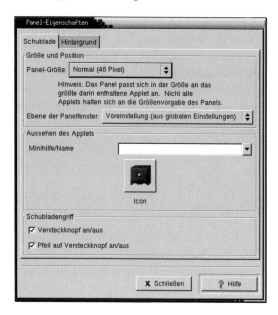

Abbildung 5.9: Konfiguration einer Schublade

Auf dem Tab *Hintergrund* der Schubladenkonfiguration findet man noch die Möglichkeit, dem Panelzweig ein eigenes Aussehen durch eigene Farbgebung oder gar ein Hintergrundbild zu verleihen. Dieser Teil der Konfiguration gleicht der individuellen Konfiguration eines Panel, der bereits auf Seite 58 Raum gewidmet ist.

5.6 Applets

Applets sind kleine Programme, die in einem Panel residieren. Anders als Starter starten sie kein neues Programm, sondern sie *sind* das Programm. Es gibt einen reichhaltigen Schatz an Applets. Ihnen allen ist gemein, dass sie keine großen Applikationen sind, sondern meist kleine Werkzeuge, die einen ganz kleinen, spezifischen Zweck erfüllen, was auch logisch erscheint, da sie in ihren Möglichkeiten der graphischen Darstellung ja arg begrenzt sind.

Typische Applets sind Uhren oder Statusanzeigen für das Netzwerk und die Prozessorlast, aber auch Anzeigen für das Wetter und Nachrichtenticker verschiedener bekannter News-Seiten im Internet.

Es ist einfach, einem Panel ein Applet hinzuzufügen:

Wählen Sie aus dem *Panel*-Menü den Punkt *Zum Panel hinzufügen*, dort *Applet hinzufügen*. Oder: Immer wenn Sie das Panel mit der rechten Maustaste anklicken, befindet sich im Popupmenü auch ein Untermenü *Applets*. In diesem Menü gibt es eine Einteilung in Klassen. Diese entsprechen in etwa den Punkten im *Hauptmenü* und sind also mit *Multimedia*, *Unterhaltsames* und so weiter benannt. Suchen Sie sich ein Applet aus, indem Sie es anklicken. Das Applet wird nun im Panel platziert und kann benutzt werden. Applets sind meist lediglich zur Anzeige bestimmt; das Verhalten der Anzeige lässt sich über den Konfigurationsdialog festlegen.

5.6.1 Konfiguration einzelner Applets

Jedes Applet hat ein eigenes Menü, das durch einen Klick mit der rechten Maustaste auf dem Applet aufgerufen wird. Die Wahl des Punktes *Eigenschaften* bringt dabei einen Konfigurationsdialog zum Erscheinen, mit dem sich das Verhalten des Applet bestimmten lässt. Jedes Applet hat einen spezifischen Konfigurationsdialog.

Im Folgenden werde ich ein paar Applets beschreiben, die in Ihrer Installation von GNOME enthalten sind. Insgesamt sind es aber zu viele, um sie alle detailliert auseinanderzunehmen. Experimentieren Sie doch einfach ein wenig herum und probieren Sie auch Applets aus, die Sie nicht kennen. Unter Umständen finden Sie eine kleine Lieblingssinnlosigkeit oder ein enorm nützliches kleines Ding!

5.6.2 Unterhaltsames

Die unterhaltsamen Applets machen im Wesentlichen nichts anderes als wertvolle, produktive Arbeitszeit zu verschwenden, Ihre Aufmerksamkeit abzulenken und dadurch die Firma, bei der Sie arbeiten, zugrunde gehen zu lassen...

5.6.2.1 Fisch

Wanda ist, so seltsam es klingen mag, einer der Gründe gewesen, warum ich mich GNOME zugewandt habe. Ein kleiner Fisch, der in meinem Panel vor sich hin blubbert, übte eine enorme Anziehungskraft auf mich aus.

Wanda muss nicht Wanda heißen und kann einen eigenen Namen im Konfigurationsdialog erhalten – dieser Dialog hält auch noch ein paar andere Animationen bereit. Ein Doppelklick auf Wanda bringt einen klugen Spruch aus den schon legendär zu nennenden *fortune*-Texten zutage, wenn das entsprechende Paket installiert ist – bei SuSE finden Sie es in der Paketserie *fun*.

Abbildung 5.10: *Fünfzehn* und *Wanda*, der Wunderfisch

5.6.2.2 Fünfzehn

Dieses Applet ist genau das richtige, um noch mehr Zeit vor dem Rechner zu verbringen. Fünfzehn kleine farbige Felder werden durcheinander gemischt und müssen geordnet werden, indem immer nur eines von ihnen auf das gerade leere Feld verschoben werden darf.

5.6.2.3 gEyes

Ein schon seit langer Zeit beliebtes, weil vollkommen sinnloses Gimmick: Ein Augenpaar – oder auch mehr, je nach gewählter Graphik –, das den Mauszeiger verfolgt. Aus bisher ungeklärten Gründen immer wieder komisch.

5.6.2.4 Kilometerzähler

Über den Tag verteilt, legt der Mauszeiger eine enorme Strecke zurück. Wer diese Strecke schon immer einmal gemessen haben wollte, kann das jetzt mit diesem Applet haben. Verschiedene Darstellungen für die Zahlen sorgen sogar in diesem Applet für Abwechslung.

Abbildung 5.11: Augen, die den Mauszeiger verfolgen, und ein Kilometerzähler

5.6.3 Uhren

Es gibt eine ganze Menge Programmierer, die Uhren schreiben. Die wenigsten Leute, die ich kenne, verwenden die Uhren in ihren Panels tatsächlich, aber sie sehen immerhin nett aus und bringen ein wenig Bewegung auf den Bildschirm. Außerdem lassen sich die meisten Uhren auch noch in ihrem Verhalten und Aussehen verändern.

Abbildung 5.12: Diverse Uhren für das Panel

Mindestens eine der Uhren beinhaltet auch noch eine Postkontrolle, also einen kleinen Wecker, der Alarm gibt, wenn neue E-Mail eintrifft.

5.6.4 Statusanzeigen

Statusanzeigen stellen Speicher-, Prozessor oder Netzwerkauslastung graphisch dar, meist als Balkengraphik.

Ein Satz zu Anzeigen, die die Speicherauslastung darstellen: GNOME selbst ist bereits recht speicherhungrig, und obwohl neue Komplettsysteme gerne bereits mit 256MB RAM oder mehr über den Tisch gehen, betreibt Linux ein intensives Buffering. Das heißt, dass Speicher intensiv als Zwischenspeicher auch für nicht mehr benutzte Programme benutzt wird; fordert ein neues Programm Speicher an, wird dieser freigegeben. Wird ein gepuffertes Programm gestartet, so erfolgt der Start wesentlich schneller als zuvor. Diesen Effekt können Sie beobachten, wenn Sie sich aus GNOME abmelden und wieder anmelden: der neue Start geht wesentlich schneller als direkt nach dem Booten des Systems.

Eine Speicheranzeige zeigt unter Linux also praktisch immer einen vollen Speicher an – wenig Grund für eine separate Anzeige also.

Gemeinsam haben die Statusanzeigen allesamt, dass sich ihre Farben konfigurieren lassen, in denen Sie die verschiedenen Lasten darstellen, und dass Sie den Benutzer über ihr Kontextmenü den Systemmonitor *gtop* aufrufen lassen, der im Abschnitt über Systemprogramme auf Seite 212 beschrieben wird.

5.6.4.1 Batteriestatus

Wer mit seinem Laptop unterwegs ist, möchte natürlich wissen, wie es um seinen Akku bestellt ist, um sich im Notfall möglichst schnell einen Stromanschluss zu suchen oder das Gerät auszuschalten. Das Applet zeigt eine kleine Batterie-Graphik und kann für verschiedene Ladungen verschieden gefärbt werden. Auf Wunsch können Warndialoge angezeigt oder Geräusche erzeugt werden.

Beachten Sie bitte, dass Ihr Linux-Kernel APM-Support enthalten muss, um die Batterieanzeige in Ihrem Laptop verwenden zu können. Bei allen gängigen Distributionen ist dies in der Standardinstallation der Fall.

5.6.5 Multimedia

Bei GNOME finden Sie in dieser Rubrik von Applets lediglich Kleinigkeiten, die mit der Soundausgabe zu schaffen haben. Mit *Radioactive* finden Sie sogar eine Bedienhilfe für einen Radio-Tuner.

5.6.5.1 Mischpult

Das kleine Mischpult-Icon im Panel kann nur die Lautstärke verändern bzw. die Soundkarte ganz stummschalten. Über das Kontextmenü kann das normale GNOME-Mischpult für die Soundkarte aufgerufen werden.

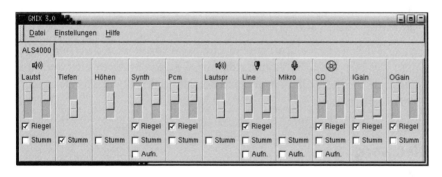

Abbildung 5.13: Das Mischpult für die Soundkarte

5.6.5.2 Soundmonitor

Der Soundmonitor ist ein Analyzer für die Audioausgabe. Scope, Peak und dergleichen können in verschiedener Weise dargestellt werden; und das schöne an der Anzeige ist, dass sie Skins beherrscht, es gibt also viele verschiedene, vorinstallierte Layouts für den Analyzer. Spielen Sie ein wenig herum und wählen Sie eine Anzeige, die Ihnen zusagt.

5.6.5.3 CD-Spieler

Mit diesem Applet lassen sich Audio-CDs abspielen. Außerdem kann der „große" CD-Spieler gestartet werden, der Unterstützung für die Internet-CD-Datenbank

CDDB und diverse andere Schmankerl bietet. Das Applet beherrscht neben dem Abspielen nur noch die Titelsuche und den Auswurf der CD. Eine genauere Beschreibung des CD-Spielers gibt es auf Seite 201.

Abbildung 5.14: Ein kleiner Audio-CD-Spieler und das XMMS-Applet

5.6.5.4 XMMS Applet

XMMS steht für *X Multimedia System* und bezeichnet *den* MP3-Spieler für GNOME im speziellen und das X Window System im allgemeinen. XMMS kann aber noch mit wesentlich mehr Formaten umgehen, beherrscht Skins, die das Äußere des Spielers verändern können, und es gibt eine Menge hübscher Visualisierungs-Plugins. Mehr über XMMS auf Seite 203.

Das Applet zu XMMS ist im Wesentlichen dafür da zu vermeiden, dass der Player offen auf dem Desktop liegt. Sie können damit zwischen Stücken hin- und herspringen und den Spieler anhalten und wieder starten. Für alles andere wird XMMS selbst geöffnet.

5.6.6 Netzwerk

Es gibt diverse kleine Netzwerkapplets. Wer hier Anzeigen für die Netzwerklast und ähnliches sucht, wird jedoch nicht fündig; ein Blick in den Bereich *Statusanzeigen* auf Seite 52 hilft jedoch weiter.

5.6.6.1 Slashapp

Dieses kleine Applet empfängt die aktuellen Überschriften der Postings auf *slashdot* oder den GNOME *gnotices*. Ein Klick auf die Schlagzeile öffnet den Standard-Webbrowser und lädt die komplette Nachricht.

5.6.6.2 Postkontrolle

Es gibt zwei kleine Postkontrollen, die in der Lage sind, sowohl ein lokales Mailverzeichnis als auch entfernte E-Mail-Server auf neu angekommene E-Mail zu prüfen. Die Applets können mit Skins bzw. Themes versehen werden; vom hüpfenden Pinguin über ein in den Wolken rotierendes „e" ist einiges dabei. Natürlich können auch Sounddateien abgespielt werden.

5.6.7 Werkzeuge

Werkzeuge rangieren zwischen kleinen Nützlichkeiten (wie *wo bin ich*, das die momentanen Koordinaten der Mauszeigerposition darstellt) und Unabdingbarem, wie der Taskliste und der Desktop-Übersicht. Bereits in der Standardinstallation sind wesentlich mehr Applets zu finden als hier beschrieben; viel Spaß beim Ausprobieren!

5.6.7.1 Desktop-Übersicht

Die Desktop-Übersicht, auch Pager genannt, zeigt einen Überblick über die virtuellen Arbeitsflächen. Statt auf einen einzigen Desktop beschränkt zu sein, können Sie sich unter den meisten Fenstermanagern für GNOME vieler solcher Flächen erfreuen und eine Vielzahl von Applikationsfenstern darüber verteilen. Der Pager hilft Ihnen, die Übersicht zu behalten.

In Abbildung 5.15 sehen Sie links den Pager. Ich nutze zwei virtuelle Arbeitsflächen mit jeweils dreimal zwei Bildschirmen. Die Aufteilung in virtuelle Arbeitsflächen wird nicht von GNOME, sondern vom jeweiligen Fenstermanager gehandhabt. Ich gehe an dieser Stelle von *Sawfish* aus und verweise auf das Capplet zur Konfiguration, das auf Seite 141 beschrieben wird.

Abbildung 5.15: Zwei essenzielle Applets: Pager und Taskliste

Wenn Sie die Übersicht genauer betrachten, werden Sie erkennen, dass die Fenster, die sich auf den einzelnen Desktops befinden, in der Übersicht wiedergegeben sind. Mit dem Pfeil am Rand der Box rufen Sie übrigens eine Liste der momentan laufenden Applikationen auf. Das Verhalten dieser Liste und einige weitere Eigenschaften sind über das Konfigurationsmenü des Applet konfigurierbar.

5.6.7.2 Taskliste

Die Taskliste zeigt eine Zusammenfassung der laufenden Programme als Icons. Wie es in dieser Sekunde auf meinem eigenen System aussieht, kann man in Abbildung 5.15 sehen. Klickt man eines der Symbole an, springt man zu der betreffenden Anwendung.

Aber die Taskliste kann noch mehr. Klickt man ein Symbol mit der rechten Maustaste an, kann man die Anwendungen *Minimieren, Maximieren* oder *Einrollen*, was bedeutet, dass nur noch die obere Leiste der Fensterdekoration zu sehen ist, oder *Ankleben*, so dass das Programmfenster auf jedem Desktop an der gleichen Position auftaucht; und natürlich lassen sich Programmfenster schließen oder *Töten*. (Der etwas martialische Ausdruck kommt vom Systembefehl `kill`, mit dem Signale an Prozesse gesandt werden; der Normalbesitzer schießt mit `kill` meist hängende Prozesse ab.)

Ein umfänglicher Dialog erwartet den konfigurationswilligen Benutzer; die Größe und das Verhalten bei einer bestimmten Anzahl von Icons kann manipuliert werden (so können beispielsweise Applikationen der gleichen Klasse in einem einzigen Icon zusammengefasst werden), ebenso, welche Icons eigentlich in der Taskliste angezeigt werden sollen. Manche Benutzer bevorzugen beispielsweise, dass nur minimierte Anwendungen angezeigt werden, oder aber nur die Programme, die im aktuellen Desktop laufen.

5.6.7.3 Schnappschuss

Mit diesem Applet wurden praktisch alle Screenshots für dieses Buch gemacht. Es ist in Abbildung 5.16 zusammen mit dem Wetter-Applet zu sehen.

Sie können auf Mausklick Bilder von einzelnen Fenstern (mit oder ohne Fensterdekorationen) schießen oder vom ganzen Bildschirm, letzteres sogar zeitverzögert. Die vielen Dutzend Konfigurationsmöglichkeiten des Applet fungieren als Schnittstelle zum kleinen aber mächtigen Bildbearbeitungstool *ImageMagick*, das auf alle Fälle installiert sein sollte. Bei SuSE Linux finden Sie das Programm in der Serie *gra*.

Abbildung 5.16: Das Applet für Schnappschüsse und das Wetter-Applet

5.6.7.4 GWeather

Das kleine Wetter-Applet ist nützlich für Leute, die sich nicht die Mühe machen möchten, aus dem Fenster zu sehen, um zu wissen, wie das Wetter draußen ist.

Die Anzeige von *gweather* besteht aus einem kleinen Icon mit Sonne und/oder Wolken und einer Temperaturangabe. Wenn Ihnen beim ersten Start die Temperatur außerordentlich hoch erscheint, sollten Sie den Konfigurationsdialog aufrufen und die Temperaturangaben auf das metrische System ändern.

5.6.7.5 GDict

Englisch ist die Sprache des Internet, und dem entsprechend hält das Netz diverse Hilfen zum Verständnis dieser Sprache bereit. Wer regelmäßig englische Texte liest, und seien es nur E-Mails auf der GNOME- oder GTK+-Mailingliste, wird ein elektronisches Wörterbuch zu schätzen wissen.

Abbildung 5.17: Ein Wörterbuch für das Panel

GDict übersetzt nicht, sondern funktioniert als einsprachig englisches Wörterbuch. Dazu konsultiert es, je nach Wahl, bis zu einem Dutzend Online-Nachschlagewerke. Auch Fehler beim Buchstabieren sind kein Problem für das Applet, es kann sogar der Algorithmus gewählt werden, nach dem Buchstabierfehler abgefangen werden.

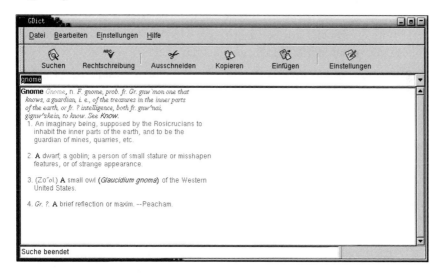

Abbildung 5.18: Ergebnis einer Suchanfrage per *GDict*

Abbildung 5.18 zeigt das Ergebnis einer Suchanfrage nach dem Wort „gnome" – ob wir uns jetzt Gedanken über den Einfluss der Rosenkreutzer auf die Ent-

wicklung freier Benutzeroberflächen machen müssen, weiß ich allerdings nicht
zu beurteilen.

5.7 Verschluckte Anwendung

Als kleines Gimmick lassen sich nicht nur Applets in das Panel einfügen, sondern praktisch jede denkbare Anwendung. Wenn Sie also möchten, können Sie
das Tabellenkalkulationsprogramm *Gnumeric* in einem kleinen Fenster im Panel
laufen lassen – welchen Sinn das auch immer ergeben mag. Immerhin können Sie
nur den kleinen Ausschnitt des Programmes sehen, Sie werden bei der Erstellung
nach der gewünschten Größe für das Applet im Panel gefragt.

Eine *swallowed application*, also eine verschluckte Anwendung, fügen Sie dem Panel über das Panel-Menü hinzu; unter dem üblichen *Zum Panel hinzufügen* finden Sie den Punkt *Verschluckte Anwendung*. Der folgende Dialog möchte einen
Fenstertitel von Ihnen wissen – denken Sie sich einfach etwas aus – sowie den
kompletten Pfad zum Programm, das durch das Panel verschluckt werden soll.
Außerdem müssen Sie eine Höhe und Breite in Pixeln angeben; denken Sie daran,
dass sich das Panel auf die entsprechende Größe aufblähen wird.

5.8 Docklets

Docklets sind winzige Fenster zur Statusanzeige. MS Windows-Benutzer kennen
diese Symbole, die neben der Uhr in ihrem Taskbar sitzen.

Bisher gibt es kaum GNOME-Anwendungen, die diese neue Möglichkeit nutzen.
Im Panel-Menü können Sie unter *Zum Panel hinzufügen* das *Statusdock* auf dem
Panel platzieren. Das GNOME-Statusdock ist übrigens kompatibel zum gleichar-
tigen KDE-Feature, so dass sich KDE-Programme wie der CD-Spieler *kscd* bereits
im Statusdocklet einnisten können.

5.9 Globale Panelkonfiguration

Das Panel kann umfänglich angepasst werden. Die globalen Einstellungen für
alle Panels werden in einem Capplet im GNOME Kontrollzentrum geregelt. Dieses Capplet wird in Abschnitt 8.4.5 detailliert beschrieben. Die Eigenschaften, die
in diesem Capplet festgelegt werden, gelten für alle Panels. Darunter fallen auch
alle aufklappbaren Zweige aus Schubladen.

5.10 Individuelle Panelkonfiguration

Ruft man das Panel-Menü auf, findet man ein Untermenü *Eigenschaften*. Mit dem Punkt *Alle Eigenschaften* erhält man einen Konfigurationsdialog, wie er auch in Abbildung 5.19 zu sehen ist. Neben dem Punkt *Alle Eigenschaften* sind noch einige andere Punkte zu sehen, die aber – bis auf den *Typ* des Panel – allesamt im Dialog enthalten sind.

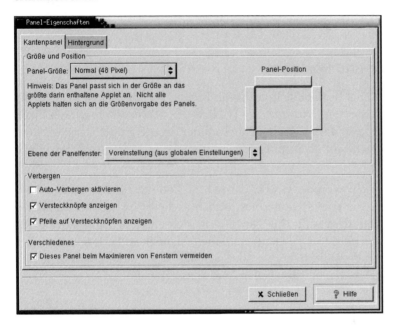

Abbildung 5.19: Konfiguration eines Kantenpanel

5.10.1 Art des Panel

Es gibt vier verschiedene Paneltypen:

Kantenpanels spannen sich über die gesamte Breite einer Bildschirmkante. Ein *Ausgerichtetes Panel* befindet sich ebenfalls am Rand, kann aber an einer Kante an einem von zwei Enden oder aber genau in der Mitte sitzen. Die Größe des ausgerichteten Panel verändert sich dynamisch mit seinem Inhalt.

Ein *Gleitendes Panel* orientiert sich an einer der beiden Seiten einer Kante und kann gezielt einen bestimmten Abstand von der Seite annehmen; man kann es beispielsweise an den unteren Rand mit 100 Pixel Abstand von der linken Kante konfigurieren. Das *Freischwebende Panel* schließlich handelt genauso, wie es sein

Name impliziert: Es kann mit beliebigem Abstand von der linken oberen Ecke sowohl horizontal als auch vertikal auf dem Desktop platziert werden.

Das Kantenpanel ist sozusagen Tradition und wird wohl in den meisten Fällen angewendet, danach rangieren die ausgerichteten Panels, die eine willkommene Abwechslung sind. Die beiden anderen Typen sind eher für Ästheten geeignet, die ihr Panel beispielsweise in bestimmter Weise mit ihrem Bildschirmhintergrund arrangieren möchten. Sobald man aber auch nur ein einziges Icon hinzufügt, kann das Arrangement dahin sein.

5.10.2 Größe und Position

Die *Größe* eines Panel bezieht sich auf seine Breite. Es gibt sieben verschiedene Einstellungen, die von *Extrem winzig* (12 Pixel) bis *Lächerlich groß* (128 Pixel) reichen. Beachten Sie, dass sich das Panel immer an die Applets anpasst und manche Applets vielleicht nicht sauber programmiert sind, sich am Panel zu orientieren.

Mit den Buttons rechts von der Größeneinstellung können Sie die Position Ihres Panel bestimmen. Sie können außerdem wählen, wie sich das Panel zu Applikationsfenstern verhalten soll: Das Panel kann sich entweder an die globalen *Voreinstellungen* aus dem Kontrollzentrum halten (siehe Seite 117), sich stets *über* oder *unter* anderen Fenstern befinden oder sich *normal* verhalten, was bedeutet, dass sich das Panel in den meisten Fällen über Fenstern befindet.

5.10.3 Verbergen

Das Panel kann auf Wunsch „wegklappen" und erst dann wieder erscheinen, wenn Sie mit der Maus in seine Nähe kommen. Die globalen Einstellungen für dieses Feature finden Sie im Panel-Capplet auf Seite 111 beschrieben. Für jedes Panel einzeln können Sie jedoch festlegen, ob es *Automatisch verborgen* werden soll, ob GNOME die *Versteckknöpfe anzeigen* soll; und wenn ja, ob es auch die *Pfeile auf Versteckknöpfen anzeigen* soll.

5.10.4 Hintergrund für das Panel

Ein Panel kann mit einem Hintergrund versehen werden. Dabei kann das *Standard*-Grau verwendet werden, eine solide *Farbe* (über den üblichen Farbdialog wählbar) oder eine *Pixmap*, siehe auch Abbildung 5.20.

Falls Sie sich für eine Pixmap entscheiden, können Sie entweder *Nicht skalieren*, dann wird das Bild einfach über das Panel gekachelt. Möchten Sie die *Proportionen erhalten*, werden Sie von sehr großen Pixmaps nur einen Randstreifen sehen;

möchten Sie die *Proportionen nicht erhalten*, wird das ganze Bild auf das Format des Panel gequetscht, was unter Umständen lustig aussehen kann. Für vertikale Panels können Sie die Pixmap außerdem *Drehen*.

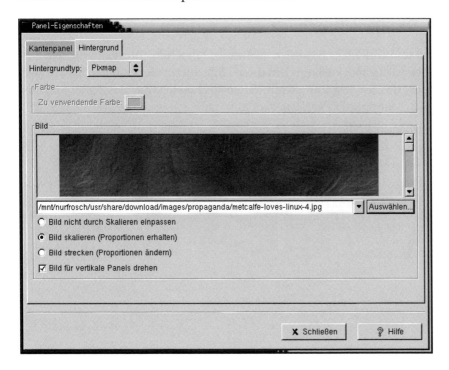

Abbildung 5.20: Hintergrundeinstellungen für ein Panel

Hinweis: Vielleicht haben Sie schon einmal Screenshots gesehen, auf denen anscheinend transparente Panels abgebildet sind. Das sieht toll aus – und es existiert nicht. Bisher gibt es noch keine Möglichkeit, das Panel transparent zu schalten; auf den Abbildungen haben sich die Leute einfach die Mühe gemacht, elegant eine Pixmap als Hintergrundbild für das Panel einzufügen, die mit dem Desktophintergrund korrespondiert.

5.10.5 Einträge verschieben

Objekte auf dem Panel lassen sich durch ihr Kontextmenü mit dem Punkt *Verschieben* bewegen. Dabei können Sie sich auf verschiedene Weisen verhalten, indem sie beispielsweise Objekte, die ihnen dabei im Weg sind, überspringen oder einfach mitschieben.

Das Verschieben von Einträgen ist nicht für einzelne Panels individuell konfigurierbar. Im Panel-Capplet des Konfigurationszentrums gibt es jedoch die Möglichkeit, dieses Verhalten global zu manipulieren. Der dafür relevante Teil des Capplet ist in Abschnitt 8.4.5.3 nachzulesen.

5.10.6 Das Panelhandbuch

Schließlich und endlich ist natürlich auch eine Onlinehilfe integriert, die sich ausführlich über das Panel auslässt. Um diese Hilfe aufzurufen, wählen Sie aus dem Menü *Panel,* das Sie wie immer mit einem Rechtsklick auf das Panel aufrufen können, den Menüpunkt *Panelhandbuch* auf.

Das Paneldhandbuch liegt selbstverständlich in einer deutschsprachigen Fassung vor.

Kapitel 6

Hilfe!

Soviel Mühe auch in diesem Buch steckt, gibt es jedoch garantiert Bereiche, die es nicht abdeckt. Unter Linux-Anwendern wird es bekanntlich gerne gesehen, wenn man sich selbst weiterhilft. Das liegt nicht daran, dass jeder potenzielle Helfer ein grummliger und garstiger Knopf ist, sondern weil bereits Unmengen von Dokumentation elektronisch vorliegen. In den Newsforen des Internet und auf Mailinglisten sind praktisch alle Teilnehmenden müde geworden, alle Fragen doppelt und dreifach zu beantworten, die sich mit einem Blick in die vorhandenen Dokumente – oder auch mit zwei Blicken – klären lassen.

Es ist daher umso wichtiger, Hilfequellen zu kennen und sie nutzen zu können. GNOME bietet einige Weg an, an zentraler Stelle an die im System installierte Hilfe heranzukommen.

Hinweis: Sollten Sie sich mit Ihrer Frage an die große Gemeinde der GNOME-Entwickler und -Benutzer wenden müssen, schauen Sie in Anhang A nach, um auf den richtigen Weg gebracht zu werden.

Eigentlich soll ja die Desktop-Shell die Aufgaben des Hilfe-Browsers übernehmen... – doch dazu später mehr.

6.1 Das Hilfesystem

Das Hilfesystem von GNOME funktioniert wie ein konventioneller Web-Browser und ist daher von den meisten Menschen, die bereits im WWW umhergestreift sind, einfach zu benutzen. In Abbildung 6.1 ist das Fenster zu sehen. Unterstrichene Teile des Textes heben Querverweise hervor, die sich durch Mausklick aktivieren lassen und auf die so verwiesenen Textteile springen.

Das Programm kann auf verschiedene Arten aufgerufen werden. Standardmäßig befindet sich ein Starter mit einer Sprechblase im Hauptpanel, in der ein Fragezeichen zu sehen ist. Dieser Starter ruft das Programm auf. Außerdem gibt es im Hauptmenü im Unterpunkt *Programme* einen Eintrag mit dem gleichen Icon. Wer gerne Programme mit dem Starter via (Alt)+(F2) oder in einem Terminalfenster ausführt, muss als Programmnamen gnome-help-browser eingeben.

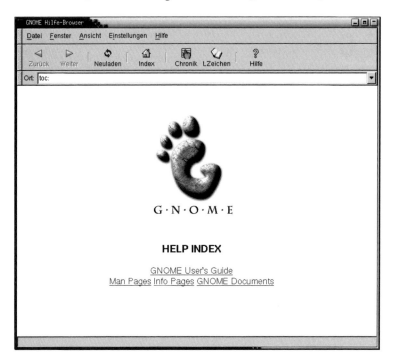

Abbildung 6.1: Das Hilfesystem von GNOME

Wie zu erkennen ist, gibt es vier große Sektionen im Hilfesystem: den *User's Guide*, die man- und die info-Pages sowie Dokumente, die zu einzelnen GNOME-Programmen gehören. Diese können entweder durch Anklicken im Startfenster oder durch eine Eingabe in der Zeile am oberen Ende des Fensters aufgerufen werden – doch dazu später mehr.

6.1.1 User's Guide

Der *User's Guide* ist eine Einführung in GNOME. Wer die Punkte im *User's Guide* gemeistert hat, schöpft bereits einen großen Teil des Potenzials von GNOME aus. Er enthält Abschnitte zu den Themen: Übersicht, Schnellstart, Panel, Menüeditor, Desktop, Filemanager, Programme und Applets.

Der Aufbau ist also dem dieses Buches nicht unähnlich. Der Nachteil ist, dass der *User's Guide* immer noch nicht komplett ins Deutsche übersetzt worden und somit auf dem Bildschirm nur in englisch zu haben ist. Demjenigen, der dieser Sprache mächtig ist, gewährt er aber interessante und wichtige erste Einblicke.

6.1.2 man-Pages

Eine wichtige Informationsquelle unter Linux sind die *Manual Pages*, oder auch man-Seiten. Es war lange üblich, dass Programmierer für ihre auf der Kommandozeile basierenden Programme – aber auch für Programme mit graphischen Oberflächen – eine solche Datei schrieben, die einem definierten Aufbauschema folgt.

Eine man-Page beinhaltet den Namen des Programms, seine verschiedenen Aufrufe und Optionen und natürlich eine Zusammenfassung darüber, was das Programm eigentlich anstellt.

Programme, die für einen Desktop wie KDE oder GNOME entwickelt worden sind, bringen heutzutage leider kaum noch solche Seiten mit, sie bedienen sich anderer Formate. Da Sie aber früher oder später sicher auch mit anderen Programmen konfrontiert werden – gar solchen, die von der Kommandozeile bedient werden –, sollte Sie aber auch etwas über man-Seiten erfahren. Außerdem halten sich immer noch einige Programmierer an den „guten Ton", eine man-Page zu schreiben, und Sie sollten in der Lage sein herauszufinden, ob vielleicht gerade Ihr Lieblingsprogramm eine ausführliche Dokumentation in diesem Format mitbringt.

man-Seiten sind wohl die älteste Quelle von Online-Hilfe in einem Unix-System. Sie sind traditionell in neun Sektionen unterteilt, wie sie in Tabelle 6.1 zu sehen sind.

Tabelle 6.1: Die neun Sektionen der man-Pages

Nr	Sektion	Beschreibung
1	Ausführbare Befehle	Alle Programme, die sich vom normalen Benutzer aufrufen lassen. In diese Rubrik fallen auch die meisten GNOME-Programme, wenn sie denn eine man-Seite installieren.
2	Systemaufrufe	Nur für Programmierer relevant. man beschränkt sich also nicht nur auf die Beschreibung ausführbarer Programme, sondern hilft auch bei deren Erstellung!
3	Bibliotheksfunktionen	Ebenfalls nur durch Programmierer verwendet.

Tabelle 6.1 – Fortsetzung

Nr	Sektion	Beschreibung
4	Spezielle Dateien	Linux kennt einige spezielle Dateien, die faktisch keine solchen sind, sondern Schnittstellen zum Beispiel zur Hardware darstellen. Für den Programmierer ist unter Linux praktisch *alles* eine Datei!
5	Dateiformate	Beschreibungen der Interna diverser Dateien.
6	Spiele	Eine Sektion, ganz für Spiele reserviert.
7	Verschiedenes	Alles, was nicht woanders hineinpasst. Ein Aufruf von `man hier` beschert zum Beispiel eine Beschreibung der Verzeichnishierarchie eines Linux-Systems.
8	Administration	Alle Kommandos, die dem Superbenutzer `root` vorbehalten sind bzw. sein sollten.
9	Kernel	Zur Programmierung des Betriebssystemkerns findet man hier Informationen. Sie merken vielleicht, dass Unix ursprünglich ein System für Programmierer ist.

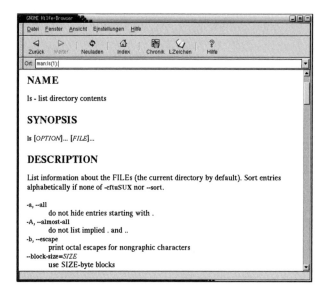

Abbildung 6.2: Die man-Page von `ls` im Hilfe-Browser

In der zehnten Sektion n sind all jene Kommandos vereint, die dort ..., tja, die dort aus irgendwelchen Gründen gelandet sind. Die Programmiersprache Tcl/Tk beispielsweise bunkert dort eine extensive Beschreibung seiner selbst.

Man ruft eine man-Seite im GNOME-Hilfe-Browser auf, indem man sich vom Startfenster aus durchklickt, oder indem man in der Eingabezeile am oberen Ende des Fensters man: eingibt, gefolgt von dem Kommando, das man erläutert haben möchte, und anschließend ⟨←⟩ drückt. Möchte man ein Kommando aus einer bestimmten Sektion beschrieben haben, so lässt man noch in Klammern die Nummer der Sektion folgen; auf der Suche nach einer Erläuterung zum Kommando ls, das sich in der Sektion 1 befindet, würde man also man:ls(1) eintippen. Das Ergebnis würde dann wie in Abbildung 6.2 aussehen.

6.1.3 GNU info-Seiten

Im GNU-Projekt ist man generell mit den traditionellen Eigenschaften eines Unix-Systems unzufrieden und versucht ständig, Verbesserungen hervorzubringen. Ein Ziel dieser Bemühungen waren die bereits beschriebenen man-Seiten. Lange Seiten mussten umständlich hoch- und hinuntergescrollt werden – bedenken Sie, dass wir uns bei diesem Gedankenexperiment auf einer Textkonsole befinden! Außerdem erlaubten sie keine Querverweise untereinander oder in verschiedene Kapitel, und die Möglichkeiten, die Hyperlinks (während ich diesen Text schreibe, versucht die *British Telecom* ein Patent auf Hypertexte aus dem Jahre 1976 geltend zu machen...) zur Strukturierung von Texten bietet, sind wohl bekannt.

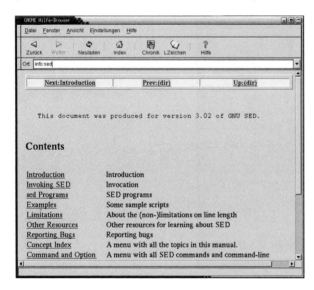

Abbildung 6.3: Die info-Page von *sed* im Hilfe-Browser

Um diese Mankos zu beseitigen, wurden die so genannten info-Seiten entwickelt. Sie entsprechen im Wesentlichen man-Seiten mit Hyperlinkstruktur und dienen dem gleichen Zweck. Auch diese Dokumente können mit dem Hilfe-Browser angezeigt werden. info-Seiten sind nicht in Sektionen unterteilt, so dass es reicht, sie in der Eingabezeile mit `info:` und dem gewünschten Kommando aufzurufen. Möchte man also mehr über den Editor *sed* erfahren, tippt man `info:sed` und schließt mit ⏎ ab. In Abbildung 6.3 ist das Ergebnis zu sehen. Mit den Links, die am oberen und am unteren Rand der Seite erscheinen, lässt sich nun durch die Dokumentation navigieren.

6.1.4 Whatis

Whatis stellt eine Stichwortsuche sowohl über die man- als auch die info-Seiten dar. Sie wird mittels `whatis:`, gefolgt von dem Stichwort, aufgerufen. Zurückgeliefert wird eine Liste von Links auf die gefundenen Seiten.

6.1.5 Hilfe zu Programmen

GNOME-Programme installieren generell ihre eigene Dokumentation an einer Stelle, an der sie auch der Hilfe-Browser findet. Programmierer sind jedoch meist besser im Programmieren als im Dokumentieren, aber eine kleine Übersicht und Anleitung zur Verwendung findet man in den meisten Fällen schon. Die Kernkomponenten von GNOME verfügen aber generell über eine ausführliche Hilfe.

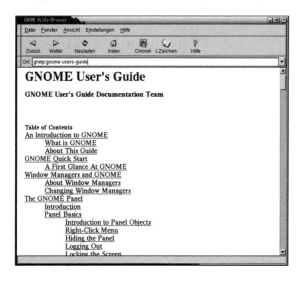

Abbildung 6.4: Der *GNOME User's Guide* als Stichwort im Hilfe-Browser

Sucht man Hilfe zu einem bestimmten GNOME-Programm, so gibt man in die Eingabezeile `ghelp:` ein, gefolgt von dem Programmnamen.

6.1.6 HTML-Seiten

Der Hilfe-Browser kann auch als schlanker Web-Browser dienen. Seine Möglichkeiten beschränken sich allerdings auf reines HTML, er kann also keinerlei dynamische Seiten mit buntem JavaScript oder Java Applets darstellen. Um sich einige gängige Nachrichtenseiten anzusehen, genügt er aber vollauf.

Um dieses Feature zu verwenden, benötigen Sie selbstverständlich eine funktionierende Internetverbindung.

6.1.7 Dateien

Wie jeder andere Web-Browser auch, kann auch der GNOME Hilfe-Browser Dateien darstellen, die sich auf der Festplatte befinden. Mit der Eingabe `file:` wird ein Verzeichnisbaum aufgerufen, innerhalb dessen Sie über Links navigieren können. Alle Formate, die bisher beschrieben worden sind, lassen sich auf diesem Wege direkt anwählen. Auch reine Textdateien werden geladen, wobei E-Mail-Adressen und URLs sogar korrekt durch Links hervorgehoben werden.

6.1.8 Inhaltsverzeichnisse

Die Bereiche `man`, `info` und `ghelp` verfügen über eigene Inhaltsverzeichnisse, die durch `toc:`, gefolgt von dem jeweiligen Parameter, aufgerufen werden können. `toc` steht dabei für „table of contents", also „Inhaltsverzeichnis".

Demnach erscheint mit `toc:info` ein Inhaltsverzeichnis aller info-Dateien.

6.1.9 Konfiguration

Mit dem Menüpunkt *Einstellungen* im gleichnamigen Menü kann der Hilfe-Browser an die eigenen Bedürfnisse angepasst werden. Der Dialog ist in Abbildung 6.5 zu sehen.

Der Hilfe-Browser führt eine zeitlang Buch darüber, welche Seiten Sie besucht haben, so dass mit den *Zurück*- und *Weiter*-Buttons ein wenig hin- und hergeblättert werden kann. Sie können die Größe des Speichers, in dem diese Seiten gespeichert werden, um schneller darauf zugreifen zu können, selbst bestimmen.

Der interessante Teil der Konfiguration findet sich auf der nächsten Seite des Fensters, in denen die Hilfepfade eingestellt werden können.

Abbildung 6.5: Das Konfigurationsfenster des Hilfe-Browser

In diesen Programmpfaden – und in allen Verzeichnissen, die darunter liegen – sucht der Hilfe-Browser bei Anfragen nach den gewünschten Informationen. Die Einstellungen, die SuSE hier vorgenommen hat, sind normalerweise völlig ausreichend. Haben Sie aber beispielsweise noch KDE auf Ihrem System installiert, das eigene HTML-Seiten als Hilfe mitbringt, so können Sie die entsprechenden Pfade hier ebenfalls eintragen. Sie werden bei Anfragen durch den GNOME Hilfe-Browser dann ebenfalls durchsucht.

6.2 Der Menüpunkt „Hilfe"

Die meisten Programme besitzen im Menü am oberen Ende des Fensters ein Untermenü mit dem Namen *Hilfe*. Dort befinden sich normalerweise zwei Untermenüpunkte mit den Namen *Hilfe zu XY* (wobei *XY* der Programmname ist) und *Info*.

Abbildung 6.6: Ein *Hilfe*-Menü, hier für das Kontrollzentrum

Der Menüpunkt *Hilfe zu* oder anders benannte Einträge öffnen meist ein neues Fenster des Hilfe-Browser und zeigen die entsprechende Dokumentation an. Es gibt also noch einen weiteren Weg, den Hilfe-Browser zu starten.

Die Infobox eines Programms, wie zum Beispiel die in 6.7 gezeigte, gibt eine handvoll Informationen über das Programm und beinhaltet den Programmnamen und die Versionsnummern sowie in den meisten Fällen den Namen des Autors und seine E-Mail-Adresse, eine Kurzbeschreibung des Programms und den URL der Website, die für das Programm aufgesetzt worden ist und auf der man noch mehr über die Applikation in Erfahrung bringen kann.

Abbildung 6.7: Eine Infobox für *Gnapster*

6.3 Hilfe mit Nautilus

In den ersten Versionen von GNOME 1.4 gab – und gibt es immer noch – eine kleine Unstimmigkeit: Der GNOME Hilfe-Browser ist immer noch installiert und funktioniert einwandfrei. Eigentlich ist aber *Nautilus* dafür vorgesehen, die Aufgaben des Hilfesystems zu übernehmen.

Das macht sich im Kontrollzentrum bemerkbar; möchte man dort die Einstellungen für die URL-Handler ändern, über die auch die Hilfeseiten angesprochen werden, so kann man in der Combobox mit den Applikationen *Hilfe-Browser* wählen; diese Auswahl ändert das zuständige Programm dann allerdings in *Nautilus*, wie man durch eigenes Ausprobieren nachvollziehen kann. Tut man dies, werden die Hilfeseiten in Zukunft ohne den Hilfe-Browser gehandhabt.

Auf Seite 121 steht mehr darüber, wie diese Stelle im Kontrollzentrum zu benutzen ist.

Des Weiteren gibt es in *Nautilus* im Seitenpanel – zur Erklärung des *Sidebar* siehe das Kapitel über *Nautilus* – einen Tab mit dem Namen *Hilfe*. Über diesen Tab erhält man im Fenster des Dateimanagers eine Baumansicht der im System installierten Dokumentation. Unter SuSE umfasst das im Moment die man- und info-Seiten.

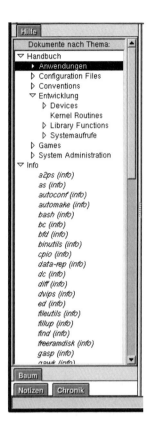

Abbildung 6.8: Das Hilfesystem im *Nautilus*-Dateimanager

6.4 Ihr Beitrag!

Weiter vorne habe ich es schon einmal erwähnt: Programmierer sind wesentlich besser darin, Programme zu schreiben als sie zu dokumentieren. Wenn es einen Bereich der Softwareentwicklung gibt, der stiefmütterlich behandelt wird, dann ist es die Dokumentation.

Andererseits ist dieser Bereich genau der richtige, um sich ohne Programmierkenntnisse in freie Softwareprojekte einzubringen. Dabei sind reine Beschreibungen ebenso wertvoll wie Übersetzungen in andere Sprachen als die bisher unterstützten. Sehen Sie sich ein wenig auf der GNOME-Website um oder wenden Sie sich direkt an einen der Entwickler eines Programms, das Ihrer Meinung nach eine Nachbesserung benötigt. Sie werden sehen, dass Sie mit offenen Armen empfangen werden!

Kapitel 7

Nautilus – der GNOME-Dateimanager

Jeder vernünftige Desktop muss seinen Benutzern gestatten, ihre Dateien zu verwalten. Der Begriff „verwalten" hat dabei viele Schattierungen, die von unterschiedlichen Benutzern unterschiedlich gewichtet werden:

❏ *Überblick*: Dem Benutzer muss es möglich sein, durch eine geeignete Darstellung seiner Dateien jeder Zeit zu wissen, was sich wo befindet, ohne lange danach suchen zu müssen.

❏ *Transparenz*: Egal wo sich Dateien befinden, ob nun auf dem lokalen Rechner oder im Netzwerk, sie sollen in jedem Fall immer auf die gleiche Weise zu handhaben sein.

❏ *Geschwindigkeit*: Es muss schnell gehen; aber das ist wohl ein Anspruch an jedes Programm.

Nautilus ist noch ein relativ neues Programm, das mit GNOME 1.4 zum festen Bestandteil des GNOME-Desktop geworden ist und damit den *Midnight Commander* abgelöst hat. Es wurde ursprünglich von der Firma *Eazel* geschaffen, die es sich zum Ziel gesetzt hatte, mit folgendem Konzept Geld zu verdienen: Die Software sollte frei sein und damit der Quellcode offenliegen; von den Kunden bezahlt werden sollten diverse Services um das Programm. Diese Services sollten natürlich nicht zwingend zum Betrieb des Programms benötigt werden.

Als Anreiz bot *Eazel* auch kostenlose Services an: einmal einen Softwarekatalog, der das Suchen und Herunterladen neuer Pakete für das System vereinfachen sollte, sowie die Möglichkeit, 25 Megabyte an Dateien online zu speichern, auf die man dann mit *Nautilus* zugreifen konnte – auch über eine verschlüsselte Verbindung.

Die Vergangenheitsform deutet es bereits an: am 15. Mai 2001 hat *Eazel* sein operatives Geschäft eingestellt. Zwar hatte man einen hervorragenden Dateimanager entwickelt und ihn der Gemeinde der Freien Software übergeben, aber unter wirtschaftlichen Gesichtspunkten konnte man sich leider nicht halten. Zu der sich natürlich anschließenden Diskussion über die Möglichkeiten, *überhaupt* mit Freier Software Geld zu verdienen, siehe den Abschnitt 7.8 ab Seite 101.

Fortgefahren werden soll nun mit dem Dialog des ersten Aufrufens. Sollten Sie *Nautilus* nicht installiert haben, weil Sie eine ältere GNOME-Version installiert haben, was beispielsweise bis SuSE Linux 7.0 der Fall ist, so müssen Sie erst einmal vom *Midnight Commander* nach *Nautilus* migrieren; dieser Vorgang wird weiter unten in Abschnitt 7.1.1 beschrieben.

7.1   Erster Aufruf

Beim ersten Aufruf von *Nautilus* – das geht zumeist mit dem ersten Starten von GNOME einher – wird man durch einen Konfigurationsdialog gelotst, wie er in Abbildung 7.1 abgebildet ist.

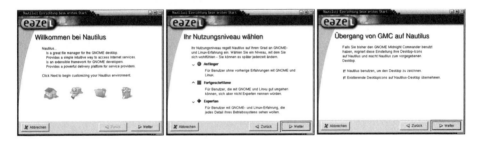

Abbildung 7.1: Konfiguration des Dateimanagers *Nautilus*: Start, Nutzerlevel und Migration vom *Midnight Commander*

Ihr *Nutzungsniveau* müssen Sie selbst kennen. Das hört sich hier schwieriger an als es in Wirklichkeit ist, auch ein Neuling kann sich ohne Bedenken unter *Fortgeschritten* einsortieren, und die Auswahl lässt sich später schnell ändern. Ein höheres Niveau gibt lediglich eine größere Menge von Konfigurations- und Bedienmöglichkeiten frei, ohne an der Benutzerführung des Programms etwas zu ändern.

Das nächste Fenster ist für die Migrierung nach *Nautilus* zuständig; wer bisher den *Midnight Commander* verwendet hat – siehe weiter unten – sollte nun *Nautilus* benutzen, um den Desktop zu zeichnen. Alte Icons, die auf der Arbeitsfläche lagen, können auf Wunsch übernommen werden.

Abbildung 7.2: Konfiguration des Dateimanagers *Nautilus*: Indizierung und Internetanbindung

Das *Schnelle Suchen* – wir sind inzwischen in Abbildung 7.2 angelangt – erstellt Indizes über die Dateien in Ihrem System, sodass *Nautilus* generell schneller arbeitet.

Nautilus lässt sich über das Internet aktualisieren, und auch die interessanteren Services von *Eazel* funktionieren über das Netzwerk. Oder besser: ließ sich aktualisieren, und funkionierten. Inzwischen ist die Firma *Eazel* jedoch insolvent, so dass Sie in diesem Dialog eine Internetverbindung getrost abstreiten können. In aktuellen Versionen von *Nautilus* werden Sie diesen Dialog wahrscheinlich gar nicht mehr zu Gesicht bekommen. Mehr über *Eazel* erfahren Sie weiter hinten in Abschnitt 7.8.

Damit ist die Konfiguration beendet. *Nautilus* wird nun gestartet und zeichnet Ihren Desktop.

Fahren Sie nun im Abschnitt 7.2 fort. Die jetzt folgende Sektion beschreibt, wie Sie vom *Midnight Commander* nach *Nautilus* migrieren, was nicht mehr nötig sein sollte, wenn Sie bereits bis hierhin gekommen sind.

7.1.1 Migration vom Midnight Commander

Dieser Abschnitt behandelt die Frage, wie man von einer Installation des *Midnight Commander* zu einem laufenden *Nautilus* migriert. Diese Situation tritt *nicht* auf, wenn sie von einem SuSE Linux 7.2 oder höher installieren. Sie tritt auf, wenn Sie beispielsweise SuSE Linux 7.1 laufen haben und sich die Updatepakete für GNOME 1.4 von SuSEs FTP-Server holen.

Nach der Installation der Pakete – siehe im Kapitel „Installation" auf Seite 13 – wird man beim Starten von GNOME immer noch mit dem *Midnight Commander* begrüßt. Zunächst sollten Sie diesen aus dem Zusammenhang aller Sessions befreien. Ein einfaches

```
user@linux: > killall gmc
```

auf einer Kommandozeile ist dafür *nicht* ausreichend, da GNOME über den Status seiner Programme wacht und Teile seiner selbst, wie beispielsweise das Panel oder den Dateimanager, nach einem Absturz neu startet. Gehen Sie daher wie folgt vor:

1. Wählen Sie im *Programme*-Menü unter den Punkt *Konfiguration/Sitzung* den Eintrag *Sitzungsmanager-Eigenschaften*. Sie erhalten eine Liste aller in der Sitzung angemeldeten Prozesse, wie sie in Abbildung 7.3 zu sehen ist.

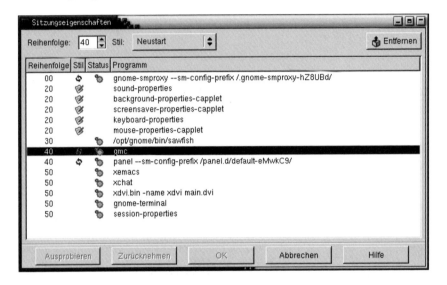

Abbildung 7.3: Der *Midnight Commander*-Prozess in der Sitzungskonfiguration

2. Suchen Sie den Eintrag mit dem Namen gmc. Wenn Sie sich die Symbole ansehen, werden Sie erkennen, dass es sich um einen Prozess handelt, der bei Bedarf neu gestartet wird.

3. Wählen Sie den Eintrag aus und setzen Sie mittels der Combobox am oberen Rand seinen *Stil* auf *normal*.

4. Klicken Sie auf *Entfernen*.

Wenn Sie den Dialog nun schließen, verschwinden die Icons von Ihrem Desktop – der *Midnight Commander* wurde erfolgreich abgeschossen. Deinstallieren Sie nun am besten mit YaST das Paket mit dem Namen *gmc* aus dem System, es befindet sich in der Serie *gnm*.

Nun können Sie das erste Mal *Nautilus* starten, indem Sie in einem Terminal einfach

```
user@linux: > nautilus
```

eingeben oder mit dem Punkt *Ausführen* im Hauptmenü das Programm *Nautilus* starten. Ab diesem Punkt geht die Konfiguration so vor sich, wie ab Seite 74 beschrieben.

Wird *Nautilus* dann gestartet, können Sie normal weiterarbeiten, und das natürlich, ohne GNOME neu starten zu müssen. Sie sollten allerdings Ihre aktuelle Sitzung abspeichern; wählen Sie im Sitzungsmenü, in dem Sie auch gerade den Sitzungsmanager gestartet hatten, den Punkt *Aktuelle Sitzung speichern* aus.

7.2 Das Fenster

Nautilus präsentiert sich zunächst mit Ihrem Heimatverzeichnis – siehe Abbildung 7.4 –, eine Ansicht, die Sie auch immer dann erhalten, wenn Sie auf dem Desktop das Symbol mit dem Haus anklicken, unter dem *Heim von <user>* geschrieben steht. Wie *Nautilus* nicht nur Ihre Dateien, sondern auch den Desktop als Arbeitsfläche verwaltet, erfahren Sie in Kapitel 4.

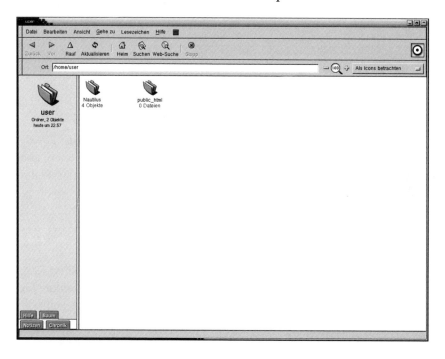

Abbildung 7.4: Das erste *Nautilus*-Dateifenster

Neben den obligatorischen Bestandteilen eines GNOME-Programms – Menü und Toolbar oben, Statuszeile unten am Rand – sind oben eine Adresszeile, eine Zoomlupe und eine Combobox zu sehen. Die Ansicht der Dateien erfolgt in der rechten

Seite der Hauptfläche des Fensters, in der linken Seite lassen sich diverse Ansichten für Daten wählen; diese linke Seite trägt auch den Namen *Sidebar*.

Sind Sie ein frischgebackener Benutzer auf Ihrem System, so finden Sie noch nicht viele Dateien oder Verzeichnisse in Ihrem Heimatverzeichnis. Außerdem wird über kurz oder lang ein kleines Fenster aufpoppen, das Ihnen Bescheid gibt, dass die Indizes zur beschleunigten Suche von Dateien erstellt werden.

7.2.1 Die Adressleiste

Die Adressleiste funktioniert genau so, wie Sie es von einem Webbrowser gewohnt sind. Um genau zu sein, kann *Nautilus* auch als Webbrowser fungieren; geben Sie einmal einen URL ein.

Ein URL muss sich aber nicht gezwungenermaßen auf das WWW beziehen. Auch FTP-Server können über einen `ftp://`-URL angesprochen werden. Und ebenso lokale Dateien; wenn Sie sich mit *Nautilus* durch die Verzeichnisse bewegen, werden Sie merken, dass Sie in lokalen Dateisystemen stets einen `file://`-URL angezeigt bekommen.

Abbildung 7.5: Die Adressleiste in *Nautilus*

GNOME verfügt über einen Mechanismus mit dem Namen *VFS* (*Virtual File System*). Auf diese Weise soll *Nautilus* einmal mit lokalen und fernen Dateien, aber auch mit Archiven umgehen können; alles soll dann über einen URL darstellbar sein und angesprochen werden können.

7.2.2 Die Werkzeugleiste

Wie bei den meisten GNOME-Programmen befindet sich auch am oberen Rand von *Nautilus* eine Werkzeugleiste mit den am häufigsten benutzten Befehlen. Die Symbole erinnern – wieder einmal – an einen Webbrowser: ein *Zurück-*, ein *Vor-* und ein *Aktualisieren*-Button. Mit dem *Rauf*-Knopf kann man sich in lokalen Dateisystemen und FTP-Servern eine Verzeichnisebene nach oben bewegen.

Abbildung 7.6: Die Werkzeugleiste von *Nautilus*

Der *Heim*-Button bringt Sie auf eine fest eingestellte Startansicht, meist das eigene Heimatverzeichnis, und der *Stopp*-Knopf ganz rechts unterbricht eine eventuell laufende Suche oder Anfrage.

Den Suchmöglichkeiten möchten wir uns noch etwas ausführlicher widmen:

7.2.2.1 Suchen

Der Button *Web-Suche* ruft eine Suchmaschine auf. Diese Adresse können Sie später in der Konfiguration selbst setzen. Als es *Eazel* noch gab, war eine dortige Maschine voreingestellt, jetzt ist *google.com* die Adresse, auf die man umgeleitet wird.

Abbildung 7.7: Die Suchfunktion in *Nautilus*

Mit dem *Suche*-Button erscheint eine weitere Leiste im Toolbar, die in Abbildung 7.7 gezeigt ist. Mit ihr lässt sich die Suche definieren, die man aufnehmen möchte. In Tabelle 7.1 sind die verschiedenen Suchmöglichkeiten zusammengefasst. Mit dem Button *Mehr Optionen* lassen sich weitere Leisten einblenden – und zwar solange, bis alle sieben Möglichkeiten verwendet werden.

Tabelle 7.1: Suchmöglichkeiten in *Nautilus*

Suche nach	Möglichkeiten
Name	Suche nach Teilstrings, Mustern und regulären Ausdrücken
Inhalt	Suche nach enthaltenem und nicht enthaltenem Text
Typ	Suche nach Ordnern, Dateien, Textdateien, Anwendungen und Musikdateien
Größe	größer oder kleiner als ein bestimmter Wert in Kilobytes
Emblem	Suche nach gesetzten oder nicht gesetzten Emblemen; mehr zu Emblemen siehe weiter hinten
Modifiziert	umfangreiche Suche nach dem letzten Modifikationsdatum vor oder nach bestimmten Daten
Besitzer	Suche nach Dateien, die einem bestimmtem Benutzer gehören

Achten Sie auf eines: Ihre Suche wird über das gesamte lokale Dateisystem ausgedehnt. Wenn Sie also einfach nach .png als Dateiendung suchen, kann die Suche einige Zeit in Anspruch nehmen.

Der *Suchen*-Knopf ist ein Toggle-Button; die Leiste mit der Suchdefinition verschwindet erst, wenn Sie den Button ein weiteres Mal anklicken oder die Suche beendet ist. Dauert die Suche zu lange, kann sie mit dem *Stopp*-Button beendet werden, oder einfach indem Sie beispielsweise in ein anderes Verzeichnis wechseln.

Hinweis: Diese komplexen Suchoptionen erscheinen nur, wenn Sie im Konfigurationsdialog zur Suche mehr aktiviert haben als nur die Suche nach Dateinamen. Eine simple Dateinamensuche geht wesentlich rascher vonstatten; für solche Fälle sollten Sie die anderen Möglichkeiten einfach deaktivieren. Mehr dazu weiter unten.

7.2.3 Ansicht als...

Eine der Stärken von *Nautilus* ist es, Verzeichnisse in einem bestimmten Kontext behandeln zu können. In der rechten oberen Ecke eines *Nautilus*-Fensters befindet sich das Ansichtsmenü, anhand dessen sich ein solcher Kontext wählen lässt.

Ihr Dateisystem können Sie auf verschiedene Weisen betrachten: *Nautilus* kennt Ansichten als Icons, als Listen oder als Musik. Es ist davon auszugehen, dass in Zukunft noch andere Ideen für neue Ansichten entstehen und implementiert werden.

7.2.3.1 ...Icons

In dieser Ansicht bekommt jede Datei ein eigenes Icon zugeordnet. Bild- und Textdateien werden dabei auf besondere Weise behandelt: Statt einfach ein festgelegtes Icon für einen Dateityp anzuzeigen, wird der Inhalt des Bildes selbst verkleinert dargestellt. Das gleiche passiert auch bei Textdateien, inklusive Quelltexten für Programmiersprachen und so weiter: ihr Inhalt wird auf das Icon gerendert.

Das ist natürlich erst ab einer bestimmten Zoomstufe sinnvoll; mehr dazu später. Ebenfalls von der Zoomtiefe abhängig ist der Umfang der Daten, der unter dem Icon angezeigt wird. Zuerst wird nur der Dateiname dargestellt. Je tiefer man sich hineinbegibt, desto mehr Dateiinformationen wie Größe, Erstellungsdatum etc. bekommt man zu sehen.

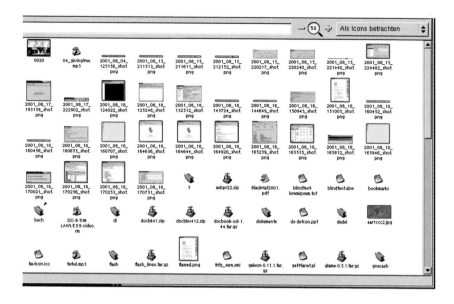

Abbildung 7.8: Ansicht meines Heimatverzeichnisses als Icons

7.2.3.2   ... Liste

Der gleiche Verzeichnisinhalt wie in Abbildung 7.8 ist auch in Abbildung 7.9 zu sehen, nur diesmal als Listenansicht.

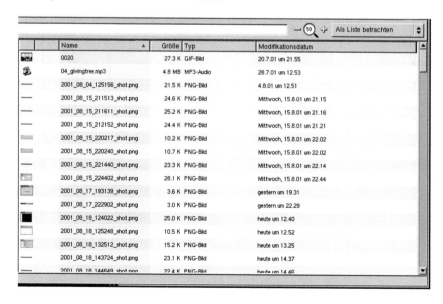

Abbildung 7.9: Ansicht meines Heimatverzeichnisses als Liste

Diese Ansicht bietet mehr Informationen, wie in diesem Fall Dateityp, Größe und Modifikationsdatum. Dafür sind weniger Dateien gleichzeitig im Fenster zu sehen.

Beachten Sie bitte, dass am Anfang der Zeile immer noch Icons generiert werden, wie es auch in der Icon-Ansicht der Fall ist. Durch die geringe Größe sind die Icons in der Listenansicht jedoch selten vonnutzen.

7.2.3.3 ... Musik

Sich den Verzeichnisinhalt als Icons oder als Liste anzeigen zu lassen, erklärt sich noch von selbst – aber als Musik zum Beispiel?

Wechseln Sie in ein Verzeichnis, in dem sich .mp3-Dateien befinden oder andere Musikformate, wie zum Beispiel .wav, und wählen Sie nun die *Ansicht als Musik*. Sie erhalten nun eine Liste der Dateien mit den Angaben aus den Headern der Datei. Bei MP3 bedeutet das neben der Länge des Stückes auch den Interpreten und die Bitrate der Datei. Bei Verzeichnissen, die den String mp3 im Pfadnamen tragen, wechselt *Nautilus* übrigens automatisch in die Musik-Ansicht. Ein Beispiel für eine solche Ansicht können Sie in Abbildung 7.10 sehen.

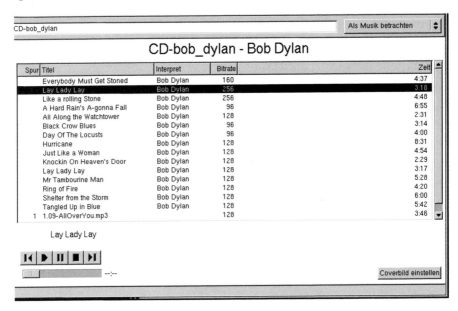

Abbildung 7.10: Ansicht eines Verzeichnisses mit MP3-Dateien

In dieser Art der Ansicht vermag *Nautilus* aber noch weit mehr, als nur die Dateien anzuzeigen. Am unteren Rand finden Sie einen rudimentären MP3-Spieler, mit dem Sie sich die Dateien anhören können. Und als kleines Gimmick können Sie für das Verzeichnis sogar eine beliebige Bilddatei als Coverbild einstellen.

7.2.3.4 ...Sonstiges

Zuweilen steht auch eine Ansicht als *Sonstiges* zur Verfügung. Der Dialog bietet einfach die Möglichkeit, eine bestimmte Ansicht auszuwählen bzw. über den Button *Ändern* festzulegen, wie mit dieser Ansicht in Zukunft verfahren werden soll. Man kann sich auch ins Kommandozentrum zum Capplet schicken lassen, in dem man die Standardapplikationen für Dateitypen festlegen kann; siehe auch Seite 119.

Abbildung 7.11: Dialog für sonstige Ansichten

7.2.4 Embleme

Die Icons im Fenster des Dateimanagers lassen sich mit Emblemen versehen. Diese werden nicht zu einem festen Bestandteil der Datei, sondern werden von *Nautilus* im Zusammenhang mit der Datei verwaltet. Wenn Sie die Datei also auf eine Diskette kopieren und weiterreichen, wird der Empfänger das Emblem nicht angezeigt bekommen, selbst wenn er ebenfalls GNOME und *Nautilus* einsetzt.

Zu den 14 bereits bestehenden Emblemen, die Sie in Abbildung 7.12 sehen, können eigene hinzugefügt werden. Embleme werden in der Icon-Ansicht von *Nautilus* um das Icon herumgruppiert, in der Listenansicht ist eine eigene Spalte für Embleme reserviert.

Abbildung 7.12: Embleme für Dateien

7.2.5 Das Vergrößerungsglas

Mit dem Vergrößerungsglas kann, wenig verwunderlich, in die Ansichten hinein- und aus ihnen herausgezoomt werden. Zwischen 25 % und 400 % gibt es sieben verschiedene Zoomtiefen, die jeweils verschiedene Detaillevels offenbaren. In der Iconansicht gibt es in den höchsten Zoomtiefen mehr Information unter den Bildern zu sehen; die Ansicht lässt sich dabei sowohl mit den Zeichen + und - neben der Lupe in der Werkzeugleiste in einzelnen Schritten verändern als auch direkt aus einem Popupmenü wählen, das beim Rechtsklick auf die Lupe erscheint.

7.3 Dateien und Verzeichnisse

Wenn man an seinem Dateimanager sitzt, möchte man damit natürlich auch seine Dateien verwalten. Mit *Nautilus* geht das schnell und einfach.

In ein Verzeichnis wechseln Sie, indem Sie es doppelt anklicken, zurück kommen Sie, wenn Sie den *Zurück*-Button in der Werkzeugleiste benutzen.

Dateien können per Drag & Drop verschoben werden. Als Zielorte können Sie neben den Verzeichnis-Icons in einem *Nautilus*-Fenster auch den Desktop wählen oder einen Eintrag im Verzeichnisbaum, wenn Sie diesen in der Seitenleiste aktiviert haben.

Das Ziehen von Dateien per Drag & Drop kann bei gedrückter linker oder rechter Maustaste erfolgen. Wenn die linke Maustaste verwendet wird, werden das Verzeichnis oder die Datei generell verschoben, das heißt: von ihrem Ursprungsort entfernt. Wird jedoch die rechte Maustaste benutzt, öffnet sich am Zielort ein kleines Popupmenü, das die Wahl zwischen dem *Kopieren* oder dem *Verschieben* der Datei, beziehungsweise dem Anlegen eines *Links* lässt. Wahlweise kann die Aktion auch abgebrochen werden.

Das Kontextmenü von Dateien in einem *Nautilus*-Fenster entspricht den Icons auf dem Desktop; für alle weiteren Möglichkeiten, mit Dateien umzugehen, gilt alles, was im Kapitel über den Desktop im Abschnitt über Icons auf Seite 35 gesagt wird.

7.4 Aussehen von Dateien und Verzeichnissen

Die Darstellung von Dateien und Verzeichnissen in *Nautilus* ist, wie erwartet, reichlich konfigurierbar.

7.4.1 Hintergrund

Jedes Verzeichnis kann einzeln mit einem individuellen Hintergrund versehen werden; dabei können sowohl Farben verwendet als auch Bilder gekachelt zu einer Art „Tapete" zusammengefügt werden.

Den Dialog dafür haben die Entwickler im *Bearbeiten*-Menü unter dem Punkt *Hintergründe und Embleme* versteckt. In Abbildung 7.13 ist er zu sehen. Um einem Ordner ein Hintergrundbild zu verpassen, muss das entsprechende Bild per Drag & Drop auf den Hintergrund des Ordners gezogen werden. Genauso verfährt man auch mit einer einfachen Farbgebung anstelle von Bildern.

Mit den entsprechenden Knöpfen lassen sich außerdem leicht Ergänzungen an den zur Verfügung stehenden Kacheln und Farben vornehmen.

Abbildung 7.13: Hintergrund für Verzeichnisse auswählen

7.4.2 Embleme und Dateieigenschaften

Die Embleme, die durch *Nautilus* mit Dateien verbunden werden können, werden nicht zum festen Bestandteil der Datei, sondern werden nur intern verwaltet. Auch sie werden in dem Dialog verwaltet, der im *Bearbeiten*-Menü unter dem Punkt *Hintergründe und Embleme* versteckt wurde.

Um einer Datei ein Emblem zuzuweisen, genügt ein einfacher Rechtsklick auf deren Icon; es erscheint ein Konfigurationsdialog, der aus drei Tabs besteht, die allesamt in Abbildung 7.14 zu sehen sind.

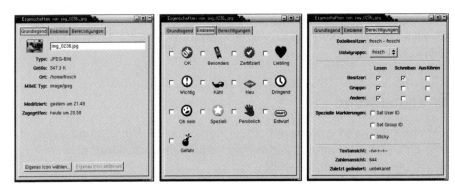

Abbildung 7.14: Dateieigenschaften in *Nautilus*

Unter *Grundlegend* finden sich Infos über die Datei und die Möglichkeit, ihren Namen zu ändern. Auch kann der Datei ein eigenes Icon zugewiesen werden, das nichts mehr mit dem Inhalt des Bildes zu schaffen haben muss.

Im nächsten Tab *Embleme* kann die Datei mit Emblemen versehen werden.

Im letzten Tab *Berechtigungen* werden die Zugriffsrechte auf der Datei gesetzt. Jede Datei kann Schreib-, Lese- und Ausführungsrechte für den Besitzer, eine Gruppe und alle anderen Benutzer erhalten.

Diese Rechte haben für Verzeichnisse teilweise andere Bedeutungen als für Dateien; konsultieren Sie die Dokumentation Ihrer Distribution für eine Beschreibung dieses wichtigen Unix-eigenen Konzeptes.

7.4.3 Themes

So wie sich der Fenstermanager *Sawfish* (siehe Abschnitt 9.3.3) und das Widgetset GTK+ (siehe Abschnitt 8.4.6) durch so genannte *Themes* im Aussehen ändern lassen, bringt auch *Nautilus* einen Mechanismus für Themen mit.

Die verschiedenen Themen ändern die Darstellung von Ordnern und Dateien, färben die Seitenleiste neu ein und ändern die in *Nautilus* verwendeten Icons. Es werden standardmäßig eine handvoll Themes mitgeliefert. Um ein neues Thema für *Nautilus* zu wählen, verwenden Sie den Punkt *Nautilus-Themen* im *Bearbeiten-Menü*.

Abbildung 7.15: Themen für *Nautilus*

Haben Sie eine Datei mit einem neuen Thema, das Sie ausprobieren möchten, klicken Sie im Dialog – er ist übrigens in Abbildung 7.15 zu sehen – den Button *Neues Thema hinzufügen* an und wählen die Datei im erscheinenden Dialog aus. Ich muss zugeben, dass es mir bisher nur gelungen ist, ein einziges *Nautilus*-Thema im Internet aufzutreiben; es trägt den Namen *ximian-south* und ist wirklich hübsch.

7.5 Die Seitenleiste

Der *Sidebar* – auch die *Seitenleiste* oder das *Seitenpaneel* – befindet sich an der Seite des *Nautilus*-Fensters und kann einige verschiedene Funktionen übernehmen, die jeweils der Reihe nach vorgestellt werden sollen. Eine Abbildung der Standardeinstellung des Paneels ist in Abbildung 7.16 zu sehen.

Abbildung 7.16: Das Seitenpaneel

7.5.1 Dateiinformation

Wann immer Sie sich in einem Verzeichnis befinden, werden dessen Eigenschaften in der Seitenleiste dargestellt, etwa so, wie man es in Abbildung 7.16 sehen kann.

In diesem Beispiel ist der Name des Verzeichnisses zu sehen, die Anzahl der Objekte, die sich darin befinden, sowie der Zeitpunkt der letzten Änderung. Darunter sind, wenn Sie verwendet werden, auch die Embleme zu sehen, die dem Verzeichnis zugeordnet wurden.

Wird eine Datei in *Nautilus* zum Betrachten geöffnet, sei es durch einen Doppelklick oder den Punkt *Öffnen* im Kontextmenü, erscheinen zu der betreffenden Datei weitere Informationen sowie diverse Buttons, um sie in weiteren Applikationen zu öffnen. Dieses Verhalten wird im Abschnitt *Nautilus als Viewer* auf Seite 91 beschrieben.

7.5.2 Baum

Die Baumansicht gewährt einen umfassenderen Überblick über das Dateisystem als es die Icon- oder Listenansicht können. Das Navigieren in einer Baumansicht gestaltet sich für gewöhnlich einfacher als in einer Sammlung von Icons.

Abbildung 7.17: Die Baumansicht in der Seitenleiste

Sie können entweder alle Dateien und Verzeichnisse oder nur Verzeichnisse im Baum anzeigen lassen; die Änderungsmöglichkeiten finden Sie weiter unten in den Abschnitten über die Konfiguration von *Nautilus*. Wenn Sie die Übersicht inklusive der Dateien wählen, geben Sie unter Umständen die Übersichtlichkeit der Baumansicht wieder auf, da sich die Zahl der Einträge natürlich drastisch erhöht und für jede Datei wieder ein kleines Index-Icon erzeugt wird.

Mit Hilfe der Pfeile vor den Verzeichnisnamen lassen sich einzelne Teile des Baumes aufklappen und wieder schließen, indem Sie die Pfeile anklicken.

7.5.3 Hilfe

Mit GNOME 1.4 ist der ursprüngliche Hilfe-Browser obsolet geworden; seine Funktionen werden jetzt von *Nautilus* übernommen. Das Programm selbst ist jedoch noch Bestandteil der Distribution. Die Verwendung beider Programme wird in einem eigenen Kapitel erläutert, nämlich in dem mit der Nummer 6 ab Seite 63.

Nautilus bietet die verfügbaren Manual- und Info-Seiten in einer Baumansicht und blendet die betreffende Seite beim Anklicken im Hauptfenster ein. Der verwendete URL im *Nautilus*-Fenster ist dabei der gleiche wie im Fenster des Hilfe-Browser, so dass sich GNOME-Benutzer, die den „gewöhnlichen" Hilfe-Browser gewohnt sind, nicht umstellen müssen.

7.5.4 Verlauf

Der Verlauf – auch *History* genannt – zeigt an, mit welchen Dateien bzw. Verzeichnissen zuletzt gearbeitet wurde. Das ist dann sehr nützlich, wenn man häufig zwischen den gleichen Dateien wechselt, die sich in weit auseinanderliegenden Verzeichnissen befinden.

Die History wird mit einem Neustart von GNOME gelöscht.

7.5.5 News

News ist ein Feature der Seitenleiste, das ich sehr schätzen gelernt habe. Es zeigt die Schlagzeilen diverser Nachrichtenseiten im Internet an und aktualisiert diese in regelmäßigen Abständen.

Bitte beachten Sie, dass die Standardinstallation von SuSE mit der Version 1.0.1 von *Nautilus* diesen schönen Teil der Seitenleiste noch nicht kennt! Ich erwähne ihn aber schon einmal für jeden Benutzer, der eine neuere Version besitzt.

Zur Anzeige der Lieblingsnachrichten wählt man das News-Panel an und klickt auf den Knopf *Sites auswählen*. Aus der nun präsentierten Liste suchen Sie sich Ihre Lieblings„kanäle" aus und bestätigen mit *Fertig*. Eine Liste der momentan vorhandenen Nachrichtenquellen gibt es in Tabelle 7.2 zu sehen.

Haben Sie nun eine Internetverbindung geöffnet, sehen Sie, wie die Nachrichten geladen werden; das kann durchaus eine Weile dauern. An der Unterstreichung der einzelnen Schlagzeilen erahnen Sie bereits: sie lassen sich anklicken, und im Ansichtsfenster öffnet sich sodann die Website mit der entsprechenden Nachricht. Neben dem Icon – das sich ebenfalls anklicken lässt, woraufhin sich die Einstiegsseite der Website öffnet – erscheint eine Uhrzeit, die angibt, wann die Nachrichten das letzte Mal aktualisiert wurden.

Im Folgenden eine Liste der Nachrichtenseiten, deren Schlagzeilen Sie im News-Browser von *Nautilus* einbinden können. Wenn Sie diesen Band in den Händen halten, ist die Liste wahrscheinlich schon wieder überholt, aber sie gewährt einen schönen Überblick.

Tabelle 7.2: Nachrichtenseiten für die Seitenleiste

Kanal	Inhalt
Advogato	Community-Seite für Entwickler
AppWatch	Updates Freier Software
Barrapunto	Spanische Nachrichten zu Freier Software
BSD Today	Tägliche BSD-Nachrichten
Beyond 2000	Computer- und Technologienachrichten
CNet	Computer- und Technologienachrichten
CNN	der große amerikanische Nachrichtenkanal
Dictionary.com	das Online-Wörterbuch, unter anderem mit dem „Wort des Tages"
DVD Review	DVD News
Freshmeat	Updates für Freie Software
GNOME News	GNOME-Nachrichten – abonnieren! :-)
Internet.com	IT-Portal
KDE News	Nachrichten über KDE
Kuro5hin	Technologie und Kultur
Linux Games	Linux-Spiele
Linux Jobs	Job-Portal
Linux Planet	noch mehr Linux
Linux Today	tägliche Nachrichten über Linux
Linux Weekly News	noch mehr Linux-Nachrichten
Linux.com	Linux Nachrichten
Morons	Idioten am Werk
Mozilla	der Webbrowser *Mozilla*
Mozilla Zine	das Magazin zu *Mozilla*
The Motley Fool	Infos um Geld
Newsforge	Nachrichten um Freie Software

Tabelle 7.2 – Fortsetzung

Kanal	Inhalt
Nanotech News	
Perl.com	Perl-News
Pigdog	Wirre Nachrichten
Python.org	Nachrichten zur Skriptsprache Python
Quotes of the Day	Zitate des Tages
Salon	Nachrichten aus vielen verschiedenen Bereichen
Scripting News	Dave Winer's Scripting News Weblog
Security Focus	Sicherheitsnews
Segfault	Satire
Slashdot	News for ners – stuff that matters
The Register	Computer- und Technologienachrichten
Think Geek	*der* Laden im Netz
Tomalak's Realm	„Strategisches" Webdesign
Web Reference	Web Development
Wired	Technologie- und Internetnews
XML.com	Nachrichten um XML

Siehe Seite 100 für die Konfiguration der Nachrichtenleiste.

7.5.6 Notizen

Ein Feld, in dem kurze Notizen und Geistesblitze festgehalten werden können. Das schöne an diesem Notizbereich ist, dass er nicht extra gespeichert werden muss, das passiert automatisch. Auf diese Weise erspart man sich die lästigen Fragen: „Papier und Bleistift? Oder doch elektronisch? Aber welches Format? Textdatei? Wie nennen? Welcher Editor?" ...

Selbst nach einem Neustart von GNOME sind die Notizen selbstverständlich noch vorhanden.

7.6 Nautilus als Viewer

Natürlich hat jeder Benutzer seine Vorlieben. So möchte man zum Betrachten von Bildern vielleicht *Eye of gnome* verwenden – oder eben *gqview* oder *xv*. Seine Musik möchte man mit *xmms* abspielen – oder zum Beispiel mit *gqmpeg*. Das Betrachten von Textdateien soll in einem kleinen Programm wie *gEdit* geschehen

– oder eben doch in *gnotepad+*, oder man möchte sie aus Prinzip gleich in den *XEmacs* laden.

Wer es etwas bequemer haben und nicht ständig neue Programme gestartet sehen möchte, die er unter Umständen wieder schließen muss, der kann sich diverse Dateiformate direkt in *Nautilus* ansehen.

Es gibt für Programmierer die Möglichkeit, kleine „Codebrocken" zu schreiben, mit denen sich andere Formate ebenfalls in *Nautilus* darstellen lassen. Wenn Sie also im Folgenden etwas vermissen sollten, können Sie davon ausgehen, dass es in Zukunft eingefügt werden wird. Und Sie können sich sicher sein, dass Sie für ein solches Update keine zusätzlichen Gebühren werden zahlen müssen.

In Tabelle 7.3 gibt es eine Übersicht, welche Dateiformate sich momentan darstellen lassen.

Tabelle 7.3: Dateiformate, die durch *Nautilus* dargestellt werden können

Dateityp	Formate
Text	Textdateien, wie zum Beispiel ASCII-Dateien, Skripte, Programmquellcode und so weiter
Bilder	Alle Formate, die durchweg von GNOME unterstützt werden; also .gif, .jpg, .png und .xpm; dazu grundsätzlich auch (wenn einkompiliert) .tiff, .svg und diverse weitere
Musik	Dateien im .mp3- und .aiff-Format, sowie .riff und .wav

Prinzipiell handhabt *Nautilus* diese Dateiformate wie folgt: Beim (Doppel-)Klick auf einen Eintrag wird der interne Viewer aufgerufen, der den Dateiinhalt anzeigt; das kann dann wie in Abbildung 7.18 aussehen.

Abbildung 7.18: Ansicht einer Datei in *Nautilus* mit zusätzlichen Startmöglichkeiten

In der Seitenleiste erscheinen nun diverse Optionen, Buttons, um die Datei noch in anderen Programmen zu öffnen. Darunter ein weiterer Button, der noch einmal die Wahl eines weiteren Programms zulässt.

Diese Wahlmöglichkeiten hat man natürlich auch, klickt man die Datei gleich mit der rechten Maustaste an. Das Popupmenü bietet die gleichen Einträge.

7.7 Konfiguration

Die Einstellungen werden unter *Nautilus* als *Vorlieben* bezeichnet, was wohl eine engere Anlehnung an das englische *Preferences* ist. Der Konfigurationsdialog besteht aus einer Liste von Sektionen auf der linken Seite und den eigentlichen Einstellungen auf der rechten Seite.

Aufgerufen wird der Einstellungsdialog im äußerst rechten Menüpunkt in der Menüleiste. Dieser Punkt trägt keinen Namen, sondern wird lediglich durch ein Symbol dargestellt. Es gibt drei verschiedene Symbole, je eines für Anfänger, Fortgeschrittene und Experten. Das Anfänger-Symbol ist ein grüner Kreis, für Fortgeschrittene wurde ein blaues Quadrat gewählt, und Experten wurden mit einem schwarzen Quadrat bedacht, das auf der Seite steht.

Was es mit diesen Symbolen auf sich hat? Nun, wahrscheinlich saßen dort einige Personen und fragten sich, wie sie diese Level graphisch darstellen sollten. Alles, was tatsächlich einen Unterschied im Wissensstand hätte symbolisieren können, wäre wahrscheinlich von irgendjemand als beleidigend empfunden worden – also entschied man sich für irgendetwas Unverfängliches.

Von Bedeutung ist diese Vorgabe unter *Nautilus* nur für die Komplexität der Optionen. Im Konfigurationsdialog wirkt sich das im Wesentlichen auf die Anzahl der Einstellungsmöglichkeiten aus, mit denen Sie arbeiten können. Auch einige Linux-Experten werden ihren *Nautilus* zuweilen im Anfängermodus laufen lassen, es wirft also kein negatives Licht auf Sie, wenn Sie sich nicht mit allen Möglichkeiten herumschlagen möchten.

Und um der Frage vorzubeugen: Nein, *Nautilus* verewigt seinen Konfigurationsdialog *nicht* als Capplet im Kontrollzentrum. Warum auch immer.

7.7.1 Erscheinungsbild

Geglättete, aber langsamere Grafiken zu verwenden lässt sich mit einem Fachbegriff zusammenfassen: *Antialiasing*. Ecken und Kanten an Schriftzügen beziehungsweise in Graphiken sind unter Umständen unangenehmer zu betrachten als geglättete. Antialiasing „rundet" Ecken und Kanten ab, was ein angenehmeres Erscheinungsbild schafft.

Dummerweise ist dieses Glätten ein recht rechenintensiver Vorgang und sollte nur auf schnelleren Rechnern aktiviert werden.

Für Unterschriften unter Dateien in *Nautilus* können Sie eine beliebige Schriftfamilie wählen. Wenn Sie sich für geglättete Graphiken entscheiden, können Sie außerdem noch einen Typ für die Schrift wählen, d. h. ob die Schrift fett, kursiv etc. dargestellt werden soll.

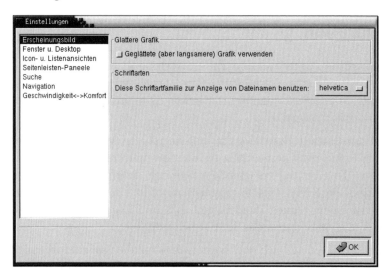

Abbildung 7.19: Das Erscheinungsbild von *Nautilus* konfigurieren

7.7.2   Fenster und Desktop

An dieser Stelle konfigurieren Sie, ob *Nautilus* ihren Desktop verwaltet: *Nautilus benutzen, um den Desktop zu zeichnen.* Das ist generell eine gute Idee. Das Platzieren von Icons auf dem Desktop usf. ist generell nur möglich, wenn *Nautilus* als Desktop-Shell läuft.

Wann immer Sie eine Datei anwählen oder in ein neues Verzeichnis wechseln, können Sie *In einem neuen Fenster öffnen.* Die Arbeit mit Linux zeichnet sich allerdings dadurch aus, dass man sich zuweilen durch etwas umfangreichere Hierarchien von Ordnern arbeiten muss. Dabei ständig neue Fenster geöffnet zu bekommen ist selten erstrebenswert und verbraucht natürlich zusätzlichen Speicher.

Die gleichen Überlegungen für den Speicherverbrauch gelten auch, wenn man jedes Fenster einzeln mit *Werkzeugleiste*, *Adressleiste*, *Statusleiste* und *Seitenleiste* versieht. Insbesondere die koplexe Seitenleiste ist sicher nicht in jedem Fenster vonnöten.

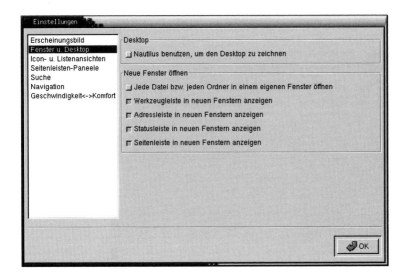

Abbildung 7.20: Wie handhabt *Nautilus* den Desktop?

Das *Nachfragen vor Leeren des Mülls* auf dem Desktop ist als Sicherheit wohl sinnvoll.

7.7.3 Icon- und Listenansichten

Sie können bestimmen, ob Objekte durch einen *einfachen Klick* oder durch *Doppelklick* aktiviert werden sollen.

Der nächste Punkt erinnert mich unangenehm an gängige Microsoft-Produkte: Es steht zur Frage, was beim Anklicken *Ausführbarer Textdateien* geschehen soll: ob sie *ausgeführt* oder *angezeigt* werden sollen oder ob immer *nachgefragt* werden soll. Sie wollen ganz sicher und zu einhundert Prozent *nicht*, dass Dateien automatisch ausgeführt werden.

Dieser Punkt hat noch nicht die Schwere des automatischen Ausführens von Anhängen an einer E-Mail, aber eine Nachfrage vor dem Ausführen von Programmen ist sicherlich eine gute Idee.

Außerdem interessant ist die Art und Weise, wie Dateien *Angezeigt oder verborgen* werden sollen. Unter Unix gelten Dateien und Verzeichnisse, die mit einem Punkt . beginnen, als *Versteckte Dateien und Verzeichnisse*, die nur auf ausdrücklichen Wunsch angezeigt werden. Meist handelt es sich um Konfigurationsdaten, die man nicht ständig vor der Nase haben möchte. GNOME legt seine Daten beispielsweise in den Verzeichnissen `.gnome` und `.gnome_private` eines Benutzers ab.

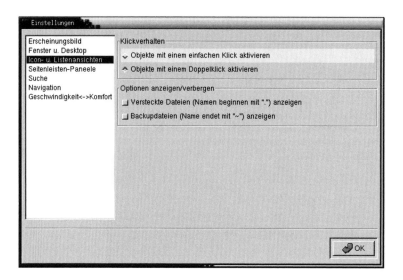

Abbildung 7.21: Optionen für Icon- und Listenansichten in *Nautilus*

Viele Editoren legen Backupdateien an, wenn Sie eine Datei bearbeiten, auf diese Weise gehen bei Abstürzen etc. die ursprünglichen Daten nicht verloren. Die meisten dieser Programme benutzen als Dateiendung die Tilde ~, um ihre Backups zu kennzeichnen. *Nautilus* kann auf Wunsch *Backupdateien verbergen*.

Neben den üblichen neun Eigenschaften einer Datei (lesen, schreiben und ausführen für Besitzer, Gruppe und den Rest der Welt) kennt Unix noch drei weitere Eigenschaften einer Datei, die gesetzt werden können. Dies sind das *Set-UID-Bit* (wenn das Programm läuft, gehört der Prozess nicht dem Ausführenden, sondern dem Besitzer der Datei), das *Set-Group-ID-Bit* (dito) und das *Sticky-Bit* (verhindert das Löschen fremder Dateien in öffentlichen Verzeichnissen). Wenn Sie das Icon einer Datei mit der rechten Maustaste anklicken und dann ihre Eigenschaften betrachten, kann *Nautilus* diese Flags anzeigen – oder es auch bleiben lassen.

7.7.4 Iconunterschriften

Die Konfiguration der Iconunterschriften liegt bisher im *Bearbeiten*-Menü, wird aber Einzug in den normalen Konfigurationsdialog halten.

Je nach Zoomtiefe im *Nautilus*-Fenster werden neben dem Namen bis zu drei Eigenschaften der Datei dargestellt. An dieser Stelle können Sie wählen, welche Eigenschaften das für Sie sein sollen.

Tabelle 7.4: Mögliche Unterschriften unter Icons in *Nautilus*

Beschriftung	Beschreibung
Größe	Größe der Datei in Kilobyte
Typ	Dateityp: Bild, Audiodatei, Textdatei, …
Modifikationsdatum	Datum der letzten Modifikation am Inhalt der Datei
Änderungsdatum	Datum der letzten Änderung der Dateieigenschaften
Zugriffsdatum	Letzter Zugriff auf die Datei; das schließt schon das Auflisten eines Verzeichnisinhaltes ein, in dem sich die Datei befindet.
Besitzer	Der Besitzer der Datei
Gruppe	Die Gruppenzuordnung der Datei
Rechte	Die Zugriffsrechte auf die Datei

7.7.5 Seitenleisten

Die Konfiguration für die Seitenleiste ist prägnant: Sie können festlegen, welcher der Reiter *Baum*, *Chronik*, *Hilfe* und *Notizen* überhaupt angezeigt werden soll (oder auch der Reiter *News*, wenn Ihre Version von *Nautilus* etwas neuer ist).

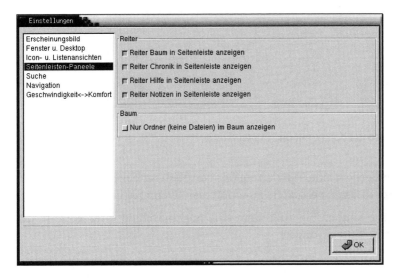

Abbildung 7.22: Konfiguration der Seitenleiste von *Nautilus*

Die Übersichtlichkeit in der Baumansicht erhöhen können Sie durch die Option *Nur Ordner im Baum anzeigen*. Die Dateien selber bekommen Sie ja ohnehin im Fenster zu sehen.

7.7.6 Suche

Die umfangreichen Suchmöglichkeiten lassen sich ein wenig einschränken, was im Sinne der Geschwindigkeit der Suche auch zu empfehlen ist.

Wählen Sie zuerst, ob Sie Dateien nur nach ihren *Namen* oder zusätzlich auch nach ihren *Eigenschaften* suchen können möchten. Die meisten Suchen werden wohl nur nach Dateinamen aufgenommen; es lohnt sich, von Suche zu Suche umzuschalten, wenn man noch nach anderen Dingen fahndet.

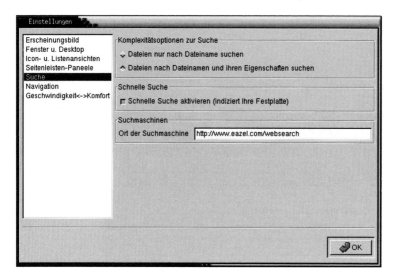

Abbildung 7.23: Suchen durch, mit und in *Nautilus*

Nautilus kann außerdem eine Indizierung des Festplatteninhaltes für eine *Schnelle Suche* vornehmen. Das ist besonders zu empfehlen, wenn Sie häufiger suchen.

Für die Websuche können Sie außerdem eine Suchmaschine Ihrer Wahl in das dafür vorgesehene Feld eintragen.

7.7.7 Navigation

Der *Heim*-URL entspricht einer Startseite im Browser; wann immer Sie den *Heim*-Knopf im Toolbar eines *Nautilus*-Fensters drücken, erreichen Sie diesen Ort. Ebenso, wenn Sie auf das *Heim*-Icon auf Ihrem Desktop klicken.

Standardvorgabe ist hier `file:///home/user`, Ihr Heimatverzeichnis im Dateisystem. Es hindert Sie allerdings nichts daran, hier einen URL im Web anzugeben, wie etwa `http://www.gnome.org/`. Und da *Nautilus* auch das Hilfesystem für GNOME bestreiten kann, können Sie sich auch bei jedem Start zum Beispiel die man-Page des Kommandos `ls` anzeigen lassen, indem Sie als Heim-URL `man:ls` angeben.

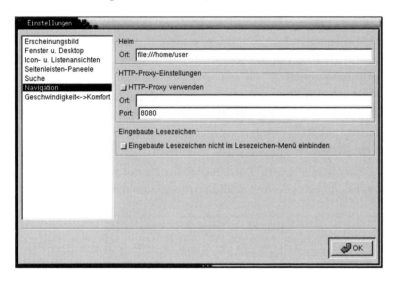

Abbildung 7.24: Konfiguration der Navigation in *Nautilus*

Wenn Sie in einem Netzwerk sitzen und Zugriff auf Webinhalte nur über einen Proxy erreichen können, dann sollten Sie dessen Adresse und Port in diesem Dialog eintragen. Das ist nur dann nötig, wenn Sie mit *Nautilus* auf Webserver zugreifen möchten. Für das Betrachten von HTML-Dateien auf ihrem lokalen System benötigen Sie hier keine Einstellungen!

Eingebaute Lesezeichen sind Lesezeichen, die systemweit durch den Administrator vorgegeben sind. An diesem Ort können Sie vorgeben, ob Sie diese systemweiten Lesezeichen im *Lesezeichen*-Menü angezeigt bekommen möchten.

7.7.8 Geschwindigkeit und Komfort

Einige der Möglichkeiten von *Nautilus* verbrauchen nicht unerhebliche Ressourcen. Die folgenden Optionen können Sie auf *Immer*, *Nur lokale Dateien* oder *Nie* setzen. *Immer* und *Nie* sind selbsterklärend; wenn Sie eine Option auf *lokale Dateien* beschränken, so werden Sie sie sowohl bei FTP-Servern als auch bei Laufwerken, die über ein Netzwerk gemountet sind (beispielsweise über *Samba* oder NFS) nicht zu sehen bekommen. Das sorgt dafür, dass Sie die Bandbreite des

Netzes schonen und auch den Server weniger belasten. Und für die *Objektanzahlen in Ordnern* muss immerhin für jeden einzelnen Ordner eine Abfrage geschickt werden, was für FTP beispielsweise eigentlich vollkommen überflüssig ist.

❑ *Text in Icons anzeigen*: Wenn es sich bei Dateien um Textdateien handelt, so wird ihr Inhalt in das Icon gerendert. Dafür muss die Datei natürlich geöffnet und ausgelesen werden; das gehört sich nur auf dem lokalen System.

❑ *Objektanzahlen für Ordner anzeigen*: Unter Ordnern wird die Zahl der darin enthaltenen Objekte angegeben. Diese Option ist für entfernte Dateisysteme vielleicht noch tragbar, da nur Verzeichnisinhalte gelesen, aber keine Dateien geöffnet werden müssen.

❑ *Indexbilder für Bilddateien anzeigen*: Wenn es sich bei der Datei um eine Bilddatei handelt, wird aus dem Bild ein kleines Indexicon erzeugt. Dafür muss das Bild geladen und transformiert werden; auf keinen Fall mit entfernten Laufwerken einsetzen!

❑ *Vorschau für Sounddateien*: Dafür werden die Header der Sounddatei ausgelesen, die Datei also auch geöffnet; sollte nur lokal verwendet werden.

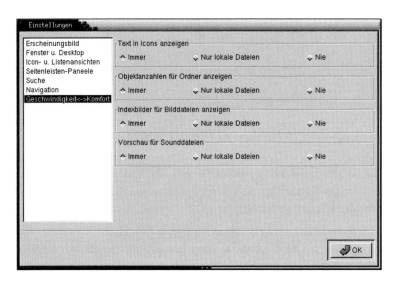

Abbildung 7.25: Abwägen zwischen Geschwindigkeit und Komfort

7.7.9 News-Panel

Für die Sektion der Nachrichten in der Seitenleiste lassen sich nur zwei Punkte ändern, die aber einiger Aufmerksamkeit bedürfen, zumal wenn man das Nachrichten-Panel intensiv zu nutzen gedenkt.

Die *Maximale Anzahl von Einträgen* sollte nicht zu hoch angesetzt werden, da sonst die Übersichtlichkeit leidet. Man ist außerdem verleitet, zumal wenn man mehr als 5 Seiten als interessant deklariert hat, viel Zeit mit dem Lesen dieser Nachrichten zu verbringen. Das muss nicht schlimm sein, und wozu aktiviert man sie schließlich?! Allerdings wächst die mit den Texten verbrachte Zeit schlagartig an. Das nur als Warnung – wer damit nicht konfrontiert werden möchte, sollte sich nicht mehr als die fünf neuesten Einträge anzeigen lassen.

Mit dem *Aktualisierungsabstand in Minuten* wird das Intervall definiert, mit dem neue Nachrichten geholt werden. Das kann zu einer signifikanten Last auf dem Zielserver führen: Die Websites stellen ihre Schlagzeilen als Dateien im XML-Format zur Verfügung, so dass immer die komplette Datei übertragen wird. Anhand solcher Dateien werden auch die Nachrichtenzeilen auf Webseiten übernommen, beispielsweise die *freshmeat*-News auf *slashdot*. Eine zu häufige Aktualisierung kann für den Serverbetreiber durchaus lästig sein, wenn zuviel Belastung erzeugt wird; 45 Minuten sind das Maximum, das man sich als Intervall gönnen sollte, und selbst das werden Ihnen diverse Betreiber noch übel nehmen.

Ein wenig inkonsistent ist außerdem, dass die Konfiguration zusätzlicher Kanäle nicht hier im Konfigurationsdialog, sondern im Panel selbst stattfindet.

7.8 Services

Eazel bot einige kostenlose Services an, mit denen Benutzer das Prinzip schmackhaft gemacht werden soll. Mit dem Bankrott des Unternehmes sind diese Services nicht mehr in Betrieb.

Die Services umfassten bisher etwa kostenlosen Speicherplatz auf den Servern von *Eazel*, mit dem sich Dateien im Netz platzieren ließen und damit für den Benutzer von überall her zugänglich waren, sowie die Möglichkeit, Software aus dem Netz zu beziehen. Das Ziel war, den Benutzern weitere, dann jedoch kostenpflichtige Services abzubieten. So weit ist es leider nicht gekommen.

Es ist im besten Falle unwahrscheinlich, dass diese Services in nächster Zeit aufgegriffen werden.

7.9 Weitere Hilfe

Auch *Nautilus* verfügt natürlich über eine Dokumentation. Es verwendet sich selbst, um diese Konfiguration anzuzeigen.

Über das *Hilfe*-Menü lässt sich diverse Dokumentation erreichen, als da wären:

❑ das *Benutzerhandbuch*, das einen Schritt für Schritt durch die Benutzung von *Nautilus* leitet,

❑ die *Schnellreferenz* für einen kurzen Überblick über die Bestandteile des *Nautilus*-Fensters,

❑ die *Versionshinweise*, die übliche kurze Zusammenfassung zu einer neuen Softwareversion.

Die beiden Rubriken *Kundendienst* und *Rückmeldung* sind inzwischen irrelevant geworden, da es die Firma *Eazel* nun nicht mehr gibt.

Kapitel 8

Das Kontrollzentrum

Das Kontrollzentrum macht seinem Namen alle Ehre, denn es versammelt alle Funktionen zur Konfiguration des GNOME-Desktop an einer einzigen, zentralen Stelle. Wenn man eine Änderung vornehmen möchte, muss man also nicht erst lange nach einer Konfigurationsdatei suchen.

8.1 Capplets

Capplets sind nicht nur namentlich mit den auf Seite 49 vorgestellten Applets verwandt. Auch bei den Capplets handelt es sich um kleine „Progrämmchen". Im Gegensatz zu den Applets residieren diese allerdings nicht im Panel, sondern im Kontrollzentrum. Jede Einstellungsmöglichkeit im Baum links im Fenster des Kontrollzentrums wird durch ein solches Capplet erzeugt.

Die folgenden Abschnitte beschreiben der Reihe nach, welche Funktion die einzelnen Einträge in der Liste am linken Rand des Kontrollzentrums haben und welche detaillierten Einstellungen sich zu diesen Einträgen vornehmen lassen. Sollten in der Beschreibung in diesem Buch Einträge fehlen, so kann das daher rühren, dass Sie in der Zwischenzeit möglicherweise andere Applikationen installiert haben, die der Liste eigene Capplets hinzugefügt haben.

8.2 Wirksamkeit von Änderungen

Um diesen Punkt zu erklären, benötigen wir ein kleines Beispiel. In Abbildung 8.1 sehen Sie das Kontrollzentrum. Wählen Sie im Kontrollzentrum den ersten Punkt, *Bildschirmschoner*, an und wählen Sie einen anderen aus der Liste aus als den, der gerade ausgewählt ist. Wenn Sie nun links einen anderen Bereich anwählen, zum

Beispiel *Hintergrund*, werden Sie bemerken, dass *Bildschirmschoner* nun rot gefärbt ist. Das kommt daher, dass eine Änderung vorgenommen, aber noch nicht
bestätigt wurde. Das gleiche geschieht auch, wenn Sie den *Ausprobieren*-Knopf
verwenden. Die Änderung wird dann bereits angewendet, aber das Kontrollzentrum merkt sich die Änderung, so dass sie bei Bedarf wieder rückgängig gemacht
werden kann.

Abbildung 8.1: Das GNOME-Kontrollzentrum

Wenn Sie sich nun endgültig für eine Einstellung entschieden haben, bestätigen
Sie das mit einem Klick auf den *OK*-Knopf. Um anzuzeigen, dass die Änderung
nun endlich übernommen wurde, wird das Capplet ausgeblendet.

8.3 Mehr Hilfe zu den Einstellungen

Die Menüzeile des Kontrollzentrums hält natürlich auch einen Menüeintrag *Hilfe*
bereit. Das Schöne an diesem Eintrag ist, dass er neben der allgemeinen Hilfe
zum Kontrollpanel auch einen dynamischen Menüpunkt bietet, der mit dem gerade angezeigten Capplet zusammenhängt. Befinden Sie sich also gerade in den
Einstellungen für das Panel, dann finden Sie hier den Menüpunkt *Hilfe zu den
Paneleinstellungen*. Dadurch müssen Sie sich nicht erst ewig durch die allgemeine
Hilfe blättern, um zu den Punkten zu kommen, zu denen Sie tatsächlich Hilfe
suchen.

8.4 Arbeitsplatz

In dieser Sektion des Kommandozentrums werden die Einstellungen vorgenommen, die sich auf das äußere Erscheinungsbild der Oberfläche beziehen und alles, was damit zusammenhängt. Das schließt einen eventuellen Bildschirmschoner und einen Hintergrund für den Desktop ebenso ein wie das Verhalten des Panel und eventuelle Themes. Auch eine Auswahl von Fenstermanagern lässt sich steuern.

Der in diesem Buch angenommene Fenstermanager *Sawfish* fügt seine eigenen Capplets in das Kontrollzentrum ein und lässt sich damit bequem von der selben Stelle aus konfigurieren wie der Rest von GNOME. Seine Capplets werden ab Seite 123 detailliert erläutert.

8.4.1 Bildschirmschoner

Mit dem X-Server kann auch eine ganze Auswahl Bildschirmschoner installiert werden. Es gibt zwar meines Wissens nach keine Implementation der bekannten fliegenden Toaster, aber dennoch sind viele der Schoner sehr schön anzusehen.

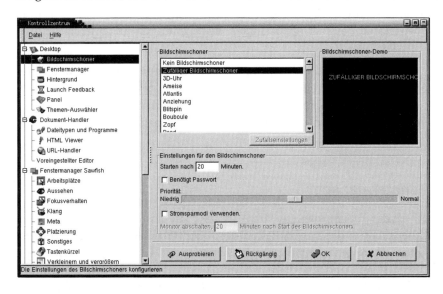

Abbildung 8.2: Auswahl eines Bildschirmschoners

Im Gegensatz zu Windows findet man übrigens selten Bildschirmschoner für XFree86 im Internet. Aber das Paket *xscreensaver* umfasst dermaßen viele einzelne Schoner, dass Sie schon eine Weile brauchen werden, um sie alle durchzuprobieren. Ihnen wird bei der Beschreibung der einzelnen Schoner wahrscheinlich auffallen, dass es sich häufig um die Visualisierung besonderer mathematischer Gleichungen oder Formelsysteme handelt – wieder einmal ein Hinweis auf den Ursprung des Systems aus einem universitären Umfeld. Viele der bewegten bunten Bilder sind schon recht alt, was ihrer Ästhetik aber keinerlei Abbruch tut.

Zu beinahe jedem Schoner in der Liste gibt es einen eigenen Einstellungsdialog. Der Start eines Bildschirmschoners lässt sich beliebig verzögern; *Starten nach X Minuten* gibt an, wieviel Zeit an Inaktivität vergehen muss, damit der gewählte Bildschirmschoner angeworfen wird. Verlässt man seinen Rechner, kann *Benötigt Passwort* aktiviert werden, so dass man zum Beenden des Schoners das Benutzerpasswort eingeben muss.

Die *Priorität*: Unter Unix – und somit auch unter Linux – läuft jedes Programm als Prozess, und den Prozessen können Prioritäten zugeordnet werden. Einem Prozess mit niedriger Priorität wird weniger Prozessorzeit eingeräumt als solchen mit hoher Priorität. In der Konfiguration des Bildschirmschoners lässt sich damit verhindern, dass Sie im Verlauf einer rechenintensiven Arbeit Ihren Rechner verlassen und der Bildschirmschoner nach kurzer Zeit sämtliche Rechenleistung an sich zieht.

Auch in den Stromsparmodus eines dafür geeigneten Monitors kann nach einer Weile geschaltet werden. Es stellt sich aber die Frage, ob es nicht generell sinnvoller ist, den Monitor einfach abzuschalten, wenn man sich länger nicht vor ihm aufhält.

Übrigens: Der Sinn von Bildschirmschonern hat sich heute längst überholt. Früher war es notwendig, Bewegung auf dem Bildschirm zu erzeugen, damit sich keine stehenden Bilder dauerhaft in die Bildpunkte einbrennen. Moderne Monitore haben dieses Problem schon lange nicht mehr, und daher dienen Bildschirmschoner nur noch der Dekoration.

8.4.2 Fenstermanager

Unter X erfüllt der Fenstermanager die Aufgaben, die das Leben angenehm machen, die aber nicht in die Zuständigkeit des X-Server fallen. Dazu gehört etwa das Verwalten mehrerer Arbeitsplätze gleichzeitig oder das Schmücken der Fenster mit Dekorationen und Knöpfen – für den X-Server bedeutet *Fenster* nämlich eigentlich eine rechteckige Fläche, in die er den Inhalt malen lassen kann.

Mehr zu den Aufgaben eines Fenstermanagers unter Linux, und was für eine Rolle er für GNOME spielt, steht in Kapitel 9, „Sawfish". An dieser Stelle soll nur das Capplet für die Wahl eines Fenstermanagers interessant sein.

Die Fenstermanager, die sich in der Liste befinden, wurden von GNOME automatisch gefunden. Diese Einträge lassen sich auch nicht verändern – normalerweise würde dazu einer der Knöpfe am rechten Rand verwendet werden.

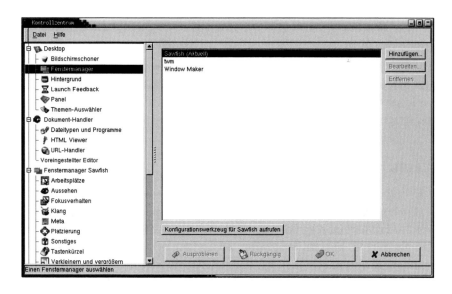

Abbildung 8.3: Fenstermanager mit GNOME verwalten

Möchten Sie einen der Fenstermanager in der Liste verwenden, wählen Sie ihn an und bestätigen die Änderung wie immer mit *OK* am unteren Rand des Kontroll-zentrums. Der neue Fenstermanager wird nun *sofort* gestartet, die momentane GNOME-Session muss dafür nicht verlassen werden. Anschließend erfolgt das Angebot, die aktuelle Session zu speichern. Das sollte man bestätigen, damit die Änderung auch im Falle eines eventuellen Absturzes in der Session gespeichert bleibt.

Abbildung 8.4: Einen neuen Fenstermanager hinzufügen

Soll ein Fenstermanager aufgenommen werden, den GNOME nicht automatisch findet – vielleicht, weil er an einem unüblichen Ort installiert wurde –, so ge-schieht das über den *Hinzufügen*-Knopf. Es erscheint ein Dialog, der Informa-tionen über den *Namen* abverlangt – auf diese Weise erscheint der Eintrag im

Capplet –, über den *Befehl*, der den Fenstermanager startet, und ein eventuelles *Konfigurationsprogramm*.

Ein Klick auf *Bearbeiten* ruft diesen Dialog wieder auf, wenn Sie eine Änderung vornehmen möchten. Diese Punkte zu verwenden sollte aber unnötig sein, da GNOME, wie gesagt, die meisten Fenstermanager, mit denen es etwas anfangen kann – und umgekehrt! –, von alleine findet.

8.4.3 Launch Feedback

Das *Launch Feedback* kann man wohl als Reaktion auf Benutzerbeschwerden werten. Das Problem: Hat man vor GNOME Version 1.4 ein Programm gestartet, indem man einen Menüeintrag oder einen Starter auf dem Panel angeklickt hatte, geschah gar nichts, bis das Programmfenster auf dem Bildschirm erschien. Diese scheinbare Reaktionslosigkeit hat vielfach für Verwirrung gesorgt, und das bekannte Dilemma stellte sich ein: Es wurde noch einmal geklickt, oder gar doppelt; dadurch wurde das Programm mehrfach gestartet, was die weiteren Programmstarts natürlich noch einmal verzögerte...

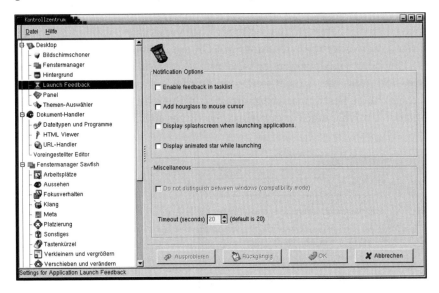

Abbildung 8.5: Feedback beim Starten von Applikationen

Mit GNOME 1.4 hat *Xalf* Einzug in GNOME gehalten, das *X Application Launch Feedback*, das dem Benutzer zeigen soll, dass tatsächlich etwas geschieht, während er wartet. Die verschiedenen Optionen, die als Feedback einzeln oder gemeinsam benutzt werden können, sind in Tabelle 8.1 zusammengefasst.

Abbildung 8.6: Verschiedene Arten des Feedback

Tabelle 8.1: Verschiedene Arten des *Launch Feedback*

Stil	Beschreibung
Tasklist	Es erscheint bereits ein Eintrag in der Tasklist, der statt des Icon der Applikation ein kleines Stundenglas erhält. Auf Seite 55 erfahren Sie, was es mit der Tasklist auf sich hat.
Hourglass	Im Windows-Stil erscheint neben dem Mauszeiger eine kleine Sanduhr.
Splashscreen	Rechts in Abbildung 8.6 zu sehen, erscheint dieses Fenster mit jeder neu gestarteten Applikation.
Animated Star	Ein kleines Sternchen beginnt neben dem Icon des Programmes zu blinken. In Abbildung 8.6 ist das links neben dem Symbol des GNOME-Terminal zu sehen.

8.4.4 Hintergrund

Wenn der Hintergrund des Arbeitsplatzes nicht den eigenen Vorstellungen entspricht, kann mit diesem Capplet eine Neugestaltung vorgenommen werden.

Eventuell – höchstwahrscheinlich – ist der Fenstermanager mit der Aufgabe betraut, sich um den Hintergrund zu kümmern. GNOME kann diese Aufgabe übernehmen, wenn die Checkbox am unteren Ende des Capplet aktiviert wird. Dieses Verhalten ist auch anzuraten, besonders wenn man solch schöne Dinge wie transparente Terminalfenster benutzen möchte.

Durch den kleinen Monitor am rechten Rand kann man eine ungefähre Vorstellung davon gewinnen, wie sich die Einstellungen auswirken würden, wenn man den *OK*-Button klickt.

Der Hintergrund des Desktop lässt sich mit Bilddateien oder mit Farben veredeln. Bilder werden über die Combobox ausgesucht und dann über eine handvoll Optionen angepasst, die in Tabelle 8.2 aufgeführt sind.

Tabelle 8.2: Stile für die Einrichtung eines Hintergrundbildes

Stil	Beschreibung
Gefliest	In der linken oberen Ecke beginnend, wird das Bild sowohl nach rechts als auch nach unten wiederholt, bis der ganze Bildschirm bedeckt ist.
Zentriert	Das Bild wird in seinem Originalzustand in die Mitte des Desktop verbracht. Ist das Bild größer als die Bildschirmauflösung, werden die Ränder des Bildes nicht zu sehen sein.
Skaliert	Skalieren kann unter Ignorierung des Seitenverhältnisses geschehen. Das Bild wird dann in Breite und Höhe in die Maße des Bildschirmes gedrückt, wobei es meist zu Verzerrungen kommt. Soll das Verhältnis beibehalten werden, so wird die längere Seite des Bildes an das Maß des Arbeitsplatzes angepasst und die kürzere Seite im korrekten Verhältnis dazu verändert.
Embossed	Das Bild wird in die Hintergrundfarbe des Desktop „eingehämmert", und die Tiefe hängt vom Farbwert der einzelnen Pixel ab.

Beachten Sie bitte, dass GNOME ab diesem Zeitpunkt erwartet, dass sich das Bild weiterhin in dem Verzeichnis befindet, das Sie angegeben haben. Falls dies nicht der Fall sein sollte und Sie das Bild irgendwo anders hin bewegen, begrüßt Sie Ihr Desktop beim nächsten Start ohne Hintergrundbild. Es gibt also keine zentrale Stelle, an der jedes einmal gewählte Hintergrundbild gespeichert wird.

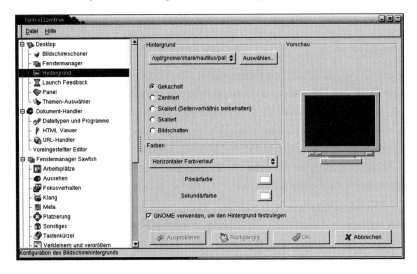

Abbildung 8.7: Desktop-Hintergrund

Das Dateiformat des Bildes ist weitgehend irrelevant, denn GNOME unterstützt generell eine Vielzahl davon: `.gif`, `.jpeg`, `.png` und einige mehr kommen in Frage.

Die Farbe des Hintergrundes kann über die nächste Option manipuliert werden, wobei Sie zwischen einer soliden Einfärbung und einem vertikalen und einem horizontalen Farbverlauf wählen können. Suchen Sie sich einfach in der erscheinenden Farbauswahl aus, was Ihnen gefällt. Die Auswahl einer Hintergrundfarbe kann auch für User von Interesse sein, die ihren Desktop mit einem Bild schmücken, denn immer wenn ein Bild den Hintergrund nicht ganz bedeckt, ist dahinter die eingestellte Farbe zu sehen.

8.4.5 Panel

Dies ist ein sehr umfangreiches Capplet, das gleich aus fünf Seiten besteht. Aber sie erschließen sich alle sehr schnell. Wie mit dem Panel gearbeitet wird, wird übrigens in Kapitel 5 ab Seite 39 beschrieben.

Dieser Teil des Kontrollzentrums ist es auch, den Sie erreichen, wenn Sie das Panel mit der rechten Maustaste anklicken und im Menü *Panel* auf *Globale Einstellungen* klicken.

8.4.5.1 Animation

Das Panel kann auf diverse Weisen animiert werden. Auf die Funktion des Panel nehmen diese Einstellungen eigentlich kaum Einfluss, sondern sind lediglich kosmetischer Natur. Allerdings sind es ja gerne die Details, an denen sich die Freude am Umgang mit einem Desktop festmacht, und daher ist es sicherlich angebracht, sich an dieser Stelle ein paar Minuten aufzuhalten.

In dieser Seite können zuerst alle Animationen genrell an- und wieder ausgeschaltet werden. Der Punkt *Gleichmäßige Animationen* sorgt dafür, dass bei Animationen die Geschwindigkeit stets konstant bleibt. Was das bedeutet, kann man ausprobieren, indem man das Panel mal mit und mal ohne diesen Punkt mittels der Pfeilsymbole am Rand ein- und wieder ausfahren lässt. Ohne die *Gleichmäßige Animation* wird man feststellen, dass sich beim Einfahren die Geschwindigkeit ändert und zum Ende hin abbremst.

Die folgenden Geschwindigkeitsangaben sind über eine Skala von 0 bis 100 zu machen. Das gilt für das *Automatische Verstecken* – dazu gleich mehr –, das *Verstecken auf Wunsch* – also das Ein- und wieder ausfahren über die Pfeilsymbole am Rand des Panel – und das Öffnen und Schließen von Schubladen. Was diese Angaben von 0 bis 100 bedeuten, ist eher subjektiv. Wenn Sie diese Einstellungen benutzen, experimentieren Sie am besten ein wenig herum, um herauszufinden, was Ihnen zusagt.

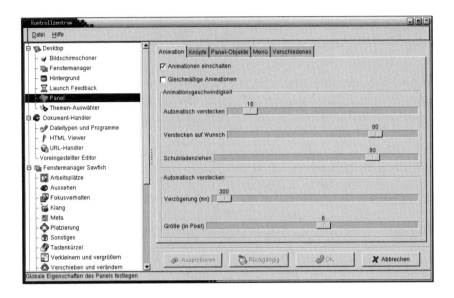

Abbildung 8.8: Animationen für das Panel

Was das Verstecken betrifft: Im Einstellungsmenü für das Panel, das Sie mit einem Klick der rechten Maustaste auf dem Panel hervorzaubern können, wird dieser Punkt etwas inkonsistent *Auto-Verbergen* genannt. Damit die folgenden Einstellungen einen Sinn ergeben, muss das *Auto-Verbergen* hier aktiviert sein!

Die *Verzögerung in ms* gibt an, wieviel Zeit vergehen muss, bis das Panel ausgeblendet wird, nachdem die Maus es verlassen hat. Dieser Punkt ist praktisch für Leute wie mich, die zwar die zusätzliche Fläche auf dem Desktop brauchen, es aber nicht ertragen, wenn das Panel sofort wegklappt. Die *Größe in Pixel* ist die Breite, die das Panel nach dem Ausblenden am Rand einnehmen soll, damit man es mit der Maus wieder herbeirufen kann.

Hinweis: Es gibt die Möglichkeit, den Fenstermanager *Sawfish* so zu konfigurieren, dass er mehrere Arbeitsflächen verwendet und dass das Bewegen der Maus an den Rand einer Arbeitsfläche auf die benachbarte Arbeitsfläche wechselt – siehe Seite 143. Im Zusammenhang mit einem automatisch versteckten Panel kann einen das in den Wahnsinn treiben...

8.4.5.2 Knöpfe

Manchmal ist es verwirrend, dass alle Icons auf dem Panel gleich aussehen, obwohl ihnen verschiedene Funktionen zukommen. Sicherlich, Menüs haben einen kleinen weißen Pfeil in einer Ecke, aber das war es dann auch schon. Mit der *Knopf*-Seite im *Panel*-Notebook lassen sich verschiedenen Typen von Knöpfen beliebige Hintergrund-Pixmaps zuweisen, um sie auf den ersten Blick unterscheiden zu können.

Alle folgenden Einstellungen lassen sich jeweils für Starter, Schubladen, Menüs und besondere Knöpfe machen; *Besonders* sind Knöpfe zum Abmelden und Sperren des Bildschirmes.

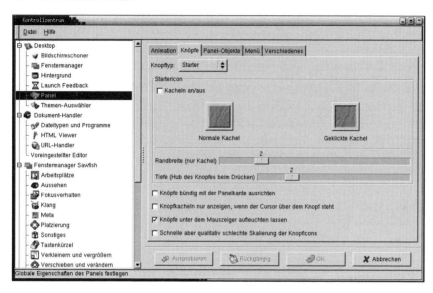

Abbildung 8.9: Die Knöpfe im Panel

Kachel ist die Bezeichnung für das Hintergrund-Pixmap. Die *Randbreite* ist ein Bereich auf der Kachel, auf den das Symbol nicht gezeichnet werden soll. Beim Anklicken des Symbols entsteht der Eindruck, dass es eingedrückt wird, was dadurch erreicht wird, dass das Symbol einige Pixel nach rechts unten verschoben wird. Durch die Angabe der *Tiefe* wird die Anzahl der Pixel festgelegt.

Abbildung 8.10: Gekachelte Menü-Buttons

Die übrigen Einstellungsmöglichkeiten sind kosmetischer Natur: das *bündige Ausrichten* lässt Kacheln direkt am Rand des Panel abschließen, und der nächste Punkt zeigt die Kacheln nur dann an, wenn sich ein Mausziger über dem Button befindet.

Knöpfe unter dem Mauszeiger aufleuchten lassen lässt einen Button etwas heller werden, wenn man den Mauszeiger auf ihn bewegt – ein hübscher Effekt. Der letzte

Punkt für die schnelle Skalierung ist nur für die Besitzer langsamer Rechner von Relevanz.

8.4.5.3 Panel-Objekte

Alles, was auf dem Panel liegt, ist ein Panel-Objekt: Starter, Menüs, Knöpfe, aber auch Applets. Jedes dieser Objekte offenbart ein Kontextmenü, wenn man es mit der rechten Taste anklickt. Ein Punkt in diesem Menü ist *Bewegen*. In dieser Notebookseite lässt sich festlegen, wie eine solche Bewegung aussehen soll.

Eine *Bockspringende Bewegung* lässt ein Objekt seinen Platz mit einem benachbarten Objekt tauschen, wenn man es in die betreffende Richtung bewegt. Die *Freie Bewegung* stört andere Objekte nicht, sondern bewegt ein Objekt nur dann, wenn man damit auf einen freien Platz trifft, der das Objekt auch aufnehmen kann. Die *Schiebende Bewegung* schließlich drückt alle benachbarten Objekte in eine Richtung mit.

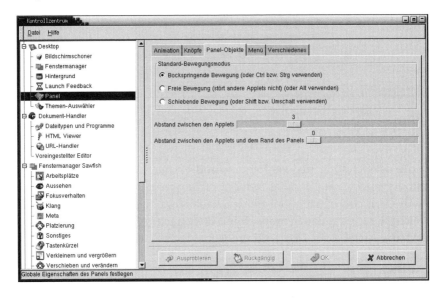

Abbildung 8.11: Eigenschaften der Objekte im Panel

Beachten Sie, dass sich Panel-Objekte ohne weiteres auch zwischen verschiedenen Panels hin- und herschieben lassen.

Die *Polsterung* ist die Anzahl der Pixel, die stets zwischen den einzelnen Objekten auf dem Panel frei bleiben soll. Höhere Werte sorgen hier manchmal für eine bessere Übersicht über den Panelinhalt.

8.4.5.4 Menü

Über die *Menüdarstellung* lassen sich die folgenden Dinge bewerkstelligen, die die Darstellung der Menüs in einem Panel definieren:

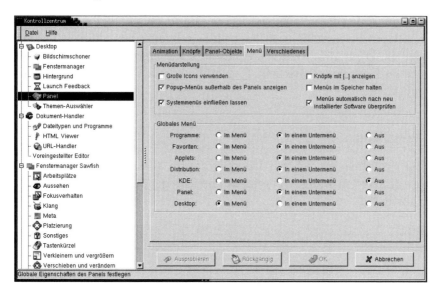

Abbildung 8.12: Gestaltung der Menüs im Panel

Sie können *Große Icons verwenden*, was für eine klarere Darstellung in Menüs sorgt. Wenn Sie nicht wollen, dass ein Popupmenü, das erscheint, wenn man ein Panel-Objekt mit der rechten Maustaste anklickt, das Panel teilweise überdeckt, dann aktivieren sie den Punkt *Popup-Menüs außerhalb des Panels anzeigen*.

Sytemmenüs einfließen lassen bedeutet, dass das Systemmenü mit in die Liste von Einträgen im Hauptmenü übernommen werden soll.

Knöpfe mit ... anzeigen: Mit diesem Punkt lassen Sie einen kleinen Button neben Menüeinträgen erscheinen, der Sie einen Eintrag oder ganze Untermenüs im Panel aufrufen lässt. Dieselbe Option steht Ihnen aber auch zur Verfügung, wenn Sie einen Menüeintrag mit der rechten Maustaste anklicken, der Nutzen dieses Button ist also fraglich.

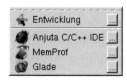

Abbildung 8.13: Mit den Punkten lässt sich ein weiteres Menü aufrufen

115

GNOME kann angewiesen werden, die *Menüs im Speicher zu halten*. Normalerweise wird bei jedem Aufklappen eines Menüs nach eventuellen neuen Einträgen gesucht. Aus Geschwindigkeitsgründen kann das unterbleiben, aber nur in seltenen Fällen führt das tatsächlich zu Steigerungen in der Geschwindigkeit.

Die Untermenüs *Programme, Favoriten, Applets, Distribution, KDE, Panel* und *Desktop* lassen sich auf zweierlei Weisen darstellen: entweder tatsächlich als Untermenüs oder direkt *Im Menü*, was bedeutet, dass alle Einträge des Untermenüs als Einträge im Hauptmenü erscheinen. Natürlich lassen sich die Menüs auch komplett ausblenden.

8.4.5.5 Verschiedenes

Verschiedenes ist immer ein schöner Überbegriff, um alles darunter zu versammeln, was sich nicht in anderen Bereichen unterbringen lässt. Das ist natürlich auch hier geschehen.

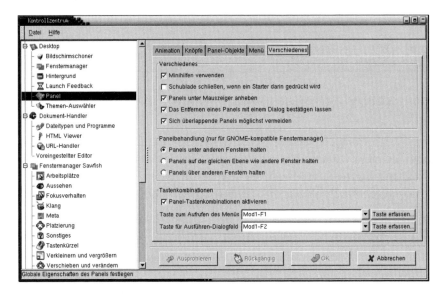

Abbildung 8.14: Allgemeine Einstellungen für das Panel

Minihilfen sind die kleinen Tooltips, die erscheinen, wenn man den Mauszeiger über einem Objekt im Panel verweilen lässt. Diese Einstellung gilt auch für Einträge in Menüs. *Schublade schließen, wenn ein Starter darin gedrückt wird*, ist sicherlich eine gute Idee, schließlich möchte man sich jeden unnötigen Mausklick ersparen.

Der Fenstermanager *Sawfish*, von dem wir in diesem Buch ausgehen, ist *GNOME-aware*, das heißt, er kann mit GNOME und seinen Eigenarten umgehen. Manche

116

Fenstermanager können das nicht. Unter diesen Manager lassen sich die *Panels unter Mauszeiger anheben* – GNOME sorgt dann selbst dafür, dass das Panel hervorgehoben wird, wenn sich der Mauszeiger darüber bewegt.

Es ist Geschmackssache, ob man *Panels unter anderen Fenstern halten* möchte oder nicht – um so besser ist es, dass sich dieses Verhalten konfigurieren lässt. Diese Option steht nur für GNOME-kompatible Fenstermanager zur Verfügung, unter anderem also auch für *Sawfish*. Und schließlich können Sie sich noch *Das Entfernen eines Panels mit einem Dialog bestätigen lassen.*

Außerdem lassen sich zwei Tastenkombinationen für das Aufrufen des Hauptmenüs und des *Ausführen*-Dialogs definieren. Voreingestellt sind $\boxed{\text{Alt}}$+$\boxed{\text{F1}}$ für das Hauptmenü und $\boxed{\text{Alt}}$+$\boxed{\text{F2}}$ für den *Ausführen*-Dialog. Neue Tastenkombinationen können entweder aus der Combobox gewählt oder mit dem Button *Taste erfassen* direkt eingegeben werden.

8.4.6 Themes

Jeder Bestandteil von GNOME, seien es nun die Buttons oder der Rahmen des Applikationsfensters, ist auf eine bestimmte Weise gestaltet. Manchen Benutzern gefällt diese Gestaltung aber nicht und sie wünschen sich andere Fensterrahmen oder veränderte Farben, nicht immer das triste Grau der Schaltflächen. Für diese Personen wurde die Möglichkeit geschaffen, die Oberfläche durch so genannte *Themes* zu verändern.

Es gibt zwei große Bereiche, die sich verändern lassen: die Fensterdekorationen und... alles andere.

Die Dekorationen der einzelnen Fenster sind Sache des Fenstermanagers. Unter Dekoration versteht man alle Elemente des Rahmens eines Applikationsfensters, inklusive eventueller Knöpfe an einer Ecke, mit denen sich das Programm beispielsweise minimieren, maximieren oder beenden lässt. Da es für die Konfiguration der Fensterdekorationen unter *Sawfish* ein eigenes Capplet gibt, wird dieses weiter hinten in Abschnitt 9.3.3 beschrieben.

Bleibt das zu beschreiben, was ich „alles andere" genannt habe. Darunter fällt zum Beispiel die Gestaltung eines Button: seine Farbe, eventuell ein Hintergrundmuster und die Schriftart. Manche Benutzer bevorzugen das schlichte Mausgrau, das die Voreinstellung von Gtk+ ist, andere Benutzer sehen gerne blaues Marmor mit Fraktur-Fonts als Beschriftung.

Im *Themen-Auswähler* des Kontrollzentrums kann man sich durch alle installierten Themen blättern und diese in einem Beispielfenster in Aktion sehen. Abbildung 8.15 zeigt drei verschiedene Themen aus dem Themen-Wähler.

Es gibt bereits eine handvoll vorinstallierter GTK+-Themen für GNOME. Ja, es sind GTK+-Themen, denn GNOME besitzt keine eigenen Mechanismen für Themes, sondern übernimmt einfach die bestehenden aus GTK+. Wählen Sie einfach eines aus der Liste *Verfügbare Themen* und schauen Sie sich das Ergebnis im Beispielfenster darunter an.

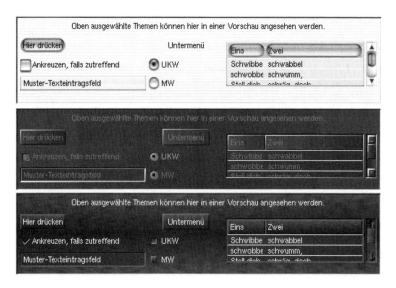

Abbildung 8.15: Das Vorschaufenster mit drei verschiedenen Themen

Unter der Adresse `http://gtk.themes.org/` finden Sie im World Wide Web eine große Menge von GTK+-Themes zum Herunterladen. Diese kommen als Dateien mit der Endung `.tar.gz` daher und lassen sich ganz einfach installieren, indem Sie es im Dateidialog auswählen, der erscheint, wenn Sie den Button *Neues Thema installieren* auswählen.

8.5 Dokument-Handler

Jeder Dateityp möchte unterschiedlich behandelt werden: Bilder sollen in einem Bildbetrachter angezeigt werden, *Gnumeric*-Blätter sollen automatisch in die Tabellenkalkulation geladen werden, wenn sie im Dateimanager angeklickt werden, und MP3- oder OggVorbis-Dateien sollen mit dem entsprechenden Player abgespielt werden. Außerdem sollen verschiedenen Dateitypen auch verschiedene Symbole zugeordnet werden, so dass sich die Typen auch visuell schnell unterscheiden lassen.

Gerade im Zusammenspiel mit dem Dateimanager *Nautilus* werden diese Funktionalitäten benötigt. Der Bereich *Dokument-Handler* im Kontrollzentrum dient dazu, das Standardverhalten für verschiedene Dateitypen festzulegen.

8.5.1 Dateitypen und Programme

Die Dateien werden anhand ihrer Dateiendung erkannt. Wenn also eine Datei mit der Endung .jpg oder .jpeg gefunden wird, weiß GNOME, dass es sich um ein JPEG-Bild handelt, wenn ein entsprechender Eintrag im *Dateitypen*-Capplet enthalten ist.

Ein wichtiger Einwand an dieser Stelle ist: Die Endung einer Datei ist kein guter Indikator für ihren Typ. Es ist leicht, eine Datei bild.jpg einfach in bild.gif umzubenennen, ohne dass das etwas am Format der Datei ändern würde. Allerdings ist der Dateiname so weit das einzige Merkmal, das GNOME benutzt, um Typen zu unterscheiden.

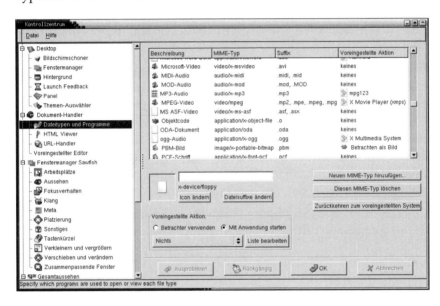

Abbildung 8.16: Verhalten für verschiedene Dateitypen

Im oberen Teil des Capplet ist die Liste der bereits definierten Dateitypen und deren Verbindung zu Programmen zu sehen. GNOME kommt mit einer Fülle vorkonfigurierter Dateitypen, die Sie nach Belieben anpassen können. In der Liste sind das Icon zu sehen, das dem Dateityp zugewiesen ist, sowie eine kurze Beschreibung, ein MIME-Typ – dazu später mehr –, das eigentliche Dateisuffix und schließlich eine voreingestellte Aktion.

Der untere Teil des Capplet besteht zuvörderst aus der Möglichkeit, das Icon und/oder die Liste der Suffixe zu ändern. Als *Voreingestellte Aktion* lässt sich entweder eine *Anwendung* oder ein *Betrachter* wählen. Diese Unterscheidung wird gemacht zwischen reinen Betrachter- und Abspielprogrammen und solchen, mit denen sich die Dateien auch verändern lassen können. Anwendungen in diesem

Sinne sind größere Programme, die einiges an Prozessorleistung und Speicher verbrauchen und daher häufig unnötigt sind – kaum jemand möchte für das Betrachten eines `.jpg`-Bildes gleich die Bildverarbeitung *GIMP* gestartet haben.

Um einen MIME-Typen aus der Liste zu löschen, wählen Sie ihn einfach in der Liste an und klicken auf *Diesen MIME-Typ löschen*. Der Eintrag wird dann ohne weitere Nachfrage entfernt.

Um der Liste einen neuen MIME-Typen hinzuzufügen, wählen Sie den Button mit der Aufschrift *Neuen MIME-Typ hinzufügen* (das kommt nicht wirklich überraschend). In dem kleinen Dialog, der nun erscheint, geben Sie eine Beschreibung und die Definition des MIME-Typs an. Danach können Sie ihn wie beschrieben bearbeiten.

Und falls Sie sich endlich wundern, was es mit dem Begriff „MIME-Typ" auf sich hat:

MIME-Typen (*Multipurpose Internet Mail Extensions*) werden in den Internet-RFCs Nummer 2045 und 2046 definiert und beschreiben das Format, das Teile von E-Mails haben sollen, die nicht einfach nur Text sind. Dazu gehören sowohl alle Zeichensätze, die nicht US-ASCII sind (also die standardisierten 128 Zeichen sind, zu denen beispielsweise keine deutschen Umlaute gehören), als auch alle Arten von Anhängen an einer E-Mail. Die Typen werden in einem eigenen Header in der E-Mail definiert, der zum Inhalt Einträge wie `text/html` hat. Eben diese Typen werden auch generell verwendet, um den Typ einer Datei zu kennzeichnen.

Bei `ftp://ftp.isi.edu/in-notes/iana/assignments/media-types/` `media-types` gibt es eine Liste aller derzeit gültigen MIME-Typen.

8.5.2   HTML Viewer

An einigen Stellen im GNOME-System trifft man auf HTML-Dateien; das gilt insbesondere für das Hilfesystem. In diesem Capplet lässt sich der Standard-HTML-Betrachter konfigurieren. Bitte beachten Sie, dass diese Einstellungen keine Auswirkung auf Browser wie den *Netscape Navigator* oder *Galeon* haben, da diese beim Rendern der HTML-Seiten auf Bibliotheken aufsetzen, die mit GNOME nichts zu tun haben.

Die *Schriftarten* können für Schriften *proportionaler* und *dicktengleicher* Schrift verändert werden. Praktischerweise lassen sich für das Drucken wieder andere Einstellungen für die Schriften vornehmen.

Unter *Tastenkombinationen* können Sie ein Schema von Kürzeln wählen, mit dem Sie durch den HTML-Betrachter navigieren können. Zur Wahl stehen standardmäßig die Schemata von *Emacs* und *XEmacs* – *Emacs* und *XEmacs* sind eigentlich Texteditoren, können aber inzwischen unter anderem auch Webseiten darstellen bzw. dem Bearbeiten von E-Mail und News dienen – sowie ein Schema, das den

Kürzeln des *Internet Explorer* von Microsoft ähnelt. Sie können auch ein eigenes Schema entwickeln, wenn Ihnen die Voreinstellungen nicht gefallen. Beachten Sie aber bitte, dass die Einstellungen in diesem Dialog, wie gesagt, nichts mit dem *Netscape Navigator* oder allen Komponenten zu tun hat, die *Mozilla* zur Darstellung verwenden; das schließt auch *Nautilus* mit ein. Bevor Sie sich also ein komplexes Tastaturschema austüfteln, sollten Sie sich überlegen, wie häufig Sie einen anderen HTML-Betrachter unter GNOME überhaupt verwenden.

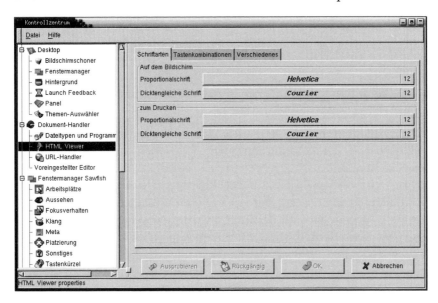

Abbildung 8.17: Konfiguration der Verwendung von HTML in GNOME

Unter *Verschiedenes* lassen sich *Animierte Bilder*, *Magische Links* und eine *Rechtschreibprüfung* aktivieren, nichts davon wirklich aufregend.

8.5.3 URL-Handler

Entgegen allgemeiner Lesart ist ein URL nicht immer mit einer Site im World Wide Web assoziiert. Die Bezeichnung *Uniform Resource Locator* weist darauf hin: Es handelt sich um eine allgemeine Adresse für eine Ressource – ein hochtrabender Begriff, der von Informatikern verwendet wird, wenn sie nicht „Sache" oder „Ding" sagen wollen.

GNOME-Programme verwenden URLs, wenn sie Dokumente aufrufen. Unabhängig vom Programm entscheidet GNOME dann anhand der Einstellungen in diesem Capplet, welches Programm zum Anzeigen der Ressource verwendet werden soll. Ein URL folgt stets dem Muster `prot:/pfad`, wobei die einzelnen Bestandteile in der Tabelle 8.3 erläutert werden.

Tabelle 8.3: Bestandteile eines URL

Teil	Beschreibung
prot	Das Protokoll, das zur Anwendung kommt, beispielsweise HTTP für eine Webseite, ghelp für eine GNOME-Hilfeseite usf.
:	Trennungszeichen, ihm folgt die Pfadangabe. Zuweilen sieht man hier :/ oder ://
/pfad	Der Pfad zur Ressource. Der Slash am Anfang gehört zur Pfadangabe!

default kommt bei jedem URL zur Anwendung, auf den keine der anderen Definitionen passt.

ghelp steht für Hilfedokumente. Der Aufruf einer Hilfeseite geht also derart vor sich: GNOME baut aus der Anforderung einen URL, etwa in der Form ghelp://
opt/gnome/share/gnome/help/control-center/C/index.html. Es erfolgt eine Prüfung, welches Programm die Hilfeseiten anzeigt, und diesem Programm wird dann der URL übergeben. In früheren Versionen von GNOME war das der *GNOME Help Browser*, ab Version 1.4 wird diese Aufgabe – wie so viele andere – von *Nautilus* erledigt. Mit der Combobox am oberen Ende des Capplet lässt sich auch ein anderer Browser einstellen; für gewöhnlich steht der *Netscape Navigator* zur Verfügung, mit der Option, ein bereits offenes Fenster zu verwenden oder aber für neue Hilfedateien jeweils ein neues Fenster zu öffnen.

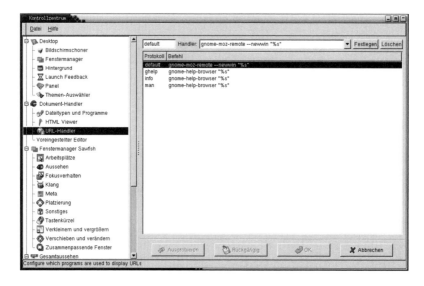

Abbildung 8.18: Handhabung von URLs

Das gleiche gilt analog zu info- und man-Seiten. Eine ausführliche Beschreibung des via *Nautilus* gesteuerten Hilfesystems von GNOME finden Sie in Kapitel 6.

8.5.4 Voreingestellter Editor

GNOME-Programme können von sich aus einen Editor aufrufen, wenn Textdateien betrachtet bzw. verändert werden sollen. In diesem Capplet lässt sich einstellen, welcher Editor das sein soll.

Die Liste ist umfassend, hat aber leider nichts damit zu tun, welche Editoren im System installiert sind. Es lassen sich auch keine neuen Einträge hinzufügen – die Liste ist statisch.

Ein Programm wie *XEmacs* zum Betrachten einer Datei aufzurufen ist sicherlich übertrieben. Der GNOME-Editor *gEdit* ist sicher eine gute Wahl.

8.6 Der Fenstermanager „Sawfish"

Dort draußen, in den Weiten des Internet – und auf den CD-ROMs Ihrer Distribution, natürlich – tummeln sich viele Fenstermanager. Sie alle haben eine Gruppe von Benutzern um sich geschart, die „ihr Programm" für das beste und sinnvollste halten. Als Leser dieses Buches wissen Sie natürlich inzwischen, dass es immer die Möglichkeit der Wahl ist, die den Reiz der Freien Software ausmacht. Jeder Benutzer hat die Wahl, sich das Werkzeug zu suchen, mit dem er sein Ziel am besten erreichen kann.

Das Ziel dieses Buches lautet: Das Verwenden eines GNOME-Desktop zu lernen. Um diesem Ziel möglichst nahe zu kommen, ist es natürlich am sinnvollsten, einen Fenstermanager vorzustellen, der eine nahtlose Integration mit GNOME anbietet. *Sawfish* bietet nicht nur das, sondern ist nebenbei auch noch sehr moderat, was seine Anforderungen an Speicher und CPU betrifft, sowie enorm konfigurierbar.

Sawfish hat in diesem Buch einen prominenten Platz mit einem eigenen Kapitel, das auf Seite 133 beginnt, und die umfangreichen Konfigurationsmöglichkeiten, die *Sawfish* in einem eigenen Capplet mitbringt, sind dort in Abschnitt 9 beschrieben.

8.7 Gesamtaussehen

Wenn Programmierer an einer freien Oberfläche für Linux arbeiten, so kann man einen Zwiespalt bereits voraussehen: Auf der einen Seite sind sich die Leute natürlich bewusst, dass es eine Sache gibt, die Windows und andere Oberflächen groß gemacht hat, namentlich das einheitliche *Look and Feel*, also die Ähnlichkeit im Aussehen einzelner Programme: Man kann sich immer sicher sein, eine Menüleiste am oberen Rand der Applikation zu finden, das *Datei*-Menü ist immer das erste Menü in dieser Leiste und so weiter. (Mit immer mehr und immer mehr Programmen, die *Skins* unterstützen, wird das allerdings bereits ad absurdum geführt.) Auf der anderen Seite möchte man dem Benutzer aber möglichst viel Freiheiten bei der Konfiguration auch des Aussehens der Oberfläche lassen.

Die Einstellungen in diesem Capplet sind eine Art Kompromiss zwischen Wiedererkennbarkeit und Gestaltungsfreiheit.

8.7.1 Anwendungen

Drei typische Elemente für ein GNOME-Programm sind die Menüs, darunter die Werkzeugleiste, auch Toolbar genannt, und die Statuszeile am unteren Ende des Applikationsfensters. Für alle drei dieser Dinge lassen sich globale Einstellungen vornehmen.

Menüs können *Abtrenn- und Verschiebbar* sein. Die Leisten lassen sich dann nach Belieben per Drag & Drop auf dem Bildschirm platzieren. Auch Untermenüs lassen sich auf diese Weise behandeln. Ein Menü mit *Reliefrand* zu haben ist eine rein optische Sache; und *Menueinträge mit Icons* lassen sich mit oder ohne ein kleines Symbol neben dem Eintrag darstellen. Die Option mit Bild ist dabei optisch wesentlich ansprechender.

Die Option *Abtrenn- und Verschiebbar* gilt auch für Werkzeugleisten, ebenso ein eventueller *Reliefrand*. Ein Reliefrand lässt sich auch separat für die Knöpfe auf der Leiste wählen. Zwischen den einzelnen Einträgen können Trennstriche stehen, ebenso können die Knöpfe im Toolbar standardmäßig mit oder ohne Beschriftung dargestellt werden. Die Darstellung mit Beschriftung kann in Programmen mit umfangreichen Werkzeugleisten dazu führen, dass nicht der ganze Toolbar dargestellt werden kann. Generell lässt sich die Beschriftung jedoch in den jeweiligen Programmen an- und wieder abschalten.

Abbildung 8.19: Derselbe Toolbar, einmal mit Unterschrift und Trennstrichen, einmal ohne

Eine *Interaktive Statuszeile* ermöglicht es einem Programm, die Statuszeile in einem separaten Fenster darzustellen, wenn es entsprechend programmiert ist. Dieses Feature wird selten verwendet.

8.7.2 Dialoge

Dialoge sind Standardkonstrukte in GNOME, die von Programmierern leicht zu verwenden sind. Daher haben alle Dialoge den gleichen Aufbau, was einen wichtigen Teil von GNOMEs *Look and Feel* ausmacht. Einige der Eigenschaften von Dialogen lassen sich nach eigenem Gusto definieren.

Das *Dialog-Layout* beschreibt die Anordnung der Knöpfe am unteren Rand eines Dialoges. Die *Ausrichtung* kann *rechts-* und *linksbündig* vorgenommen werden sowie auf einige andere Weisen, wie sie in der Abbildung zu sehen sind.

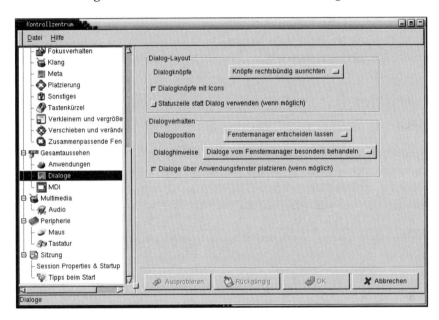

Abbildung 8.20: Konfiguration des Dialogverhaltens

Es kann außerdem entschieden werden, ob die Buttons in einem Dialog mit Icons versehen werden sollen. Die Verwendung der *Statuszeile statt eines Dialoges* funktioniert nur für reine Informationsdialoge. Sie sollten aber darüber nachdenken, ob Sie einen Dialog, den der Programmierer für wichtig genug zu implementieren gehalten hat, tatsächlich in die Statuszeile verbannen wollen, wo er leicht übersehen werden kann.

Das Dialogverhalten beschreibt, wie Dialoge platziert werden sollen, wenn Sie auf dem Bildschirm erscheinen. Entweder *Den Fenstermanager entscheiden lassen*, dann werden sie meistens an einer Stelle kreiert, an der auf dem Desktop noch Platz ist; oder die Dialoge erscheinen *in der Bildschirmmitte* oder direkt *am Mauszeiger*, was enorm lästig sein kann.

Dialoghinweise sind die Tooltips, die in einem Dialog erscheinen können. Dabei können Dialoge wie normale Fenster behandelt werden. Oder aber der Fenstermanager darf entscheiden, was geschieht; in unserem Falle wäre das *Sawfish*, und der entsprechende Konfigurationsabschnitt ist auf Seite 150 beschrieben.

Und *Dialoge über Anwendungsfenster platzieren* ist eine kluge Idee, damit sie nicht aus Versehen hinter dem Applikationsfenster verschwinden. Das kann passieren, wenn man ein bestimmtes Verhalten beim Fokussieren eingestellt hat, d. h., wann immer automatisch das Fenster aktiv wird, über dem sich gerade der Mauszeiger befindet. Rutscht beim Einblenden des Dialogs der Zeiger zur Seite, schiebt sich das große Fenster über den kleinen Dialog.

Eigentlich gibt es keinen wirklichen Grund, diese Einstellungen zu ändern, aber wer auf solche Details Wert legt, wird bei GNOME ebenso glücklich wie jemand, der mit sinnvollen Voreinstellungen zurecht kommt.

8.7.3 MDI

Eine weitere Abkürzung: MDI steht für *Multiple Document Interface*. Einige Programme können bzw. müssen mehr als eine Datei gleichzeitig bearbeiten. Texteditoren laden zum Beispiel mehrere Dateien gleichzeitig. GNOME kann diese Programme die Dateien auf verschiedene Weise präsentieren lassen.

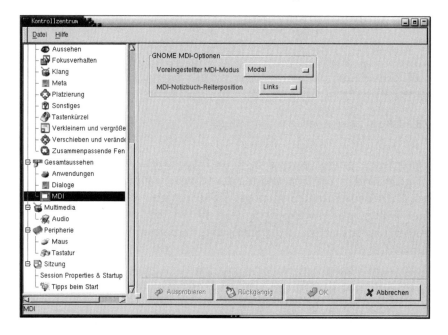

Abbildung 8.21: Einstellungen für das *Multiple Document Interface*

Es gibt drei verschiedene MDI-Voreinstellungen: *Notizbuch* ist die Voreinstellung, in der die Dateien über die Tabs eines Notizbuches ausgewählt werden können. *Eigenes Fenster* öffnet für jede Datei ein eigenes Fenster, was bei vielen Dateien schnell sehr unübersichtlich wird. *Modal* schließlich öffnet nur ein Fenster, und obwohl mehrere Dateien geladen werden können, so kann im Fenster immer nur eine angezeigt werden. Wer den Editor *Emacs* schon einmal benutzt hat, kennt dieses Verhalten. Zwischen den einzelnen Dateien wird dann anhand eines Menüpunktes hin- und hergeschaltet.

Für die Notizbuch-Einstellungen lassen sich die Tabs noch beliebig an einem Rand *oben*, *unten*, *links* oder *rechts* positionieren.

8.8 Peripherie

Bisher sind hier nur Maus und Tastatur vertreten, weil sich GNOME im wesentlichen über diese Geräte bedienen lässt.

Es gibt jedoch inzwischen das *Gnome Accessibility Project*, das es sich zur Aufgabe gemacht hat, GNOME auch Behinderten zugänglich zu machen und entsprechende Geräte zur Kommunikation mit dem Desktop zu unterstützen. In zukünftigen Versionen dürfte sich dieses Capplet also erweitern; mehr dazu in Anhang B.

8.8.1 Maus

Für die Maus lassen sich nur drei kleine Einstellungen vornehmen:

❑ *Maustasten* können für Links- und für Rechtshänder verschiedene Bedeutungen haben. Wenn Sie eine Maus besitzen, die Sie mit der linken Hand benutzen, dann können Sie mit dieser Einstellung die Belegung der Knöpfe gegenüber einer Rechtshändermaus umkehren.

❑ *Beschleunigung*: Damit die Maus nicht allzu langsam über den Bildschirm kriecht, lässt sich hier eine Beschleunigung einstellen. Dieser Punkt funktioniert nur zusammen mit der nächsten Option, der

❑ *Schwelle*: Kurze Bewegungen mit der Maus lassen den Zeiger auch nur ein kleines Stück über den Bildschirm wandern. Ab einer bestimmten Strecke möchte man aber, dass sich der Zeiger schneller bewegt. Mithilfe des Maus-Capplets lässt sich ein Zeitpunkt definieren, die *Schwelle*, ab der sich der Mauszeiger mit höherer Geschwindigkeit, der *Beschleunigung*, über den Bildschirm ziehen lässt.

8.8.2 Tastatur

Auch die Konfiguration für das Verhalten der Tastatur ist überschaubar. Zuerst können Sie sich für die *Tastaturwiederholung* entscheiden; wenn Sie in einem GNOME-Fenster eine Taste gedrückt halten, erscheint das betreffende Zeichen dann mehrere Male, bis Sie die Taste wieder loslassen. Gerade Neulinge, die auf der Tastatur das eine oder andere Mal eine Taste zu lange drücken, lassen sich dazu verleiten, die Tastaturwiederholung auszuschalten. Sobald man aber für das Löschen mehrerer Zeichen nicht die `Del`-Taste gedrückt halten kann, sondern sehr oft tippen muss, möchte man die Wiederholung wiederhaben. *Verzögerung* und *Geschwindigkeit* sind hier Geschmacks- und Gewohnheitssache, hier müssen Sie mal wieder ein wenig herumexperimentieren.

Der *Tastaturklick* ist ein kurzes Geräusch, das beim Drücken einer Taste ertönt. Bei diesem und dem nächsten Feature sind die Fronten traditionell verhärtet: die einen schwören darauf, die anderen verabscheuen es.

Signale für diverse Ereignisse können über den *Systemlautsprecher* im Gehäuse Ihres Computers ausgegeben werden. *Lautstärke*, *Tonhöhe* und *Dauer* lassen sich einstellen und testen.

8.9 Multimedia

GNOME versteht unter „Multimedia" zumeist Geräusche, Audioeffekte – Einstellungen für Video sind hier nicht zu finden, auch wenn das Wort es nahe legt...

8.9.1 Audio

GNOME verwendet *esound*, den *Enlightenment Sound Daemon*, einen Soundserver, der aus dem *Enlightenment* Fenstermanager als selbstständiges Softwarepaket hervorgegangen ist.

esound besitzt einige interessante Eigenschaften. Einmal gestartet, wartet der Dämon auf Verbindungen. Er kann nun Soundströme von Programmen empfangen, diese zusammenmischen und über die Soundkarte ausgeben – das funktioniert auch über ein Netzwerk. Auf diese Weise kann man beispielsweise der MP3-Musik mit *xmms* lauschen und gleichzeitig Systemklänge mitbekommen.

Die Systemklänge in GNOME lassen sich *ausschließlich* über *esound* ausgeben. Bitte beachten Sie, dass GNOME *nicht* ihre Soundkarte konfigurieren kann. Das muss über die üblichen Werkzeuge der Distribution geschehen. Um die Klänge zu benutzen, müssen Sie also *Soundserver starten* aktivieren. Durch einen weiteren Klick auf *Klänge für Ereignisse* wird die nächste Seite im Notebook freigeschaltet, so dass einzelnen Ereignissen tatsächlich Klänge zugewiesen werden können.

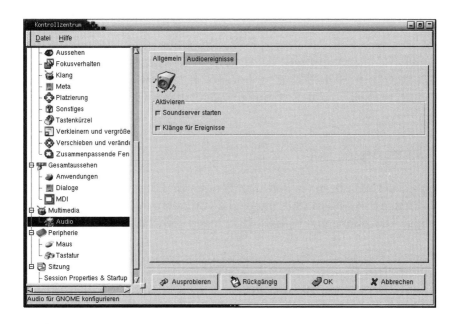

Abbildung 8.22: GNOME kann den Sounddämon *esd* verwenden

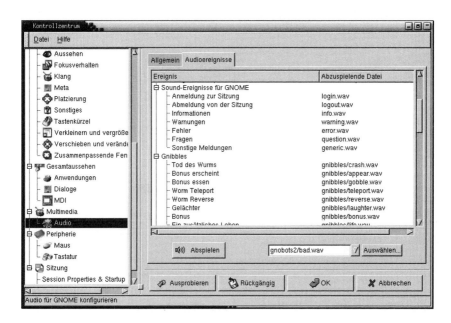

Abbildung 8.23: Einzelnen Ereignissen können Klänge zugeordnet werden

Klänge müssen im .wav-Format vorliegen. Die meisten Distributionen bringen ein *gnome-audio*-Paket mit, das die benötigten Dateien enthält. Im Capplet können Sie nun Klänge den Ereignissen über den *Auswählen*-Knopf zuordnen. Die Einträge sind selbsterklärend; einige Einträge einzelner Applikationen können eventuell unbefriedigend sein, weil sie nicht übersetzt sind. Das betrifft aber nur Programme, die nicht Teil der Kerndistribution von GNOME sind. Um mit GNOME arbeiten zu können, sind diese Einträge nicht notwendig.

8.10 Sitzung

GNOME speichert beim Beenden den aktuellen Zustand des Desktop ab, so dass Sie beim nächsten Start die gleiche Umgebung vorfinden. In diesem Capplet lassen sich einige Einstellungen für *alle* Ihre Sitzungen vornehmen.

8.10.1 Session Properties & Startup

Als *Sitzungsoptionen* stehen zur Auswahl:

Der *Splashscreen* beim Start kann abgeschaltet werden, wenn man ihn nicht sehen möchte. Er ist aber für die Fehlererkennung interessant; wenn etwas schiefläuft beim Start, lässt sich der Zeitpunkt des Aussetzens genau erkennen. *Beim Abmelden nachfragen* blendet beim Abmelden einen Bestätigungsdialog ein.

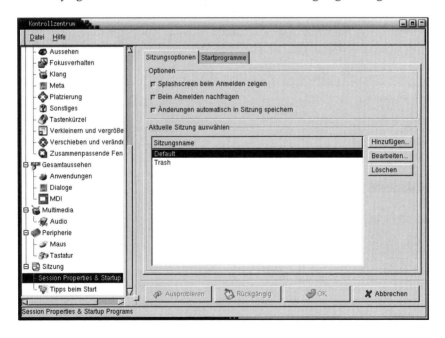

Abbildung 8.24: Sitzungsoptionen wählen

Änderungen automatisch in Sitzung speichern ist wohl der interessanteste und wichtigste Punkt, denn: wenn er nicht aktiviert ist, sind die Sitzungen nicht aktiviert! Um Sitzungen zu benutzen, muss dieser Punkt eingestellt sein.

Der Punkt *Aktuelle Sitzung auswählen* klingt recht interessant. So könnte man beispielsweise eine Sitzung *Arbeit* haben, in der Programme wie *Gnumeric* automatisch laufen, während in der normalen Umgebung andere Icons eingeblendet sind, ein vernünftiges Hintergrundbild zu sehen ist etc. Leider existiert dieses Feature noch nicht, denn es befindet sich noch in der Entwicklung. Freuen Sie sich aber ruhig schon einmal darauf.

8.10.2 Tipps beim Start

Wie Sie beim ersten Start von GNOME während des Schnelleinstiegs in Kapitel 3 gesehen haben, öffnet sich zu Beginn der Sitzung ein Fenster mit allgemeinen GNOME-Tipps, das sich allerdings dauerhaft ausblenden lässt. Wird gewünscht, dass sich das Fenster bei jedem Start wieder öffnet, lässt sich das über dieses Capplet regeln.

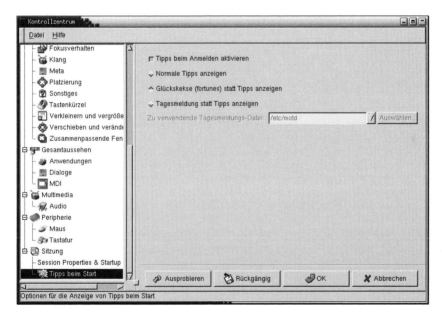

Abbildung 8.25: GNOME kann beim Start mit Weisheiten glänzen

Aber GNOME kann noch mehr als nur seine eigenen Tipps einblenden. Drei verschiedene Modi stehen zur Verfügung:

❏ *Normale Tipps*: Dies sind die Standardtipps, die GNOME ausgeben kann. Sie beinhalten kleine Tricks und Gimmicks, die sich manchmal nicht auf den ersten Blick erschließen.

❏ *Glückskekse (fortunes)*: Beim Einloggen in ein System auf der Textkonsole rufen viele Benutzer das Programm *fortune* auf, das aus einer kleinen Liste kluger Sprüche, Weisheiten oder Filmzitaten eine zufällige Auswahl trifft und diese anzeigt. Loggt man sich mittels *gdm* in sein System ein, kann man sich nicht an dieser Kleinigkeit laben – daher dieser Eintrag, der den Keks auf den Bildschirm bringt.

❏ *Tagesmeldung*: Der Superbenutzer `root` kann eine Datei verwalten, die im Dateisystem unter `/etc/motd` liegt. Diese Datei kann alles beinhalten, was der Superuser für relevant hält, zum Beispiel Änderungen an den Nutzungsbedingungen des Netzwerks. Beim Einloggen an der Kommandozeile wird der Inhalt dieser Datei normalerweise automatisch angezeigt, aber unter *gdm* fällt auch das weg. Jetzt kann man sich die wichtigen Nachrichten auch unter GNOME anzeigen lassen.

Kapitel 9

Sawfish

Es wird schwierig werden, einen anderen Fenstermanager aufzutreiben, der so flexibel und umfangreich konfigurierbar ist wie *Sawfish*. Das schlägt sich unter GNOME im Wesentlichen in einem Capplet enormen Umfangs nieder. Ein Capplet ist ein Baustein im Kontrollzentrum von GNOME, der zentralen Stelle, an der der Desktop an die eigenen Bedürfnisse angepasst wird. Wie man im Detail mit Capplets und dem Kotrollzentrum umgeht, ist im vorhergehenden Kapitel 8 ab Seite 103 beschrieben.

Sawfish ist aber nicht nur für Konfigurationsfreunde interessant. Denn trotz seiner Komplexität handelt es sich um einen kleinen, schlanken und schnellen Fenstermanager, der ohne großen graphischen Schnickschnack auskommt – na ja, man kann jedem Fenster einzeln ein Theme verpassen... Außerdem wird er in enger Zusammenarbeit mit den GNOME-Entwicklern programmiert, so dass man davon ausgehen kann, dass die jeweils aktuellsten Versionen gut miteinander auskommen.

Im Gegensatz zu KDE, das von Anfang an einen eigenen Windowmanager implementiert hatte, hat sich das GNOME-Projekt bisher nicht die Mühe gemacht, einen eigenen Fenstermanager hervorzubringen. Hinter dieser „Nachlässigkeit" steht ein Unix-typischer Gedanke: GNOME soll sich ganz darauf konzentrieren, eine gute Desktopumgebung für Benutzer und Anwendungsprogrammierer zu sein. Die Arbeit eines Fenstermanagers hängt damit nicht unmittelbar zusammen, und daher überlässt man diese Arbeit anderen.

9.1   Aufgaben des Fenstermanagers

Wer eine graphische Oberfläche von MacOS oder Windows gewohnt ist, der muss sich unter Linux erst einmal mit neuen Konzepten auseinandersetzen. Es mag auf den ersten Blick keinen Unterschied machen, wenn man klickt und tippt – aber was hinter den Kulissen passiert, ist doch verschieden. Wer sich mit diesen Details nicht beschäftigen möchte, der sollte gleich zum nächsten Abschnitt (9.3 „Konfiguration") weiterblättern. Allzu technisch wird es jedoch nicht werden.

9.1.1 Der X-Server

Unter Windows beispielsweise sind die Programmteile, die Ihnen die graphische Oberfläche auf den Bildschirm malen, integraler Bestandteil des Betriebssystems. Das hat einen unwiderlegbaren Vorteil: Geschwindigkeit. Ein Betriebssystem ist nach akademischer Lesart eine Software, die zwischen der Hardware und allen anderen Programmen vermittelt, die also den Computer letztendlich steuert. Das Betriebssystem ist ein hochoptimiertes Stück Software, das neben der Steuerung des Hardware meist auch Aufgaben wie die Netzwerkkommunikation übernimmt. Diese Dinge werden meist über kleine Zusatzprogramme ins Betriebssystem „eingesteckt" – diese Programme heißen unter Windows „Treiber", unter Linux spricht man zumeist von „Modulen". Programme können unter Linux *niemals* direkt auf die Hardware zugreifen und dadurch eventuell Schaden anrichten.

Windows hat die graphische Darstellung von Fenstern etc. zum Teil des Betriebssystems gemacht, so dass kein Zusatzprogramm läuft, das das Betriebssystem um eine Aufgabe bitten und dann die Ergebnisse interpretieren müsste. Das macht die Darstellung schnell – und leider auch anfällig. Denn durch eine fehlerhafte Programmierung der Graphik können Sie ohne weiteres das Betriebssystem abschießen. Konkret: Eine graphische Darstellung misslingt, und der ganze Computer verabschiedet sich und muss neu gestartet werden.

Das ist, gelinde gesagt, vollkommener Unsinn, besonders angesichts eines Serversystems, aber auch auf einem Desktop will man es so nicht haben.

Unter Unix – und damit auch Linux – wird ein anderer, mächtigerer Ansatz verfolgt: Auf Ihrem Rechner läuft ein Zusatzprogramm, der so genannte X-Server. Das Wort *Server* ist angebracht, denn es handelt sich um ein Programm, das über ein Netzwerkprotokoll mit Clients kommuniziert. Als solcher dient beispielsweise Ihr Fenstermanager, in unserem Fall: *Sawfish*.

Durch diese Netzwerkfähigkeit kann beispielsweise ein zentraler, starker Rechner zum „Laufenlassen" von Programmen benutzt werden, während lediglich die Darstellung dem X-Server auf schwächeren Terminals überlassen wird. Dadurch lässt sich entsprechend die Last verteilen und eine Installation von vielen Rechnern mit graphischen Oberflächen auch auf alten Systemen einsetzen.

Der am häufigsten unter Linux eingesetzte X-Server ist der freie XFree86, der auch bei allen gängigen Distributionen verwendet wird.

9.1.2 Der Fenstermanager

Als Client ist der Fenstermanager dafür da, der graphischen Oberfläche Aussehen und Organisation zu verschaffen. Der Fenstermanager gibt seine Wünsche und die der laufenden Programme – beispielsweise auch GNOME – an den X-Server weiter. Dieser zeichnet Fenster und übermittelt die Ergebnisse an den Fenstermanager, der die Fenster eventuell umplatziert oder auf andere Weise manipuliert.

Einige Fenstermanager können auch eigene Fenster zeichnen, ohne dass weitere Programme danach fragen; *Enlightenment* beispielsweise verfügt über eine große Zahl von Menüs, die er ohne Zutun anderer Programme darstellt.

Grundsätzlich können auch Programme ohne einen Fenstermanager benutzt werden. Es gibt dann jedoch keine Organisation wie virtuelle Arbeitsplätze, Darstellung von minimierten Anwendungen und so weiter.

9.1.3 GNOME

GNOME schließlich ist der Desktop. Im Gegensatz zum Fenstermanager kommuniziert er kaum direkt mit dem X-Server. GNOME kümmert sich um ein konsistentes Aussehen der Programme, um die Kommunikation der Anwendungen untereinander, und bietet Programmierern eine einfache Schnittstelle, um eigene Anwendungen zu erstellen.

Auch der Bildschirmhintergrund wird von GNOME nutzbar gemacht, indem darauf Icons abgelegt werden können, und schließlich gibt es noch Werkzeuge, um mit dem Fenstermanager kommunizieren zu können, um also beispielsweise zwischen den virtuellen Arbeitsplätzen hin- und herzuschalten etc.

Diese Sektion sollte Ihnen vor allen Dingen zeigen, dass Sie drei verschiedene Dinge unterscheiden müssen, wenn Sie sich über das Thema unterhalten möchten oder auf eine eventuelle Fehlersuche gehen:

1. Der *X-Server* ist die treibende Kraft hinter der graphischen Darstellung. Es gibt Programme, die lediglich auf den Bibliotheken des X-Server aufsetzen, das Terminalprogramm *xterm* beispielsweise.

2. Der *Fenstermanager* organisiert die Oberfläche, kann eigene Fenster zeichnen lassen und kümmert sich um Dinge wie die Dekoration von Fenstern.

3. Und schließlich *GNOME*, das sich um den Rest kümmert: eine zentrale Verwaltung für Programme, ein gemeinsames *Look and Feel* für alle Programme, Kommunikation der Programme untereinander, einen Dateimanager, brauchbare Verwendung für den Hintergrund und Werkzeuge, um den Fenstermanager zu verwalten.

9.2 Fenster manipulieren

In Abschnitt 3.7 haben Sie bereits einen Überblick bekommen, was Sie mit Fenstern auf Ihrer Oberfläche generell machen können. An dieser Stelle möchte ich noch ein wenig näher darauf eingehen, welche Möglichkeiten Ihnen *Sawfish* als Fenstermanager bietet, um Ihre Fenster zu manipulieren. Ich werde dabei stets davon ausgehen, dass Sie GNOME verwenden, aber große Teile davon können Sie auch losgelöst davon betrachten.

Zudem sei davon ausgegangen, dass für *Sawfish* das Thema *Crux* installiert ist, das eine Titelzeile an das obere Ende des Fensters zaubert, in der links ein Knopf und am rechten Rand drei weitere Knöpfe zu sehen sind. Dieses Thema ist das Standard-Thema in der SuSE Linux-Distribution. Grundsätzlich kann ein Thema diese Leiste an einen beliebigen Rand setzen und auch die Knöpfe nach Wunsch platzieren.

9.2.1 Die Titelzeile

Die Titelzeile zeigt einen Titel für das Fenster an. Die meisten Programme, wie zum Beispiel Editoren oder Webbrowser, zeigen dabei den Namen einer gerade geöffneten Datei oder andere Informationen zusätzlich zum Namen des laufenden Programmes in der Titelzeile an.

Abbildung 9.1: Eine Titelzeile

Darüber hinaus kann die Titelzeile mit der Maustaste angeklickt werden. Dabei gibt es zwei Möglichkeiten:

1. Mit der *rechten* Maustaste wird das Fenster, wenn andere Fenster auf ihm liegen, zum obersten und aktiven Fenster. Mit einem weiteren Klick mit der rechten Taste kann man das Fenster dann zum untersten aller Fenster machen, das durch alle anderen Fenster verdeckt wird.

2. Ein *Doppelklick mit der linken* Maustaste sorgt dafür, dass das Fenster eingerollt wird. Es ist dann nur noch die Titelzeile des Fensters auf dem Desktop zu sehen.

Des weiteren kann ein Fenster oder auch die eingerollte Titelleiste mit der linken Maustaste per Drag & Drop auf dem Desktop verschoben werden.

9.2.2 Die Fensterränder

Die Ränder eines Fenster können dazu benutzt werden, das Fenster zu vergrößern oder zu verkleinern. Wenn der Mauszeiger den Rand eines Fensters berührt, verwandelt er sich von einem Pfeil in ein kleines Icon, das anzeigt, dass der Rand bei gedrückter linker Maustaste verschoben werden kann. In den Ecken eines Fensters hat man die gleiche Funktionalität, wobei man gezwungenermaßen die Ecke und somit immer gleich zwei Ränder verschiebt.

Beachten Sie bitte, dass es Fenster gibt, die eine Veränderung der Größe verhindern. Die meisten Dialoge beispielsweise sind auf eine bestimmte Größe festgelegt.

9.2.3 Die Buttons

Es gibt in den meisten Titelleisten vier verschiedene Buttons. In Abbildung 9.1 sind die typischen Knöpfe einmal zu sehen. Von links nach rechts zeigen sie die folgenden Reaktionen, wenn man sie mit der linken Taste anklickt:

❏ Der Button mit dem Kreuz schließt das Fenster und beendet das Programm. Es wird jedoch nicht einfach „abgeschossen", sondern Abfragen wie die nach dem Speichern nicht gesicherter Dateien und so weiter werden noch durchgeführt.

❏ Der Button mit einem Strich am unteren Rand minimiert das Fenster, d. h., das Programm läuft weiter, aber das Fenster wird vom Desktop entfernt. Wenn man einen Taskbar oder eines Taskliste in seinem Panel hat, lässt sich das Programm von dort aus wieder herstellen.

❏ Der Button mit dem Quadrat vergrößert das Fenster auf die Größe des gesamten Desktop.

❏ Der Button mit dem Strich am oberen Rand schließlich rollt das Fenster ein, so als ob die Titelleiste mit einem Doppelklick bedacht worden wäre.

9.2.4 Die Buttonmenüs

Die Buttons in der Titelleiste haben ein eigenes Kontextmenü, das aufgerufen wird, wenn man sie mit der rechten Maustaste anklickt. Für jeden Button ist dieses Menü gleich. Wenn Sie aus irgendeinem Grund den Zugang zu den Menüs abstellen (indem Sie beispielsweise die Titelzeile des Fensters entfernen), so können Sie mit einer Dreitastenmaus das Menü hervorzaubern, indem Sie irgendwo im Fenster bei gedrückter (Strg)-Taste mit der mittleren Maustaste klicken.

Das Buttonmenü enthält die folgenden Einträge:

Minimize, *Maximize* und *Close* minimieren, maximieren bzw. schließen das Programmfenster, als ob die entsprechenden Knöpfe in der Fensterdekoration angeklickt worden wären.

Der Menüpunkt *Toggle* enthält diverse Unterpunkte, die allesamt in Tabelle 9.1 aufgelistet und erklärt sind.

Tabelle 9.1: Toggle-Optionen im Kontextmenü der Knöpfe in Fensterdekorationen

Option	Beschreibung
Sticky	Das Fenster wird „angeklebt", das heißt, es ist auf jedem virtuellen Arbeitsplatz am gleichen Ort zu finden.
Shaded	Rollt das Fenster ein, als ob es doppelt angeklickt worden wäre.
Ignored	*Sawfish* ignoriert das Fenster, wenn es um Dekorationen geht. Um das Kontextmenü wieder aufzurufen, funktioniert auf meinem System ein Anklicken des Fenster mit der mittleren Maustaste bei gedrückter (Strg)-Taste.
Focusable	Das Fenster kann fokussiert werden. Wird dieser Punkt ausgeschaltet, ist der Fensterinhalt inaktiv.
Cyclable	Wird *Sawfish* so konfiguriert, dass mit einer Tastenkombination durch die Fenster geblättert werden kann (meist (Alt)+(Tab)), so kann ein Fenster mit diesem Punkt von der Möglichkeit ausgenommen werden.
In window list	Ob das Fenster in der *Sawfish*-internen Fensterliste auftauchen soll.
In GNOME task list	Mit diesem Punkt kann das Fenster vor der GNOME-Taskliste verborgen werden.

In group ermöglicht dem Benutzer, mehrere Fenster in Gruppen zusammenzufassen. In der Liste erscheinen alle bisher vorhandenen Gruppen; jedes Fenster bildet standardmäßig eine eigene Gruppe für sich.

Mit dem Punkt *Send window to* kann ein Fenster auf den vorherigen oder nächsten virtuellen Arbeitsplatz geschickt werden. Man kann Fenster auch kopieren, indem man *Copy to next* oder *Copy to previous* wählt. Die neu angelegten Fenster auf dem anderen Arbeitsplatz sind allerdings keine Kopien, sondern mit dem Fenster identisch, das man kopiert hat; es handelt sich also nicht um ein neues Fenster, sondern vielmehr um eine andere Ansicht auf das gleiche Fenster. Schließt man die „Kopie", wird auch das „Original" auf dem anderen Arbeitsplatz geschlossen. Und schließlich können Fenster noch innerhalb ihres Arbeitsplatzes zwischen den einzelnen Flächen nach links, rechts, oben oder unten verschoben werden.

Im Untermenü *Stacking* lässt sich die Lage des Fensters relativ zu den anderen Fenstern verschieben, indem man es über oder unter die anderen Fenster legt. Diesen Effekt erreicht man auch, indem man die Titelzeile eines Fensters mit der rechten Maustaste anklickt.

Der *Frame type* erlaubt, einen bestimmten Rahmentyp für das Fenster festzulegen. Die möglichen Typen und ihre Bedeutung sind in Tabelle 9.2 aufgeführt.

Tabelle 9.2: Rahmentypen für ein *Sawfish*-Fenster

Option	Beschreibung
Normal	Das Fenster hat die üblichen Dekorationen: eine Titelzeile und Ränder.
Title only	Das Fenster erhält von *Sawfish* nur die Titelzeile, aber keine Ränder.
Border only	Um das Fenster befinden sich nur Ränder. Das schließt einen Titel mit ein, aus dem jedoch alle Buttons bis auf dem *Schließen*-Button ausgeblendet werden.
Top-border	Blendet ebenfalls die meisten Buttons aus und zeigt keine Ränder mehr am Fenster.
None	Das Fenster erhält überhaupt keinen Rahmen. In Terminalfenstern mit transparentem Hintergrund hat das den schönen Effekt, dass die Zeichen direkt auf dem Desktophintergrund zu stehen scheinen.

Im Punkt *Frame style* trifft man auf eine interessante Eigenart von *Sawfish*. An dieser Stelle sieht man einen Eintrag für jedes Thema, das für *Sawfish* im System installiert ist. Man kann also jedem einzelnen Fenster ein eigenes Thema verpassen, was auf dem Desktop für ein hübsches Chaos sorgen kann. Glücklicherweise gibt es ganz unten im Untermenü den Punkt *Default*, der das Thema auf das aktuelle, globale Thema zurücksetzt, das im Capplet gewählt werden kann.

Mit dem Eintrag *History* schließlich lassen sich die Eigenschaften für das Fenster abspeichern, so dass sie beim nächsten Programmstart wieder aktiv werden. *Sawfish* kann sich an die *Position* des Fensters auf dem Desktop erinnern, an die Ausmaße (*Dimensions*) und an die Attribute (*Attributes*), die den Rahmentyp und den dazugehörigen Stil beinhalten. Natürlich gibt es mit *Forget saved state* auch noch einen Punkt, um alle gespeicherten Daten zu dem Fenster wieder vergessen zu machen.

9.3 Konfiguration

Statt eines eigenen Konfigurationswerkzeuges installiert *Sawfish*, wurde es für GNOME erstellt, einige Capplets in das Kontrollzentrum. Das vereinheitlicht die Verwaltung des Systems und zeigt, wie nah *Sawfish* an den Interessen der GNOME-Benutzer entwickelt wird.

Mancher *Sawfish*-Benutzer mag an dieser Stelle widersprechen und sagen, dass er durchaus ein eigenes Konfigurationswerkzeug kennt, das er durch einen Klick mit der rechten Maustaste auf den Desktophintergrund aus einem Menü wählen und ausführen kann. Dem sei entgegengehalten, dass wir in diesem Buch davon ausgehen, dass der Desktophintergrund von *Nautilus* gehandhabt wird und dass ein Rechtsklick auf den Hintergrund daher nicht von *Sawfish* abgefangen wird. Übrigens: Wer unter SuSE Linux eine Maus mit einem Mausrad benutzt, beispielsweise wie ich eine Genius NetScroll Optical, der kann das *Sawfish*-Menü mit einem Klick auf die Taste des Mausrades hervorzaubern.

Die Einstellungen im *Sawfish*-Capplet sind, ähnlich wie in *Nautilus*, in drei Stufen vorhanden: *Novice*, *Intermediate* und *Expert*, was den drei Stufen *Anfänger*, *Normalbenutzer* und, offensichtlich, *Experte* entspricht. Diese drei Stufen unterscheiden allerdings mitnichten zwischen verschiedenen Schwierigkeitsgraden, sondern legen fest, mit wieviel Konfigurationsoptionen das *Sawfish*-Capplet aufwartet.

Um die verschiedenen Level übersichtlich darzustellen, bin ich zu folgender Lösung gelangt: Da die Voreinstellung *Intermediate* ist und die meisten Benutzer wohl auf diesem Level arbeiten werden, werde ich meine Beschreibungen, Abbildungen und so weiter auf diese Stufe ausrichten. An den Schluss stelle ich eine kurze Tabelle mit den Einstellungen, die den „Profis" vorbehalten sein sollen. Wenden Sie sich diesen Optionen am besten dann zu, wenn Sie an einem regnerischen Nachmittag zuviel Zeit haben.

Bitte beachten Sie, dass die Experten-Einstellungen auch dann noch gültig sind, wenn Sie sie ausblenden. Bei den drei Stufen handelt es sich eigentlich um drei verschiedene Ansichten auf ein und dasselbe Set von Konfigurationsoptionen.

In Abschnitt 9.3.6 auf Seite 150 wird die Sektion *Meta* des *Sawfish*-Capplet besprochen. In dieser Sektion setzen Sie den Level, auf dem Sie agieren möchten.

9.3.1 Sawfish, SuSE Linux, Odds and ends

Odds and ends sind Besonderheiten, Merkwürdigkeiten, Kleinigkeiten, die es zu beachten gilt. Hier also eine Reihe von Ratschlägen, bevor es mit den eigentlichen Einstellungen losgeht.

Zuerst einmal werden Sie schon anhand der Screenshots feststellen, dass das *Sawfish*-Capplet nicht übersetzt zu sein scheint und nur in englisch vorliegt. In der mir vorliegenden Version ist *Sawfish* jedoch anscheinend nicht lokalisiert bzw. die betreffenden Dateien nicht installiert. Ein unschönes Detail, wenn man bedenkt, wie weit die deutsche Lokalisierung von GNOME inzwischen schon gediehen ist, und es ist umso seltsamer, wenn man in den Screenshots in diesem Kapitel bemerkt, dass sie Sektionen im Capplet (links im Baum zu sehen) durchaus schon deutsche Übersetzungen haben.

Des weiteren pflegt Freie Software sich ständig weiterzuentwickeln. Ich beziehe mich in diesem Band im Wesentlichen auf eine aktuelle Version der SuSE-Distribution. Wenn Sie jedoch eine andere Distribution verwenden oder sich *Sawfish* und GNOME aus den Quellen selbst kompiliert haben, kann es passieren, dass Sie auf Optionen treffen, die hier nicht beschrieben sind, oder dass Ihnen Optionen fehlen. Das habe ich zwar weiter vorne schon einmal erwähnt; bedingt durch die Fülle an Konfigurationsmöglichkeiten unter *Sawfish* ist die Wahrscheinlichkeit aber natürlich höher, hier auf einen solchen Umstand zu treffen. Ein gedrucktes Buch kann nun einmal nicht vollständig mit der Aktualität von Software mithalten, die über, mit und durch das Internet entwickelt wird.

9.3.2 Arbeitsplätze

Die meisten modernen Fenstermanager verwalten *virtuelle Desktops*. Diese Funktion wird unter Windows, wenn sie überhaupt vorhanden ist, meist durch Graphiktreiber zur Verfügung gestellt. Die meisten Windows-Benutzer verwenden ihre Applikationen allerdings auch maximiert und schalten zwischen ihnen um, indem sie den Taskbar benutzen. Unter Unix ist es Usus, mehrere Fenster gleichzeitig und an verschiedenen Stellen offen zu haben. Dadurch wird natürlich mehr Platz benötigt, und dieser wird durch zusätzliche, eben virtuelle Arbeitsflächen realisiert.

9.3.2.1 Workspaces

Stellen Sie sich das Konzept folgendermaßen vor: Ihr Desktop läuft mit einer Auflösung von z. B. 1024x768 Punkten. Mit virtuellen Arbeitsplätzen können Sie diesen Platz beliebig vergrößern und darauf zusätzliche Fenster unterbringen. Sie sehen weiterhin nur einen Ausschnitt der Größe 1024x768, aber Sie können bequem zwischen den einzelnen Flächen hin- und herschalten. Abbildung 9.2 zeigt das Capplet, in dem Sie Ihre Arbeitsflächen konfigurieren können.

Sie können mehrere verschiedene *Workspaces* anlegen, die sich wiederum in *Zeilen* und *Spalten* unterteilen lassen. Abbildung 9.2 zeigt eine Konfiguration von zwei Workspaces, die jeweils sechs Arbeitsplätze – oder in *Sawfish*: *Viewports* – in drei Spalten und zwei Reihen anbieten. Durch diese Konfiguration muss ich mich nicht mit einer einzigen Arbeitsfläche begnügen, sondern kann meine Programme auf zwölfmal 1024x768 Punkte verteilen. Ein klarer Zuwachs an Komfort!

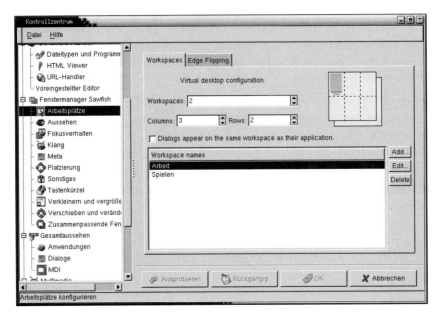

Abbildung 9.2: Konfiguration der virtuellen Arbeitsflächen

Beachten Sie bitte, dass alle Ihre Workspaces die gleiche Aufteilung in Zeilen und Spalten haben müssen. Das ist keine Einschränkung unter der Sie wirklich werden leiden müssen. Die Darstellung in der rechten oberen Ecke von Abbildung 9.2 zeigt sehr schön, wie man sich die Anordnung der virtuellen Arbeitsflächen vorstellen kann: zwei Ebenen (Workspaces) mit jeweils sechs Flächen.

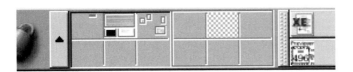

Abbildung 9.3: Virtuelle Arbeitsflächen in der Desktop-Übersicht

In Abbildung 9.3 können Sie sehen, wie dieser spezielle Desktop in der Desktop-Übersicht im Panel angezeigt wird. Durch einen Klick auf einen Viewport gelangen Sie sofort dorthin. Es gibt noch eine andere Möglichkeit, die Arbeitsfläche zu wechseln, doch dazu gleich mehr.

Die Option *Dialogs appear on the same workspace as their application* lässt Dialoge, die durch eine Applikation erzeugt werden, auf dem gleichen Arbeitsplatz erscheinen wie die Applikation selbst. Wenn Sie sich also gerade in einem anderen Workspace aufhalten und Ihr Mailprogramm neue Nachrichten ankündigt, würde der Dialog nicht auf Ihrem momentanen Workspace erscheinen. Desweiteren können Sie Ihren Workspaces Namen geben. Das ist ein eher kosmetisches Unterfangen, wenn Sie Namen wie „Workspace1" nicht mögen.

Tabelle 9.3: Experten-Optionen in der *Arbeitsplätze*-Sektion des *Sawfish*-Capplet, Tab *Workspaces*

Option	Beschreibung
When passing the first or last workspace	Wenn Sie sich beim Wechseln der Arbeitsflächen eigentlich schon auf der ersten bzw. letzten Fläche befinden, können Sie einen weiteren Wechsel mit *Stop* verhindern, oder per *Warp-around* wieder auf dem ersten Arbeitsplatz landen lassen.
When passing the first or last workspace, while moving a window	Dito, während man ein Fenster verschiebt.
Workspaces are deleted when their last window closes	Schließt Arbeitsflächen, die leer sind.
Preserve empty workspace in pager	Zeigt leere Arbeitsflächen im Pager an, wenn sich einer im Panel befindet.

9.3.2.2 Edge Flipping

Statt mithilfe eines Pager zwischen virtuellen Arbeitsflächen oder Viewports zu wechseln, hat sich auch das Bewegen der Maus an den Rand einer Arbeitsfläche etabliert, um an die „angrenzende" Fläche zu gelangen. Verweilt der Mauszeiger eine bestimmte Zeit am Rand, klappt die Ansicht auf die nächste Fläche um. Dieser Vorgang nennt sich „Edge Flipping". Abbildung 9.4 zeigt das Capplet zur Konfiguration des *Edge Flipping*.

Mit *Select the next desktop when the pointer hits screen edge* wird das Flipping angeschaltet. Sie können wählen, ob Sie, wenn Sie mit Ihrem Mauszeiger den Rand Ihres Viewport berühren, in den nächsten Viewport oder in den anliegenden Workspace wechseln. Das ist eine Frage des Geschmacks und des Arbeitsstils.

Auf diese Weise lassen sich übrigens auch Fenster per Drag & Drop verschieben: Bewegen Sie ein Fenster, zum Beispiel indem Sie die linke Maustaste in der Titelleiste gedrückt halten, und dann an den Rand der Arbeitsfläche. Das Fenster folgt der Bewegung auf den nächsten Desktop, und wenn Sie es nicht komplett bewegen, liegt es auch mit zwei Teilen auf beiden Arbeistplätzen. Durch das Aktivieren der Checkbox *Only flip when interactively moving a window* wird das Edge Flipping ausschließlich für das Verschieben von Fenstern aktiviert.

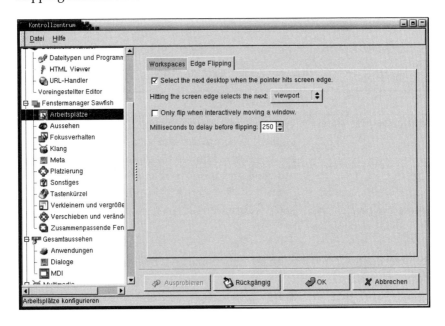

Abbildung 9.4: Konfiguration des *Edge Flipping*

Die Anzahl der Millisekunden, bevor der Rand einer Arbeitsfläche auf die Anwesenheit des Mauszeigers reagiert und den aktiven Desktop wechselt, ist wiederum Geschmackssache, mit der Sie durch Experimentieren zurechtkommen müssen – der Standardwert von 250 Millisekunden ist durchaus brauchbar.

Tabelle 9.4: Experten-Optionen in der *Arbeitsplätze*-Sektion, Tab *Edge Flipping*

Option	Beschreibung
Warp pointer to opposite screen edge when flipping	Der Mauszeiger wird beim Wechsel der Arbeitsflächen an das entgegengesetzte Ende bewegt. Das führt dazu, dass Sie beim Wechsel auf eine rechts gelegene Arbeitsfläche dort am linken Rand weitermachen müssen.

9.3.3 Aussehen

Mit *Sawfish* ist es theoretisch sogar möglich, jedes einzelne Applikationsfenster getrennt mit einem Theme zu versehen. Aus Gründen der Einfachheit – und weil dies ein GNOME- und kein *Sawfish*-Handbuch ist – belassen wir es an dieser Stelle bei einer globalen Konfiguration für *alle* Programme.

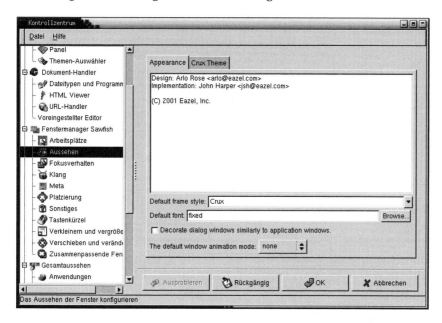

Abbildung 9.5: Auswahl eines *Sawfish*-Themas

Ein Thema verändert im Wesentlichen die Dekorationen an einem Fenster – also den Rahmen, die Titelleiste und die Buttons, die sich darin befinden. Für *Sawfish* existiert eine unüberschaubare Zahl von Themen, und wenn man sie unter GNOME mit einem der ebenfalls unzähligen GTK+-Themen kombiniert, kann man schon daher sicher sein, dass man selten auf zwei GNOME-Desktops treffen wird, die sich gleichen.

Diese mögliche Vielfalt ist eine feine Sache, erschwert aber auf der anderen Seite das Schreiben darüber ebenso wie das Erlernen.

9.3.4 Fokusverhalten

Vielleicht haben Sie es schon einmal beobachtet: Während die meisten Menschen unter MS Windows mehrere Anwendungen offen haben, indem sie sie auf Vollbildgröße maximieren und dann anhand des Taskbar zwischen ihnen hin- und herschalten, neigen Unix-Benutzer dazu, mehrere verschieden große Fenster gleichzeitig offen zu haben. Wenn man das tut, ist es natürlich wichtig, dass man effektiv zwischen ihnen wechseln kann.

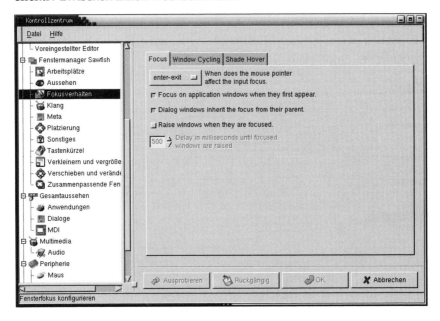

Abbildung 9.6: Einstellungen zum Fokus in Fenstern

Meint man, dass ein Fenster aktiv ist, spricht man auch davon, dass es den *Fokus* hat. Wie ein Fenster an diesen Fokus kommt und was dabei geschehen kann, wird mit diesem Capplet entschieden.

9.3.4.1 Focus

Die Einstellungen in diesem Tab beeinflussen die direkteste Möglichkeit, einem Fenster den Fokus zu verschaffen: mit dem Mauszeiger.

Das *Option*-Menü gleich zu Beginn legt fest, wie man ein Fenster mit der Maus fokussiert: durch *enter-exit*, indem man einfach den Zeiger auf das Fenster bewegt, wobei das Fenster den Fokus wieder verliert, wenn der Zeiger es wieder verlässt; *Enter only*, also nur beim Eintreten des Zeigers in ein Fenster ohne Änderung, wenn er dieses wieder verlässt; oder *Click*, wo bei ein Fenster explizit angeklickt werden muss, um den Fokus zu erhalten.

Wenn man möchte, dass Fenster, die nach dem Laden das erste Mal auf dem Desktop erscheinen, automatisch den Fokus erhalten, sollte man *Focus on application windows when they first appear* aktivieren. Mit *Dialog windows inherit the focus from their parent* erhalten Dialoge den Fokus von ihrem Elternfenster, wenn dieses bereits den Fokus hatte.

Und vielleicht möchten Sie ein Fenster, das den Fokus erhält, auch gleich anheben; dann sollten Sie *Raise windows when they are focused* aktivieren und eine Verzögerungszeit in Millisekunden einstellen, die vergehen muss, bevor das Fenster dann angehoben wird.

Tabelle 9.5: Experten-Optionen in der *Fokusverhalten* Sektion des *Sawfish*-Capplet, Tab *Focus*

Option	Beschreibung
Give focus to windows...	Zuweilen muss *Sawfish* einem Fenster den Fokus aufzwingen, wenn es diesen nicht haben will. Hier kann man die Möglichkeite dazu aktivieren.
Offsets	Beim Blättern durch die Fenster kann man den Mauszeiger auf das aktuell fokussierte Fenster „warpen" lassen. Mit dieser Option lässt sich die neue Position relativ zum Fenster genau einstellen.

9.3.4.2 Window Cycling

Mit einer bestimmten Tastenkombination – standardmäßig (Strg)+(Tab) – kann man sich durch die vorhandenen Fenster blättern. Dieser Tab legt das Verhalten von *Sawfish* beim Blättern fest.

Display window names stellt beim Blättern neben dem Icon für das Fenster auch noch den Fensternamen dar, was die Orientierung erleichtert. *Include iconified windows* bezieht beim Blättern auch die Fenster mit ein, die im Moment minimiert sind.

Die Option *Include windows on all workspaces* lässt Sie nicht nur durch die Fenster in der aktuellen Arbeitsfläche, sondern in allen Fenstern auf allen Arbeitsflächen blättern. Und *Include windows on all viewports* lässt das schließlich auch für alle Viewports innerhalb einer Arbeitsfläche gelten, und nicht nur für den aktuellen.

Etwas gewöhnungsbedürftig ist *Warp the mouse pointer to windows*, da dadurch der Mauszeiger zum gerade aktuellen Fenster beim Blättern bewegt wird und sich somit von dem Punkt entfernt, an dem man die Maus zuletzt hat ruhen lassen.

Tabelle 9.6: Experten-Optionen in der *Fokusverhalten*-Sektion des *Sawfish*-Capplet, Tab *Window Cycling*

Option	Beschreibung
Raise windows during cycling	Hebt das aktuelle Fenster beim Blättern über die anderen Fenster an.
Focus windows during cycling	Legt den Fokus auf das aktuelle Fenster beim Blättern.
Disable auto-raising	Scheint das gleiche zu tun wie die erste Option in dieser Tabelle.

9.3.4.3 Shade Hover

Auf diesem Tab wird das Verhalten von eingerollten Fenstern definiert.

Enable shade hover mode aktiviert diesen Modus. Wenn man den Mauszeiger nun auf ein eingerolltes Fenster bewegt, klappt dieses automatisch wieder aus, und zwar solange, bis man den Mauszeiger wieder aus dem Fenster entfernt. Der *Delay in milliseconds* ist die Zeit in Millisekunden, die der Mauszeiger auf dem eingerollten Fenster verharren muss, damit das Fenster wieder aufklappt.

Mit *Raise windows when they are unshaded* werden die Fenster außerdem über alle anderen Fenster angehoben, wenn sie auf diese Weise ausgeklappt werden. Dieser Tab kennt keine zusätzlichen Experten-Optionen.

9.3.5 Klang

Genau wie GNOME-spezifische Ereignisse – siehe Seite 128 – können auch Ereignisse in *Sawfish* mit Klängen unterlegt werden.

Während sich das *Multimedia*-Capplet mit seinen Audioeinstellungen jedoch lediglich um GNOME-Applikationen kümmert – einzelne Programme können sich dort mit diversen Ereignissen eintragen und erlauben so die Zuordnung von Audioeffekten –, ist das *Klang*-Capplet von *Sawfish* für *alle* Fenster zuständig. Dem entsprechend allgemeiner sind auch die Einträge gehalten: das Maximieren und Minimieren von Fenstern und solcherlei mehr wird hier geregelt.

Durch Anklicken des *Add*-Button wird ein Dialog eingeblendet, der Sie ein Ereignis aus einer Liste wählen und dann nach einer Sounddatei suchen lässt, die Sie dem Ereignis zuordnen wollen.

Der *Klang*-Teil des Capplet kennt keine zusätzlichen Expertenoptionen.

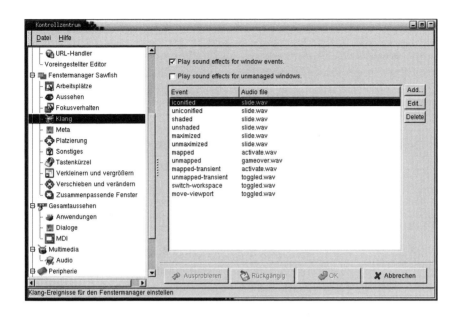

Abbildung 9.7: Soundeffekte in *Sawfish*

Tabelle 9.7: Ereignisse, die in der *Klang*-Sektion des *Sawfish*-Capplet mit Klängen unterlegt werden können

Option	Beschreibung
Iconified	Das Fenster wird minimiert.
Uniconified	Das Minimieren wird rückgängig gemacht.
Shaded	Das Fenster wird eingerollt.
Unshaded	Das Einrollen wird rückgängig gemacht.
Maximized	Das Fenster wird maximiert.
Unmaximized	Das Maximieren wird rückgängig gemacht.
Mapped	*Mapping* ist ein Begriff des X Window System und beschreibt die tatsächliche Darstellung des Fensterinhaltes auf dem Bildschirm. Für den Benutzer ist dies der Zeitpunkt, zu dem er das Applikationsfenster das erste Mal sieht.
Unmapped	Das Fenster wird entfernt.
Switch workspace	Wechseln zwischen virtuellen Arbeitsplätzen
Move viewport	Wechseln einer Arbeitsfläche innerhalb eines Arbeitsplatzes

9.3.6 Meta

Sawfish kennt, ähnlich wie *Nautilus*, drei verschiedene Level der Konfiguration, die dem Benutzer zugemutet werden: *Novice, Intermediate* und *Expert*, was den drei Stufen *Anfänger, Normalbenutzer* und, offensichtlich, *Experte* entspricht.

Tabelle 9.8: Experten-Optionen in der *Meta*-Sektion des *Sawfish*-Capplet

Option	Beschreibung
Buttons shown in configurator	Gibt an, welche Buttons im Dialog angezeigt werden sollen, wenn das native Konfigurationswerkzeug von *Sawfish* benutzt werden soll: nur *Ok; Revert, Cancel* und *Ok;* oder *Apply, Revert, Cancel* und *Ok*. Da wir unter GNOME nur mit dem Capplet arbeiten möchten, lassen wir den Konfigurationsdialog außen vor.

9.3.7 Platzierung

Wenn ein neues Programm gestartet wird, muss dessen Fenster irgendwo auf dem Desktop platziert werden. Daraus wird zuweilen eine eigene Wissenschaft.

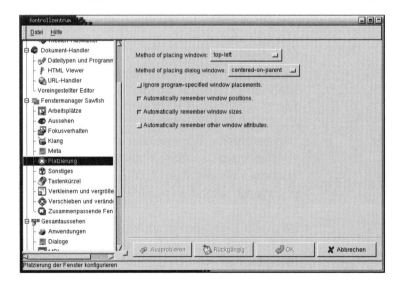

Abbildung 9.8: Die Platzierung von Fenstern in *Sawfish*

Nach den Vorgaben in diesem Capplet entscheidet *Sawfish* bei neuen Fenstern, an welcher Stelle sie platziert werden sollen.

Der Konfigurationsreigen – siehe auch Abbildung 9.8 – beginnt mit der Frage, wie neue Fenster auf dem Desktop platziert werden sollen (*Method of placing windows* für Anwendungsfenster und *Method of placing dialog windows* für Dialoge). In Tabelle 9.9 sind alle Möglichkeiten für beide Fensterarten zusammengefasst. Beachten Sie, dass die Algorithmen, nach denen die Fenster platziert werden, recht komplex sind und in den meisten Fällen auch andere Fenster in Betracht ziehen, die sich bereits auf dem Desktop befinden.

Tabelle 9.9: Optionen für die Platzierung von Fenstern unter *Sawfish*

Option	Beschreibung
Randomly	Das Fenster wird nach dem Zufallsprinzip platziert.
Interactively	Am Mauszeiger erscheint ein Fensterrahmen, der umherbewegt und mit einem Mausklick platziert werden kann.
Centered	Das Fenster erscheint in der Mitte des Desktop.
Centered on parent	Das Fenster erscheint zentriert in Bezug zu seinem Elternfenster. Bei Applikationsfenstern ist das der Desktophintergrund.
Under pointer	Das Fenster erscheint unter dem Mauszeiger.
None	Das Fenster erscheint auf keine besondere Weise.
First fit	Das Fenster erscheint am ersten Ort, an dem es nach Meinung von *Sawfish* hinpasst.
Best fit	Das Fenster erscheint dort, wo es nach Meinung von *Sawfish* am besten hinpasst.
Best fit group	Das Fenster erscheint bei seiner Gruppe von Fenstern, und dort wo es nach Meinung von *Sawfish* am besten hinpasst.
First fit or interactive	Das Fenster erscheint am ersten Ort, an dem es nach Meinung von *Sawfish* hinpasst, und wenn *Sawfish* keinen Ort findet, erscheint ein Fensterrahmen, der umherbewegt und mit einem Mausklick platziert werden kann.
Stagger	Neue Fenster werden übereinander geschichtet, immer relativ zum zuletzt erschienenen Fenster.
Top left	Das Fenster erscheint am linken oberen Ende des Desktop.
Off center	Das Fenster erscheint möglichst weit vom Zentrum des Desktop entfernt.

Ignore program-spcified window placement lässt Vorgaben von Programmen, wie diese platziert werden möchten, ignorieren. Manche Anwendungen kennen eine explizite Platzierung an einem bestimmten Platz als Konfigurationsoption.

Mit *Automatically remember window position, Size* und *Attributes* lassen sich die Eigenschaften Position, Größe und Attribute eines Fensters automatisch speichern. Auf diese Weise erscheint mein Editorfenster beispielsweise immer an der gleichen Stelle in der gleichen Größe, so dass ich immer gleich drauflosschreiben kann, ohne mich um eine Anordnung der Fenster nach meinem Geschmack kümmern zu müssen.

Im *Stagger*-Modus erscheinen neue Fenster relativ zu bisherigen Fenstern, relativ zu deren linken oberen Ecke. Hier im Capplet lässt sich ein Abstand in Pixeln festlegen, der dabei eingehalten werden soll.

9.3.8 Sonstiges

Wohl in jeder Aufzählung findet sich ein Bereich dieses Namens, der alles enthält, was nirgends anders im Capplet ein Zuhause gefunden hat.

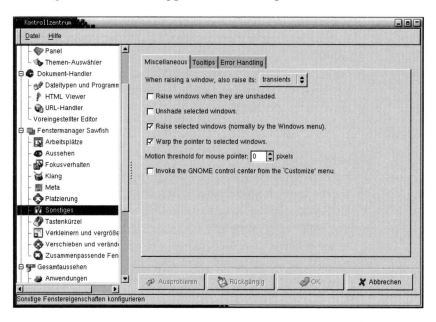

Abbildung 9.9: Die übrigen Einstellungen im *Sawfish*-Capplet

Das beinhaltet das Verhalten von Tooltips, die Handhabung von *Sawfish*-Fehlern – und die Einstellungen, vor denen man sich als Programmierer fürchtet, da man sie tatsächlich nirgends sinnvoll unterbringen kann.

9.3.8.1 Miscellaneous

When raising windows, d. h., wenn Fenster angehoben werden sollen (beispielsweise, indem man die Titelzeile des Fensters mit der rechten Maustaste anklickt), dann können auch weitere Fenster automatisch mit angehoben werden: die *transients,* was beispielsweise die Dialogfenster und alle anderen Fenster beinhaltet, die noch mit zu der Anwendung gehören; *group,* also alle Fenster, die in die gleiche Gruppe gehören wie die Applikation; oder *none,* folgerichtig kein weiteres Fenster.

Wenn Sie möchten, dass Fenster, die wieder ausgerollt werden, nachdem sie beispielsweise mit einem Doppelklick auf ihre Titelleiste eingerollt wurden, automatisch angehoben werden, müssen Sie *Raise windows when they are unshaded* aktivieren.

Fenster lassen sich über eine Tastenkombination durchblättern und anwählen. Diese Kombination ist standarmäßig (Strg)+(Tab). Eingerollte Fenster, die durch das Durchblättern angesprochen werden, können mit *Unshade selected windows* automatisch wieder ausgerollt werden, und mit *Raise selected windows* werden sie auch automatisch über andere Fenster angehoben. Und *Warp the pointer to selected windows* bewegt den Mauszeiger an die rechte obere Ecke des auf diese Weise gewählten Fensters.

Dem aufmerksamen Leser wird aufgefallen sein, dass diese Einstellungen auffällig denen im Tab *Window cycling* ähneln, das auf Seite 9.3.4.2 beschrieben ist. Es macht keinen Unterschied, an welcher dieser Stellen man seine Änderungen vornimmt, denn die Check Buttons werden auch im jeweils anderen Tab geändert.

Der letzte Checkbutton schließlich bezieht sich auf den Bildschirmhintergrund. Wenn man mit der entsprechenden Maustaste auf den Desktophintergrund klickt – mit *Nautilus* unter SuSE-Linux ist das bei mir beispielsweise die Taste mit dem Mausrad – erscheint ein Kontextmenü, in dem es unter anderem den Punkt *Customize* gibt. Wenn man nun hier im Capplet den Checkbutton neben *Invoke the GNOME control center from the 'customize' menu* aktiviert, so wird beim Aktivieren einer der Menüpunkte das Capplet im GNOME Kontrollzentrum aufgerufen und nicht das Konfigurationswerkzeug von *Sawfish.*

Tabelle 9.10: Experten-Optionen in der *Sonstiges*-Sektion des *Sawfish*-Capplet, Tab *Miscellaneous*

Option	Beschreibung
Format to create unique window names	Ein Muster, das *Sawfish* eindeutige Namen für Fenster erzeugen lässt. Zulässige Platzhalter sind %s für den Fenstertitel und %d für einen Index.

Tabelle 9.10 – Fortsetzung

Option	Beschreibung
Group transient windows with parents	Fügt temporäre Fenster wie Dialoge der gleichen Gruppe wie ihr Elternfenster hinzu.
Persistent group IDs	In diese Liste können Gruppen-IDs hinzugefügt werden, die dauerhaft gespeichert werden.
Automatically reload themes when they are updated	Achtet darauf, ob sich Themes ändern und wenn ja, lädt es diese neu ein.
Keep transient windows stacked above	Temporäre Fenster wie Dialoge können stets über ihren Eltern (*parents*), über allen Fenstern (*all*) oder über gar keinem Fenster (*none*) gehalten werden.
Display key binding information in menu entries	Wenn es für eine Aktion in einem *Sawfish*-Menü ein Tastaturkürzel gibt, soll dieses dahinter dargestellt werden.
Ignore requests from applications to change window stacking	Mit dieser Option können Anfragen von Anwendungen ignoriert werden, die von sich aus die Reihenfolge der Fenster übereinander ändern wollen.
The program launched by the xterm command	Wenn *Sawfish* ein *xterm* erzeugen soll, wird das hier eingetragene Programm aufgerufen.
Optional arguments given to the 'xterm' command	Zusätzliche Argumemte zum Start des Programms übergeben
Number of pixels to move window in 'slide-' commands	*Sawfish* kennt ein *slide*-Kommando, das auch mit Tastatur- oder Mausereignissen verknüpft werden kann (siehe dort) und mit dem sich ein Fenster eine bestimmte Zahl von Pixel verschieben lässt. Hier kann man die Anzahl der Pixel dafür setzen.

9.3.8.2 Tooltips

Tooltips sind kleine Fenster, so genannte „Kurzhinweise", die erscheinen, wenn der Mauszeiger kurz über dem gefragten Element eines Fensters verweilt. In diesem Tab des Capplet lassen sich die Eigenschaften dieser Tooltips definieren. Die Tooltips enthalten Hinweise darauf, welche Aktionen mit den Maustasten zu welchen Aktionen mit dem Fenster führen würden.

Beachten Sie bitte, dass die Einstellungen in diesem Capplet nur Auswirkungen auf die Tooltips von Fensterdekorationen haben, also nichts mit den Tooltips von

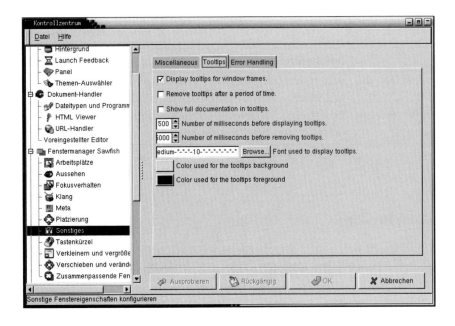

Abbildung 9.10: Die Einstellungen für Tooltips im *Sawfish*-Capplet

GTK+ zu tun haben, die beispielsweise beim Innehalten der Maus über einem Toolbar erscheinen.

Mit *Display tooltips for window frames* lassen sich die Tooltips für Fensterdekorationen überhaupt erst aktivieren. *Remove tooltip after a period of time* blendet Tooltips nach einer gewissen Zeit wieder aus – voreingestellt ist ein Zeitraum von 500 Millisekunden. *Show full documentation in tooltips* zeigt eine ausführliche Dokumentation (wenn sie vorhanden ist) für den Teil des Fensters an, über dem der Mauszeiger verweilt.

In dem kleinen Spinbutton unter diesen Einträgen lässt sich die Verzögerung in Millisekunden einstellen, die vergehen soll, bis ein Tooltip erscheint.

Tabelle 9.11: Experten-Optionen in der *Sonstiges*-Sektion des *Sawfish*-Capplet, Tab *Tooltips*

Option	Beschreibung
Number of milliseconds before removing tooltips	Zeit in Millisekunden, nach der ein Tolltip wieder ausgeblendet werden soll
Font used to display tooltips	Bringt einen Schriftauswahldialog hervor, in dem sich die Schriftart für Tooltips wählen lässt.

Tabelle 9.11 – Fortsetzung

Option	Beschreibung
Color used for tooltips background	Bringt einen Farbauswahldialog hervor, der die Hintergrundfarbe für die Tooltips wählen lässt
Color used for tooltips foreground	Bringt einen Farbauswahldialog hervor, der die Schriftfarbe für die Tooltips wählen lässt

9.3.8.3 Error Handling

Mit dem Anwählen von *Emit a beeping sound when errors occur* stellt man sicher, dass sich *Sawfish* bei Fehlermeldungen mit einem „Piepen" meldet.

Tabelle 9.12: Experten-Optionen in der *Sonstiges*-Sektion des *Sawfish*-Capplet, Tab *Error Handling*

Option	Beschreibung
Where to report errors	Fehlermeldungen können von *Sawfish* entweder gar nicht (*Nowhere*), in einem Dialog auf dem Bildschirm (*Screen*) oder auf der Standardfehlerausgabe (*Standard-error*) ausgegeben werden. Die Standardausgabe für Fehler ist normalerweise auf der Kommandozeile.

9.3.9 Tastenkürzel

Sawfish ist auch ausschließlich mit der Tastatur steuerbar. Nicht, dass man das wirklich tun möchte, aber einige Aufgaben lassen sich durch eine kurze Tastenkombination schneller bewerkstelligen als wenn Sie die Hände von der Tastatur nehmen und nach der Maus greifen müssen.

Aber auch das Verhalten von Mausklicks auf Fensterelemente wird in diesem Teil des Capplet definiert.

In Tabelle 9.13 sind alle Standardvorgaben aufgezählt. In den Vorgaben für normale Benutzer existieren im Optionsmenü zur Auswahl der Rubrik, für die eine Tastenkombination definiert werden soll, nur die drei Einträge *Global, Window* und *Title*, jeweils für Einstellungen bezüglich des globalen Verhaltens, für Fenster und für Fenstertitel. Die anderen Rubriken werden erst sichtbar, wenn man die Expertenoptionen einblendet; die dort definierten Tastaturkombinationen sind aber natürlich in allen Benutzerlevels gültig.

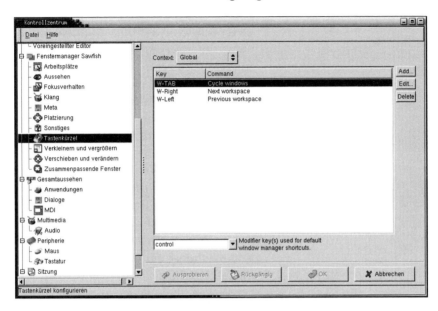

Abbildung 9.11: Tastenkürzel für *Sawfish* definieren

Im unteren Teil des Capplet lässt sich eine Meta-Taste definieren, die bei bestimmten Kombinationen verwendet werden soll. Voreingestellt ist dafür die (Strg)-Taste, da die (Alt)-Taste normalerweise als Metataste für Aktionen des X-Server dient. Behalten Sie diese Einstellung am besten bei.

Die Meta-Taste ist in der Tabelle und auch im Capplet durch den Buchstaben W dargestellt. Die Maustasten eins, zwei und drei werden im Folgenden durch B1, B2 und B3 dargestellt. Click1 bedeutet einen Klick mit der entsprechenden Maustaste, Click2 einen Doppelklick. Move setzt eine Mausbewegung voraus. Off zeigt an, dass ein Mausbutton erst wieder losgelassen werden muss, damit ein Effekt auftritt, und S bezeichnet die (Shift ⇑)-Taste.

Die jeweiligen Tastenkombinationen für ein Fensterelement werden außerdem automatisch eingeblendet, wenn Sie bei angeschalteten Tooltips (siehe dazu Abschnitt 9.3.8.2) die Maus eine kurze Weile über dem Element verharren lassen.

Tabelle 9.13: Vorgaben von Tasten- und Mausklickkombinationen unter *Sawfish*

Rubrik	Kombination	Beschreibung
Global		Globale Kombinationen:
	W-⟨TAB⟩	vorwärts durch Fenster blättern
	W-⟨→⟩	zum nächsten Arbeitsplatz wechseln
	W-⟨←⟩	zum vorherigen Arbeitsplatz wechseln
Window		Kürzel für einzelne Fenster:
	W-B1-Move	interaktives Bewegen des Fensters
	W-B2-Click1	bringt ein Menü-Fenster zum Vorschein
	W-B3-Click1	hebt ein abgesenktes Fenster an
	W-⟨↓⟩	absenken eines Fensters unter andere Fenster
	W-⟨↑⟩	anheben eines Fensters über die anderen Fenster
Root window		Kürzel für den Desktophintergrund:
	B2-Click1	bringt das Kontextmenü des Desktophintergrunds zum Vorschein
Title		Kombinationen für Fenstertitel:
	B1-Move	interaktives Bewegen des Fensters
	B2-Click2	Fenster ein- und wieder ausrollen
	B2-Move	interaktives Verändern der vertikalen Fenstergröße
	B3-Off	hebt oder senkt das Fenster
Border		Kombinationen auf Fensterrahmen:
	B1-Move	interaktives Verändern der Fenstergröße
	B2-Move	interaktives Verschieben des Fensters
	B3-Off	hebt ein Fenster an bzw. senkt es ab
Close button		Schließen-Button:
	B1-Off	löscht das Fenster
	S-B1-Off	löscht das Fenster und die ganze dazugehörige Gruppe
	B3-Click1	lässt das *Sawfish*-Fenstermenü erscheinen
Iconify button		Button zum Minimieren:
	B1-Off	minimiert das Fenster
	B3-Click1	bringt das *Sawfish*-Fenstermenü zum Vorschein
Maximize button		Button zum Maximieren:
	B1-Click1	maximiert das Fenster oder macht eine Maximierung rückgängig

Tabelle 9.13 – Fortsetzung

Rubrik	Kombination	Beschreibung
	B2-Click1	maximiert das Fenster vertikal oder macht eine Maximierung rückgängig
	B3-Click1	maximiert das Fenster horizontal oder macht eine Maximierung rückgängig
Menu button		Kombinationen für den Menü-Button:
	B1-Click1	ruft das *Sawfish*-Fenstermenü hervor
	B3-Off	löschen des Fensters
Shade button		Button zum Einrollen:
	B1-Off	rollt ein Fenster ein oder rollt ein eingerolltes Fenster wieder aus
Cycle		Blättern durch Fenster: keine Kombinationen voreingestellt

Der *Add*-Button ruft einen Dialog auf, der Sie eine neue Tastenkombination wählen lässt. In dem Dialog finden Sie eine Zeile zur Eingabe der Tastenkombination (die auf Wunsch auch interaktiv abgefragt werden kann), außerdem eine lange Liste von *Sawfish*-Ereignissen, die sich mit einem Kürzel versehen lassen. Diese Liste hier wiederzugeben würde allerdings den Rahmen des Buches sprengen.

9.3.10 Verkleinern und Vergrößern

Wie bereits erwähnt, arbeiten die meisten Benutzer unter Unix mit ihren Fenstern etwas anders als jene unter Windows: Während Sie unter dem Betriebssystem von Microsoft mittels Taskbar zwischen den einzelnen maximierten Applikationen hin- und herschalten, hat man unter Unix mehrere Fenster verschiedener Größe gleichzeitig offen und schaltet gegebenenfalls zwischen einzelnen Workspaces hin- und her (siehe auch Seite 141).

Zuweilen möchten man aber doch ein Fenster maximieren oder minimieren – letzteres wird manchmal auch *Iconofizieren* genannt, weil der einzige Hinweis auf die noch laufende, aber verkleinerte Applikation meist ein Icon im Panel ist. Wie sich die Fenster dabei verhalten sollen, ist in diesem Teil des Capplet festgelegt.

Beachten Sie bitte, dass Minimieren und Maximieren als *Sawfish*-Termini nicht das Gegenteil voneinander sind, in dem Sinne, dass man das eine durch das andere rückgängig machen müsste. Das Maximieren bedeutet, dass ein Fenster auf die Größe des Bildschirms aufgebläht wird, während ein Fenster durch das Minimieren meist zu einem Icon in der Taskleiste im Panel wird.

9.3.10.1 Minimizing

In diesem Tab wird das Verhalten von Fenstern beim Minimieren (english: *Iconify*) verändert.

Durch *Windows uniconify to the current viewport* werden Fenster, deren Minimierung rückgängig gemacht wird, immer auf der aktuellen Arbeitsfläche erscheinen, unabhängig davon, auf welcher Fläche sie minimiert worden sind. Wenn Sie möchten, dass ein solches Fenster gleich wieder den Fokus erhält, müssen Sie *Windows are focused after being uniconified* aktivieren.

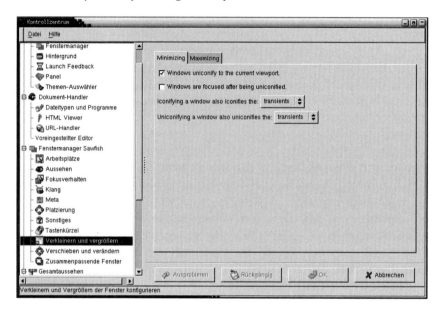

Abbildung 9.12: Minimieren von Fenstern mit *Sawfish*

Mit dem Minimieren eines Fensters und dem darauf folgenden Wiederherstellen können mit den nächsten beiden Optionen auch zusätzliche Fenster mitbehandelt werden; das schließt die *transients* ein, die als kurzlebige Fenster definiert sind, beispielsweise Dialoge; oder alle Fenster, die sich in der gleichen Gruppe wie das Fenster befinden, das minimiert oder wiederhergestellt werden soll.

Tabelle 9.14: Experten-Optionen in der *Verkleinern und vergrößern*-Sektion des *Sawfish-Capplet*, Tab *Minimizing*

Option	Beschreibung
Windows are raised after being uniconfied	Wiederhergestellte Fenster werden über die anderen Fenster angehoben.

Tabelle 9.14 – Fortsetzung

Option	Beschreibung
Unmanaged windows may be iconified	*Sawfish* kann auch Fenster minimieren, um die es sich sonst nicht zu kümmern hat.
Windows uniconify to the current workspace	Fenster werden auf die aktuelle Arbeitsfläche gebracht, wenn das Minimieren rückgängig gemacht wird.
Windows uniconify to the current workspace when they are selected	Fenster werden auf die aktuelle Arbeitsfläche gebracht, wenn das Minimieren dadurch rückgängig gemacht wird, dass Sie beim Durchblättern angewählt werden.

9.3.10.2 Maximizing

In diesem Tab wird das Verhalten von Fenstern beim Maximieren verändert.

Raise windows when maximizing sorgt dafür, dass ein Fenster, das maximiert wird, zum obersten und aktiven Fenster wird.

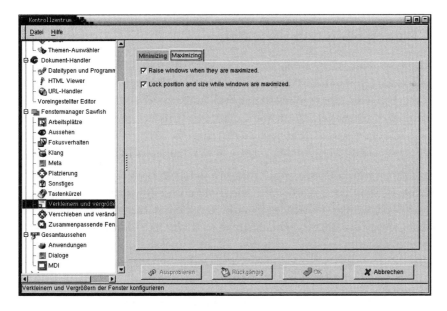

Abbildung 9.13: Maximieren von Fenstern mit *Sawfish*

Die Option *Lock position and size* verhindert, dass die Größe und die Position eines maximierten Fensters verändert werden kann, indem man es beispielsweise an den Rändern größer oder kleiner zieht. Der einzige Weg, dies wieder zuzulassen, ist, das Maximieren wieder rückgängig zu machen.

Tabelle 9.15: Experten-Optionen in der *Verkleinern und vergrößern*-Sektion des *Sawfish*-Capplet, Tab *Maximizing*

Option	Beschreibung
Maximizing a window in one dimension must increase the size of that dimension	Wenn ein Fenster nur in eine Richtung maximiert werden soll, soll sich seine Größe auf alle Fälle ändern.
Let unmanaged windows be overlapped when filling windows	Eine Option, die sich auf das Verhalten von *Sawfish* beim Füllen von Fensterinhalten auswirkt und für den Benutzer nicht von Bedeutung ist.
Don't cover 'avoided' windows when maximizing	Fenster, die als zu vermeiden markiert sind, werden beim Vergrößern nicht verdeckt.

9.3.11 Verschieben und verändern

How windows being moved are animated und *How windows being resized are animated* kennen beide die Optionen *Box* und *Opaque*. Der erste Punkt bezieht sich auf das Bewegen von Fenstern, der zweite auf das Verkleinern und Vergrößern derselben. Beides kann *opak* geschehen, dann sieht man den Fensterinhalt sich dynamisch mitverändern, oder als Box. Man sieht dann nur eine Art Gitter, und der Inhalt des Fensters wird erst am Ende des Vergrößerns wieder sichtbar.

Mit *Raise windows when they are moved or resized* wird ein Fenster, das bewegt oder dessen Größe verändert wird, über alle anderen Fenster angehoben. *Show current position* und *Show current dimensions* blenden ein kleines Fenster ein, in dem die Position bzw. die Ausmaße des Fensters angezeigt werden. Damit kann man sich sein Fenster pixelgenau an die eigenen Wünsche anpassen. Nützlich ist das beispielsweise, wenn man Webseiten entwickelt und sich die Seiten in bestimmten Fenstergrößen ansehen möchte.

Beim Bewegen eines Fensters kann man es kurz innehalten lassen, wenn sein Rand auf den Rand eines anderen Fensters stößt. Das erleichtert die Anordnung von Fenstern direkt neben- oder übereinander. Dieses Verhalten wird durch die Einstellung *Snaps window position to edges of other windows while moving*.

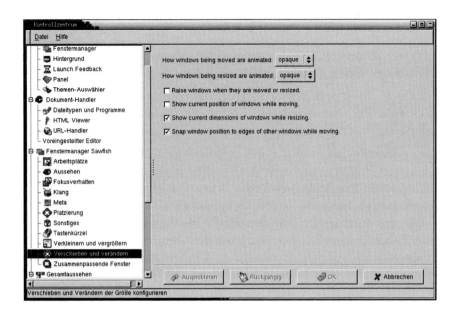

Abbildung 9.14: Das Verhalten beim Verschieben von Fenstern

Tabelle 9.16: Experten-Optionen in der *Verschieben und verändern*-Sektion des *Sawfish*-Capplet

Option	Beschreibung
Automatically select window gravity from position	Die Art und Weise, wie sich das Fenster zu anderen Fenstern verhält, wird automatisch ausgewählt.
How to choose window edges when resizing	*Border, Grab, Region* oder *Border-grab*
Proximity in pixels before snapping	Die Entfernung in Pixel, ab der das Snapping greift.
How to snap edges	*Magnetism, Resistance* oder *Attraction.* Die erste und die letzte Variante ziehen das Fenster an, wenn es sich in die Nähe des zweiten bewegt; die mittlere Variante stößt beim Bewegen auf ein Hindernis.
Snap to otherwise ignored windows	Beim Snap sollen auch Fenster berücksichtigt werden, die sonst ignoriert werden.
Only update contents after window stopped moving	Der Inhalt des bewegten Fensters wird erst dann aktualisiert, wenn die Bewegung beendet ist.

9.3.12 Zusammenpassende Fenster

Mehrere Fenster lassen sich zu Gruppen zusammenfassen. Dadurch lassen sich mehrere Fenster gleichzeitig manipulieren, schließen, verschieben usw.

Dieser Teil der *Sawfish*-Konfiguration ist wohl der komplexeste und am schwierigsten zu meisternde sein. Wenn Sie sich mit den Tiefen der Fenstergruppen auseinandersetzen möchten, sollten Sie dafür etwas Zeit mitbringen.

Wegen seiner Komplexität wird dieser Konfigurationsdialog hier auch nicht in seinem gesamten Umfang besprochen. Obwohl das Gruppieren von Fenstern eine der reizvollsten Möglichkeiten in *Sawfish* ist, um sich die Zeit zu vertreiben – und sicherlich auch, um seine Fenster zu organisieren! – wird es hier nur kurz erwähnt. Wer sich durch die verschiedenen Teile des Capplet gearbeitet und sich *Sawfish* zurechtkonfiguriert hat, wird auch mit den Termini zurechtkommen, die hier nach einem Klick auf den *Add*-Knopf im Konfigurationsdialog erscheinen. Einen Screenshot gibt es in Abbildung 9.15 zu bewundern.

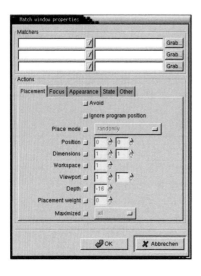

Abbildung 9.15: Nach vielfältigen Regeln können Fenster zu Gruppen zusammengefasst werden.

Kapitel 10

gdm – der Login-Manager

Grundsätzlich gibt es zwei verschiedene Wege unter Linux, sich am System anzumelden: den Login auf der Kommandozeile und den graphischen Login.

Loggt man sich auf der Kommandozeile ein, müssen der X-Server und GNOME „von Hand" gestartet werden. Das geschieht meist durch den Befehl `startx`. Dabei wird der Inhalt der Datei `~/.xinitrc` gelesen, um herauszufinden, welcher Fenstermanager und eventuell welche anderen Programme gestartet werden sollen.

Einige Benutzer möchten jedoch gleich beim Systemstart eine graphische Oberfläche vorfinden, und bei vielen Distributionen ist das auch bereits die Standardeinstellung.

Generell besteht der graphische Login darin, dass der X-Server gestartet wird und ein Fenster präsentiert, in dem Benutzername und ein Passwort abgefragt werden. War der Login korrekt, werden die Einstellungen des Benutzers geladen und die Umgebung, Fenstermanager und in unserem Fall: GNOME gestartet.

Eigentlich ist *gdm* übrigens nur ein Überbergriff für eine Sammlung von Programmen. Der Benutzer wird meist mit dem *Begrüßer* aus dem Paket konfrontiert, dem Fenster, in das er seinen Benutzernamen und sein Passwort eingeben muss. Im Folgenden benutze ich den Begriff *gdm* jedoch als Synonym für den gesamten Login-Manager.

Hinweis: Gehen Sie bei der Konfiguration des Login-Managers sorgfältig vor! Generell gilt: Je mehr Optionen ein Programm aufweist, desto mehr kann man bei der Konfiguration falsch machen. Ihr Login-Manager läuft nicht als Ersatz zum normalen Konsolen-Login, sondern als Zusatz dazu. Stellen Sie also sicher, dass Sie die zuständige Dokumentation ebenfalls konsultieren und Ihr System nicht ungewollt Benutzern öffnen, die darauf nichts zu schaffen haben.

10.1 Login-Manager einrichten

Die meisten Distributionen lassen Sie den Login-Manager mit dem entsprechenden Verwaltungswerkzeug wählen, denn, wie sollte es anders sein, es gibt natürlich auch mehrere Login-Manager, zwischen denen Sie wählen können. Neben dem originären *xdm*, der als genereller Login-Manager für das X Window System fungiert, haben die beiden großen Desktops GNOME und KDE mit *gdm* respektive *kdm* ihre eigenen Login-Werkzeuge um dieses Programm herum entwickelt; um genau zu sein: *kdm* wurde aus dem *xdm* heraus entwickelt, während *gdm* eine komplette Neuimplementierung ist.

Je nachdem, worauf die jeweilige Distribution fixiert ist, ist heutzutage entweder *gdm* oder *kdm* installiert. Wenn Sie die Distribution von SuSE verwenden, müssen Sie wahrscheinlich den *gdm* noch einrichten, was Sie am besten folgendermaßen in YaST unternehmen:

❏ Wählen Sie im Menü *Administration des Systems* den Punkt *Login-Konfiguration* aus.

❏ Wählen Sie den *grafischen* Login mit dem Programm *GDM*. Das Shutdownverhalten wählen Sie bitte nach eigenem Gusto.

Hinweis: Sie müssen nicht gezwungenermaßen *gdm* einsetzen, um einen graphischen Login für GNOME zu haben. Wenn Sie parallel KDE installiert haben, können Sie ebenso über *kdm* eine GNOME-Sitzung starten. Allerdings müssen Sie dann die KDE-eigenen Bibliotheken installiert haben, und wenn Sie Ihren Rechner als reine GNOME-Workstation verwenden möchten, könnte das eine nicht unerhebliche Verschwendung von Plattenplatz sein.

Umgekehrt gilt natürlich genau das gleiche.

10.2 Verwenden von gdm

In diesem Abschnitt gehe ich von der Standardinstallation eines SuSE Linux Systems aus. Das Aussehen und das Verhalten von *gdm* lassen sich umfänglich ändern, so dass Sie auf Ihrem eigenen Rechner möglicherweise eine etwas andere Konfiguration vorfinden werden, wenn Sie nicht die Distribution von SuSE verwenden. Die wesenlichen Optionen werden jedoch später alle besprochen.

Grundsätzlich erfolgt ein Login wie auf der Kommandozeile: Sie geben Ihren Benutzernamen ein und danach Ihr Passwort. Ist der Login erfolgreich, werden Ihre Einstellungen geladen und die Umgebung, Fenstermanager und in unserem Fall: GNOME gestartet.

Das Fenster, in dem Sie Ihre Eingaben tätigen müssen, hat eine Menüleiste mit drei Einträgen:

Sitzungstyp lässt Sie die Art der Sitzung wählen, die Sie starten möchten. Das kann eine GNOME-Sitzung sein, eine KDE-Sitzung, oder einfach einen der installierten Fenstermanager ohne eine der beiden Desktopumgebungen.

Die *Sprache* lässt Sie Vorteil daraus ziehen, dass GNOME in vielen Sprachen lokalisiert ist. Wenn die Programme, die Sie benutzen, bereits lokalisiert sind, wird die Applikation in eben der Sprache laufen, die Sie in *gdm* gewählt haben.

Diese beiden Menüs *Sitzungstyp* und *Sprache* besitzen einen Eintrag *letzte*, der automatisch die zuletzt benutzten Einstellungen lädt.

Das *System*-Menü lässt Sie den Rechner komplett herunterfahren oder neu starten. Beachten Sie, dass SuSE dies in der Standardeinstellung auch normalen Benutzern erlaubt, also nicht nur `root`.

10.3 Konfiguration

Die Konfiguration von *gdm* kann im Wesentlichen über das Programm *gdmconfig* ablaufen. Um dieses Werkzeug starten zu können, müssen Sie `root` sein. Im *Programme*-Menü ist es als *GDM Configurator* im Untermenü *System* zu finden.

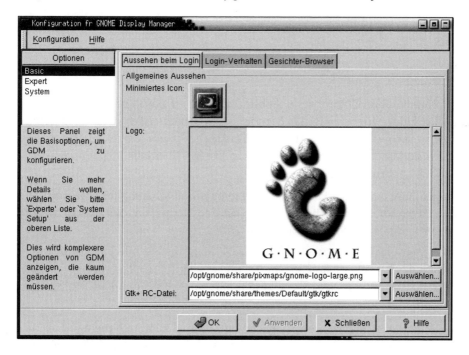

Abbildung 10.1: *Look and Feel* des *gdm*

Beachten Sie, dass Änderungen erst mit einem Klick auf den *Anwenden*-Button wirksam werden. Es erscheint ein Hinweis, dass die Änderungen erst dann zu sehen sind, wenn Sie Ihre Session beenden und *gdm* dadurch neu gestartet wird.

10.3.1 Basisoptionen

Die Sektion mit den Basisoptionen ist in drei Tabs gegliedert, namentlich das *Aussehen beim Login*, das *Login-Verhalten* und die Konfiguration des *Gesichter-Browser*.

10.3.1.1 Aussehen beim Login

Das *Aussehen beim Login* beschreibt das rein Optische des Login-Managers. Das *Minimierte Icon* erscheint, wenn man das Fenster mit dem entsprechenden Button in der Titelleiste minimiert. Das *Logo* erscheint im Fenster und kann frei gewählt werden.

RC-Dateien sind Ressourcendateien für GTK+ und definieren das Aussehen von Widgets. Werfen Sie einen Blick in Ihr Heimtverzeichnis, und Sie werden eine Datei mit dem Namen .gtkrc finden. Die Datei, die Sie hier angeben können, legt das Aussehen des Fensters fest. Verwenden Sie doch einmal die .gtkrc eines Benutzers, um zu sehen, wie es funktioniert.

10.3.1.2 Login-Verhalten

Das Verhalten beim Login, siehe Abbildung 10.2, ist etwas umfänglicher. Das beginnt mit der Möglichkeit, das Menü *System* auszublenden, was wohl gerade bei Netzwerken wünschenswert ist. Das Fenster bei einem fehlgeschlagenen Login *zittern* zu lassen ist ein netter optischer Effekt. Ebenfalls kosmetisch ist die Vorgabe der Schriftart.

Die Begrüßungsnachricht kann zwei variable Parameter enthalten, die durch %h für den Hostnamen des Rechners und %n für den Namen des Netzwerks, in dem sich der Rechner befindet, gegeben sind.

Die Vorgabe eines *locale* gibt an, in welcher Sprache das System gestartet werden soll, wenn der Benutzer keine im *gdm*-Menü auswählt. Das *Hintergrundprogramm* wird nach Wunsch aufgerufen, um ein Hintergrundbild für den *gdm*-Bildschirm zu setzen.

Diese Benutzer ausschließen dient zwei Dingen: Einmal kann sich niemand als dieser Benutzer graphisch einloggen, wenn er in dieser Liste steht. Des weiteren erscheint für keinen dieser Benutzer ein Gesicht im weiter unten beschriebenen Gesichter-Browser, so dass das Fenster bei dieser Art von Login weniger mit Bildern zugestellt ist.

Außerdem erfährt eine Person, die sich mit bösen Absichten an den Rechner setzt, auf diese Weise weniger über das System; Dienste wie Webserver, Datenbanken und so weiter laufen für gewöhnlich mit den Rechten eines eigens eingerichteten Benutzers, dessen Vorhandensein auch den Dienst verrät.

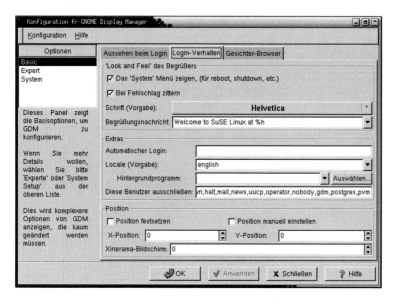

Abbildung 10.2: Verhalten des *gdm* beim Login

Schließlich können Sie noch die *Position* für das Fenster auf dem Bildschirm festlegen. Die Zahlenangaben sind dabei als Entfernung in Pixeln von der linken oberen Ecke des Bildschirms zu sehen. Mit der Auswahl eines *Xinerama*-Bildschirms müssen Sie sich auseinandersetzen, wenn Sie mehr als einen Bidlschirm an Ihrem Rechner angeschlossen haben, wovon wir der Einfachheit halber an dieser Stelle nicht ausgehen.

10.3.1.3 Der Gesichter-Browser

Der *Gesichter-Browser* ist ein hübsches Spielzeug: Statt einen Benutzernamen einzugeben, kann man ein Bild von sich oder wovon auch immer wählen, um anzugeben, wer man ist. Ein Passwort muss natürlich immer noch angegeben werden. Der Konfigurationstab, der in Abbildung 10.3 zu sehen ist, lässt eine Vorgabe für all diejenigen wählen, die keine Bilddatei angegeben haben. Im *Globalen Gesichterverzeichnis* können Sie Bilder ablegen, aus denen die Benutzer wählen können. Im Fenster von *gdm* tatsächlich angezeigt wird ein Bild allerdings nur, wenn es unter dem Dateinamen ~/.gnome/photo existiert. Erlaubt sind dabei alle gängigen Dateiformate.

Beachten Sie bitte, dass an dieser Stelle die Gesichter *aller* Benutzer im System angezeigt werden, also auch derjenigen, die nicht tatsächlich einer Person zugeordnet sind, sondern die nur existieren, um beispielsweise einen Dienst wie den Webserver laufen zu lassen. Um diese Bilder nicht anzeigen zu lassen, sollten Sie sie wie weiter oben beschrieben in die Liste der auszuschließenden Benutzer aufnehmen.

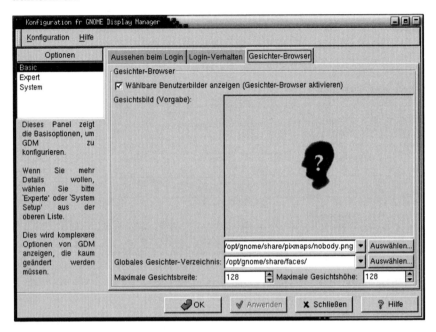

Abbildung 10.3: Zeigen Sie Gesicht im Gesichter-Browser

10.3.2 Expertenoptionen

Die Einstellungen in den Expertenoptionen sind eine Mischung aus grundlegend wichtigen Einstellungen und Optionen, die nur für X-Installationen in Netzwerken von Belang sind.

10.3.2.1 Sicherheit

Besonderes Augenmerk ist auf die Sicherheitseinstellungen zu legen.

Man sollte überlegen, ob `root` unbedingt eine graphische Oberfläche braucht. Die meisten Distributionen erlauben es, auch als normaler Benutzer nach Eingabe des `root`-Passwortes die Administrationswerkzeuge laufen zu lassen, und generell lassen sich die Aufgaben von `root` auf der Kommandozeile ausführen, wo sich über Programme wie su kurzzeitig die Identität des Superbenutzers annehmen lässt.

Hinweis: Moderne Linux-Systeme, wie die Distribution von SuSE, verwenden ein System zur Authentifizierung von Benutzern namens *PAM*, was für *Pluggable Authentication Modules* steht. Mit diesem System kann man exakt definieren, welcher Benutzer sich mit welchen Rechten von wo und wie auf das System einloggen kann. Ist PAM installiert, wird die Option des root-Login im GDM-Konfigurator übergangen. In den Standardeinstellungen kann sich root dann durchaus graphisch einloggen, wenn er nicht, wie oben beschrieben, explizit in die Ausschlussliste übernommen wird.

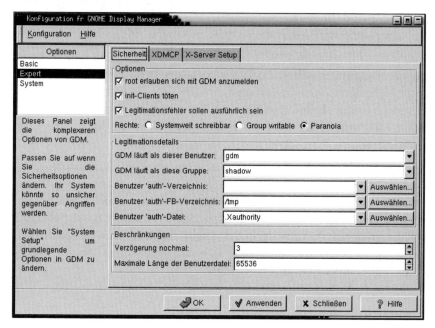

Abbildung 10.4: Die *gdm*-Sicherheitseinstellungen

Init-Clients zu töten obliegt dem Login-Manager, wenn beim Booten des Systems durch den init-Prozess Programme gestartet werden, die einen X-Server benötigen.

Legitimationsfehler ausführlich an den Benutzer zurückzugeben bedeutet, dass er angezeigt bekommt, wo der Fehler gelegen hat; ob das Passwort falsch war, der Benutzer nicht existiert oder was auch immer. Auf diese Weise könnte eine Person mit unlauteren Absichten zumindest schon einmal herausfinden, ob bestimmte Benutzer auf dem System existieren.

Auch für *gdm* sind zuweilen Rechte festzulegen, die in Relation zum aktuellen Benutzer stehen. *Systemweit schreibbar* lässt *gdm* alle Dateien einsehen, die für jeden schreibbar sind, *Gruppenweit schreibbar* nur diejenigen, die für die jeweilige Gruppe schreibbar sind. Die Einstellung *Paranoia* schließlich lässt nur Dateien und Verzeichnisse zu, die dem Benutzer explizit gehören.

In den *Legitimationsdetails* lassen sich Benutzer und Gruppe festlegen, mit deren Rechten *gdm* laufen soll. SuSE hat dafür eigens einen Benutzer gdm eingerichtet, der zur Gruppe shadow gehört, andere Distributionen mögen dies anders handhaben.

Die Authentifizierung eines Benutzers zur Verbindung mit dem X-Server verläuft so, dass der X-Server eine Datei mit dem Namen .Xauthority einrichtet, in der ein Cookie gespeichert wird. Der Besitzer dieses Cookie gilt als mit dem X-Server verbunden; daher sind die Rechte auf diese Datei auch sehr streng gesetzt. Wird im Konfigurationseintrag *Benutzer auth-Verzeichnis* nichts angegeben, wird diese Datei im Heimatverzeichnis des Benutzers abgelegt.

Falls es *gdm* nicht gelingen sollte, die Datei in diesem Verzeichnis zu aktualisieren, versucht es, seinen Cookie im *Benutzer auth-FB-Verzeichnis* abzulegen. Dieses Verzeichnis sollte auf alle Fälle für *gdm* beschreibbar sein, ein Verzeichnis für temporäre Daten wie /tmp bietet sich an. Auch der *Dateiname* für diese Datei kann angegeben werden.

Die *Beschränkungen*, die den letzten Teil in der Sicherheitskonfiguration sind, bieten zum einen einen Timeout an; diese *Verzögerung* gibt an, wie lange gewartet werden soll, bevor man nach einem missglückten Anmeldeversuch wieder etwas eingeben kann. Die *Maximale Länge der Benutzerdatei* verhindert, dass *gdm* Dateien schreibt, die größer als dieser Wert in Bytes sind. Dadurch wird beispielsweise verhindert, dass ein Angreifer durch viele aufeinanderfolgende Login-Versuche riesige Dateien mit Fehlermeldungen erzeugt.

10.3.2.2 XDMCP

Diese Abkürzung steht für *X Display Manager Control Protocol*. Dabei handelt es sich um ein Protokoll, dass sich die Netzwerkeingenschaften von X zunutze macht: Ein Client kann einen X-Server laufen lassen, der die Darstellung von Programmen übernimmt; die Programme selbst werden zentral auf einem leistungsfähigen Rechner gestartet.

An dieser Stelle soll nicht das genaue Aufsetzen eines XDMCP-Systems beschrieben werden; wir beschränken uns auf ein kurzes Erläutern der Optionen, sie sind in Tabelle 10.1 aufgelistet. Unter http://www.linuxdoc.org/ findet man das *Linux XDMCP-HOWTO*, das sich ausführlich dem Aufsetzen eines solches Systems widmet.

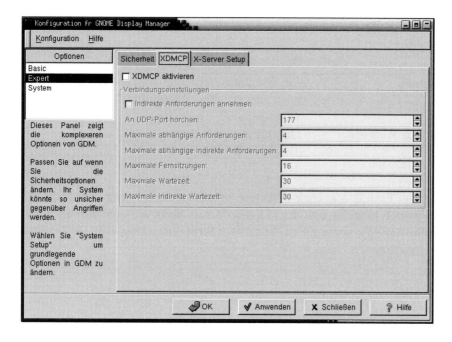

Abbildung 10.5: *X Display Manager Control Protocol* mit *gdm*

Hinweis: Vom Sicherheitsstandpunkt aus sollten Sie XDMCP unbedingt auf Ihr lokales Netzwerk beschränken und darauf achten, dass niemand von außen darauf zugreifen kann.

Tabelle 10.1: XDMCP in den Experteneinstellungen von *gdm*

Option	Beschreibung
XDMCP aktivieren	Aktivierung des Protokolls
Indirekte Anforderungen annehmen	Statt gezielt einen Host zu wählen, lassen sich auch indirekte Anforderungen in das Netzwerk hinausrufen; hier wird festgelegt, ob diese angenommen werden sollen.
UDP Port	Der Port, auf dem der Server lauschen soll. Standard ist hier 177.
Max. abhängig	Maximale Anzahl von Verbindungen, die zustande kommen wollen; siehe Text.
Max. abhängig indirekt	Dito für indirekte Anfragen (siehe oben)
Max. Fernsitzungen	Die maximale Anzahl entfernter Sitzungen, die den Host benutzen dürfen.

Tabelle 10.1 – Fortsetzung

Option	Beschreibung
Max. Wartezeit	Ein Timeout-Wert; die Anzahl an Sekunden, nach denen eine Verbindung entfernt wird, wenn keine Antwort eingeht.
Max. indirekte Wartezeit	Dito für indirekte Anfragen (siehe oben)

Wichtig ist der Eintrag *Maximale abhängige Verbindungen*. Ein Angreifer kann das System eventuell blockieren, indem er eine Menge Verbindungen anfragt, diese aber nicht zustande kommen lässt. Mit dieser Einstellung lässt sich die Zahl der Anfragen beschränken.

10.3.2.3 X-Server Startup

Hier können Sie alle X-Server eintragen, die lokal gestartet werden sollen. Die Einträge bestehen aus einer automatisch aufwärts zählenden Displaynummer und dem vollen Programmnamen inklusive Pfad des X-Server.

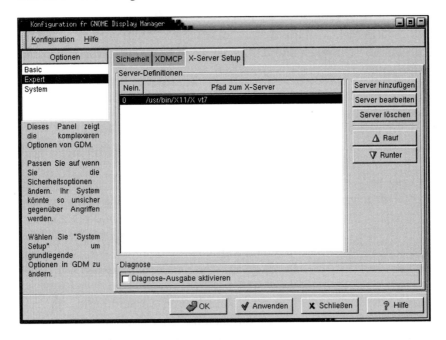

Abbildung 10.6: X-Server-Einstellungen in *gdm*

Die Checkbox *Diagnoseausgabe aktivieren* ist für die Fehlersuche nützlich und erzeugt eine Menge Statusinformationen.

Hinweis: Wenn Sie die Abbildung aufmerksam betrachten, werden Sie die Spalte *Nein*. erkennen; dabei handelt es sich um einen kleinen aber feinen Übersetzungsfehler: Die Spaltenüberschrift lautet im Original *No.*, was im Englischen als Abkürzung für *Number* steht...

10.3.3 Systemoptionen

Die Einstellungen in den Expertenoptionen sind im Wesentlichen für Systemadministratoren interessant, normale Benutzer wollen hier kaum Änderungen vornehmen.

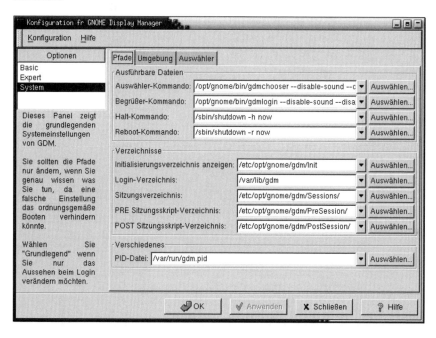

Abbildung 10.7: Pfadeinstellungen

10.3.3.1 Pfade

Der Inhalt des *Pfade*-Tab ist in Tabelle 10.2 dargestellt. Es gibt für die meisten Benutzer keinen Grund, an diesen Einstellungen Änderungen vorzunehmen.

Tabelle 10.2: Pfadeinstellungen im *System*-Tab des Login-Managers

Name	Beschreibung
Auswähler	Programm, das die eigentliche Auswahl der Session übernimmt
Begrüßer	Programm, das das Login-Fenster anzeigt
Halt-Kommando	auszuführender Befehl, wenn im *System*-Menü *Herunterfahren* gewählt wird
Reboot-Kommando	auszuführender Befehl, wenn im *System*-Menü *Neustart* gewählt wird.
Init-Verzeichnis	Initialisierungsverzeichnis; die Skripte hierin werden ausgeführt, bevor die Login-Abfrage angezeigt wird.
Sitzungs-Verzeichnis	Konfigurationsdateien für einezelne Sitzungstypen
PRE-Sitzungsskripte	Skripte, die vor Ablauf der eigentlichen Sitzung ausgeführt werden sollen
POST-Sitzungsskripte	Skripte, die im Anschluss an die Sitzung ausgeführt werden sollen
PID-Datei	Datei, in der *gdm* die Nummer des laufenden Prozesses ablegt

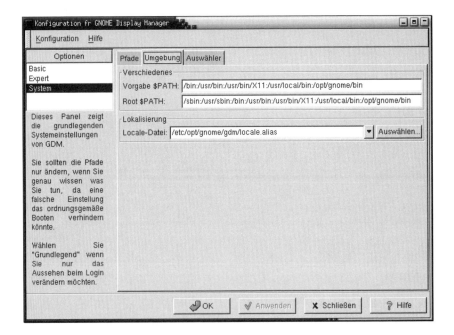

Abbildung 10.8: Umgebungsvariablen für *gdm*

10.3.3.2 Umgebung

Im Abschnitt *Umgebung* werden Umgebungsvariablen für *gdm* festgelegt. Sensitive Programme wie der Login-Manager werden generell mit strengen eigenen Regeln und Beschränkungen ausgeführt, und dazu gehört auch das Setzen bestimmter Umgebungsvariablen.

In der Variablen PATH wird nach ausführbaren Programmen gesucht. Wird auf der Kommandozeile ein Befehl eingetippt, werden die Verzeichnisse in dieser Liste der Reihe nach nach diesem Befehl durchsucht; wird er nicht gefunden, wird eine Fehlermeldung zurückgegeben. Aus Sicherheitsgründen ist diese Liste möglichst kurz zu halten und für ein Programm wie *gdm* möglichst restriktiv zu handhaben. Das gilt umso mehr für die PATH-Variablen für den Benutzer root.

In der *Locale-Datei* werden Lokalisierungen kodiert und in lesbare Varianten übersetzt, so dass man bei Bedarf einfach *german* statt *de_DE-ISO8990-1* angeben kann, wie zum Beispiel im Feld für die *Locale*-Vorgabe in den Basisoptionen von *gdm*.

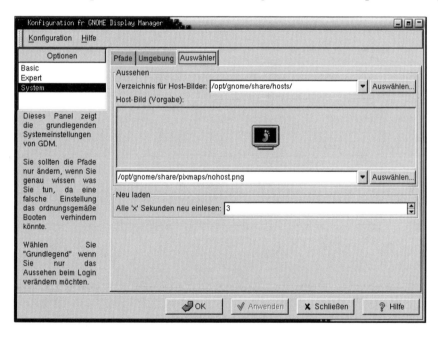

Abbildung 10.9: Konfiguration des Hostwählers

10.3.3.3 Auswähler

Die Einstellungen in dieser Sektion ergeben nur dann Sinn, wenn im Abschnitt *Experten* die Wahl getroffen wurde, das Protokoll XDMCP zu verwenden.

Die *Host-Bild Vorgabe* ist ein Standardbild, falls es für einen Host kein spezielles Bild im *Verzeichnis* geben sollte, das ebenfalls frei gewählt werden kann.

Alle X Sekunden neu einlesen bestimmt das Intervall, in dem nach neuen Hosts gesucht und dementsprechend neue Bilder angezeigt werden sollen, wenn neue Hosts gefunden wurden.

10.3.4   gdm.conf

In der Datei `gdm.conf` legt der Login-Manager seine Konfigurationsdaten ab. Diese Datei befindet sich bei vielen Distributionen nicht, wie man vielleicht erwarten möchte, im GNOME-Verzeichnisbaum; unter SuSE findet man sie beispielsweise unter `/etc/opt/gnome/gdm/gdm.conf`.

Kapitel 11

Das GNOME-Terminal

Dass GNOME eine komfortable Benutzeroberfläche zur Verfügung stellt, ist wohl bis hierher deutlich geworden. Aber die Behauptung, dass die Kommandozeile unübersichtlich, schwierig zu lernen, kryptisch oder unkomfortabel sei, all dies ist schlicht falsch! Das viele Klicken in einer graphischen Oberfläche kann einfach erscheinen; wer jedoch eine komfortable Kommandozeile gewohnt ist, schaut immer noch verwundert auf Maus-Artisten, die viele Bewegungen und einen Haufen Klicks für Aktionen aufwenden, die sich mit einem einzigen Befehl in einer Shell ausführen lassen.

Bevor ich mich jedoch dazu hinreißen lasse, den üblichen Schlagabtausch zu beginnen, versuche ich zu zeigen, wie man via GNOME beide Welten zusammenführen kann.

11.1 Konsolen verwenden

Wenn man sich für das graphische Einloggen in sein System entschieden hat, bedeutet das noch lange nicht, dass man nichts anderes mehr haben kann. Mit der Kombination aus (Strg)+(Alt) zusammen mit einer der Tasten von (F1) bis (F6) kann man einfach auf eine der Textkonsolen wechseln. Dort kann man sich normal mit Benutzernamen und Passwort einloggen und mit (Alt) und einer der Tasten von (F1) bis (F6) zwischen den Konsolen herumblättern.

Wenn man wieder zur graphischen Oberfläche zurück möchte, wechselt man mit (Alt)+(F7) auf die Konsole Nummer 7; auf dieser läuft normalerweise die X-Sitzung. Hat man ein GNOME in der Standardkonfiguration vor sich, findet man im Panel ein Symbol, das einen Monitor mit einem kleinen GNOME-Fuß davor zeigt. Ein Klick auf dieses Icon öffnet ein Terminal, das im wahrsten Sinne des Wortes das Fenster zur Kommandozeile ist.

Ein Terminalfenster lässt sich auch mit dem *Ausführen*-Fenster von GNOME hervorzaubern; mit der Tastenkombination (Alt)+(F2) erscheint es, und nach der Eingabe von gnome-terminal wird ein solches gestartet.

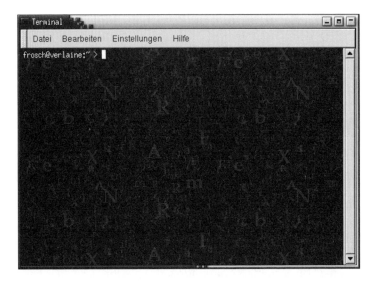

Abbildung 11.1: Das Terminal mit halbtransparentem Hintergrund

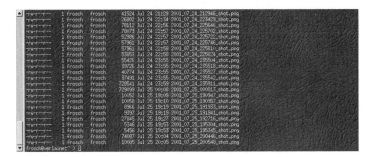

Abbildung 11.2: Ein anderer Terminal-Schnappschuss mit einigen Screenshot-Dateien für dieses Buch

11.2 GNOME-Terminal benutzen

Nun sitzen Sie vor Ihrer Shell und wissen eventuell nicht, wohin. Die Verwendung einzelner Shells zu erläutern, inklusive ihrer Programmierbarkeit, würde den Rahmen dieses Bandes sprengen – diese Themen füllen in der Tat eigene

Bücher. Für die weit verbreitete bash bietet sich ein gutes Linux-Buch für Einsteiger an, das das Thema behandelt, wie zum Beispiel das beliebte [Kof02] oder gleich [NR95], ein ganzer Band nur über diese Shell.

Wenn Sie eine andere Shell benutzen, sollten Sie sich im Internet nach entsprechender Literatur umsehen. Jede Shell ist inzwischen in der einen oder anderen Weise ausführlich dokumentiert, sei es nun in einer Webseite oder tatsächlich als gedrucktes Buch.

Als Überblick häufiger Befehle sei das Auge des Betrachters auf die folgende Tabelle 11.1 gelenkt. Diese Tabelle ist allerdings nicht nur nicht vollständig, sondern sogar grob lückenhaft. Genaue Informationen über einzelne Befehle oder Programme erhalten Sie in den jeweiligen man- oder info-Seiten. Wie Sie diese unter GNOME betrachten können, ist im Kapitel über das Hilfesystem erläutert (Seite 65). In der Shell selbst erhalten Sie eine man-Seite mit man, gefolgt vom Namen des Befehls; wenn Sie also die Seite zum Kommando ls sehen möchten, tippen Sie

```
user@linux: > man ls
```

Mit info-Seiten verfahren Sie genauso, also:

```
user@linux: > info ls
```

Tabelle 11.1: Einige häufig benutzte Shell-Befehle und -Programme

Befehl	Beschreibung
ls	listet den Inhalt eines Verzeichnisses auf
cd	wechselt in ein anderes Verzeichnis
pwd	gibt den Namen des aktuellen Verzeichnisses aus
mkdir	erstellt ein neues Verzeichnis
rmdir	löscht ein Verzeichnis
man	ruft eine man-Seite auf – mehr zur Hilfe ab Seite 63.
cat	gibt den Inhalt einer (Text-)Datei aus.
less	zeigt den Inhalt einer Datei seitenweise an, so dass man darin hin- und herblättern kann
echo	gibt die Dinge aus, die man dem Programm übergibt; egal ob z. B. auf dem Bildschirm, in Dateien etc.
grep	sucht nach bestimmten Mustern in Dateien
passwd	ändert Ihr Passwort
su	lässt Sie vorübergehend root-Rechte annehmen

Eine Shell zu benutzen erscheint auf den ersten Blick reichlich gewöhnungsbedürftig und umständlich. Wenn Sie sich jedoch die Mühe machen und etwas Zeit investieren, werden Sie merken, dass es Dinge gibt, die Ihnen wesentlich schneller von der Hand gehen als wenn Sie die Maus und Knöpfe zum Anklicken verwenden. Dafür sorgen einige Annehmlichkeiten, die in jede Shell eingebaut sind. Beispielsweise die so genannte *History*: All Ihre bisher eingegebenen Befehle werden gespeichert, so dass Sie mit den Cursortasten nach oben und unten durch Ihre bisherigen Kommandos blättern können.

Oder die *Automatische Vervollständigung* von Befehlen und Datei- und Verzeichnisnamen: Einen langen Dateinamen wie `meinediplomarbeit.txt` müssen Sie beim Erstellen Ihrer Sicherheitskopie auf Diskette nicht jedesmal eintippen; die ersten Buchstaben, gefolgt von der (Tab)-Taste reichen aus, und der Name wird vervollständigt. Wenn es mehrere Möglichkeiten gäbe, den Namen zu vervollständigen, wird eine Liste mit den Alternativen präsentiert. Viele Menschen, die den Anschein erwecken, als könnten Sie unglaublich schnell auf der Shell tippen, machen sich diese Eigenschaft zunutze.

Selbstverständlich versteht die Shell auch so genannte *Wildcards*, also Platzhalter. Dabei steht ein Stern * beispielsweise für alle möglichen Zeichen, so dass eine Zeile wie

```
user@linux: > ls *.tex
```

Ihnen alle Dateien anzeigt, die auf `.tex` enden. Ein Fragezeichen steht für ein beliebiges Zeichen. Wenn ich also im Verzeichnis mit den Dateien für dieses Buch folgendendes eingebe, erhalte ich folgendes Ergebnis:

```
user@linux: > ls *l?s.tex
nautilus.tex  styles.tex
```

Das Muster bedeutet dann so etwas wie: „Alle Dateien, die mit beliebigen Zeichen anfangen, gefolgt von einem `l`, gefolgt von einem einzigen beliebigen Zeichen, gefolgt von einem `s`, und mit der Endung `.tex`". Diese Muster sind sehr mächtig und flexibel. Wenn jemand eine kryptische Sammlung von Zeichen auf der Shell eintippt, können Sie davon ausgehen, dass er ein solches Muster benutzt. Das Verstehen dieser Muster ist ein Großteil der Magie hinter der Shell.

Außerdem lassen sich in der Shell *Skripte* erstellen. Das bedeutet im Wesentlichen, die gewünschten Befehle der Reihe nach in eine Datei zu schreiben und der Shell dann zu sagen, sie solle diese Datei ausführen. Alle Dateien unterhalb eines Verzeichnisses finden, die jünger als 3 Tage sind, deren Namen ausschließlich in Kleinbuchstaben umwandeln und als Sicherheitskopie auf eine andere Partition kopieren? Mit einem Shellskript überhaupt kein Problem. Zusammen mit Schleifenkonstrukten und der Möglichkeit, eigene Funktionen zu definieren, ist die Shell also vollständig programmierbar.

Die komfortablen Eigenschaften einer durchdachten Shell werden aber, wie gesagt, erst nach näherem Hinsehen offenbar. Wer aber eben dieses genauere Hinsehen auf sich nimmt, wird nach einer Weile verstehen, warum manche Linuxer etwas herablassend auf Leute schauen, die absolut *alles* über die Maus regeln möchten und der Meinung sind, dies sei schneller und einfacher.

11.2.1 Konfiguration

Obwohl das Terminal seinem Ursprung gerecht wird – nämlich mit der Tastatur gesteuert zu werden –, macht es doch einige Konzessionen an die Umgebung, in der es sich befindet. Dazu gehört auch die Möglichkeit, es über einen eigenen Dialog zu konfigurieren. Im Folgenden seien die Eigenschaften beschrieben, die mit diesem Dialog verändert werden können.

11.2.1.1 Allgemein

Zuerst finden Sie die Combobox *Terminal-Klasse*. Mit dieser Option können Sie Profile anlegen, um verschiedene Arten von Terminalkonfigurationen gleichzeitig verwenden zu können.

Abbildung 11.3: Konfiguration des Terminal

Machen Sie Ihre Änderungen im Konfigurationsdialog. Mit dem Knopf *OK* können Sie sich das Ergebnis in dem Terminal, in dem Sie den Dialog aufgerufen haben, begutachten. Wenn Sie zufrieden sind, können Sie entweder mit *OK* abspeichern oder eben in dem Feld *Terminal-Klasse* einen neuen Namen für dieses Profil eingeben. Das Profil wird dann gespeichert und über die Combobox zugänglich gemacht.

Ein Terminal kann gleich beim Start mit einem bestimmten Profil gestartet werden. Dazu öffnen Sie im Kontextmenü des Icon Panel den Dialog *Eigenschaften* und geben im Feld *Kommando* ganz am Ende noch den Parameter `--tclass` mit an, gefolgt vom Namen der Klasse.

Das Feld darunter öffnet einen Schriftwahldialog, mit dem sich eine Schriftart wählen lässt, in der der Inhalt des Terminal dargestellt werden soll.

11.2.1.2 Bild

Statt einer Hintergrundfarbe kann ein Terminal auch mit einem Hintergrundbild ausgestattet werden. Dabei ist das Bildformat egal, solange es von GNOME generell unterstützt wird.

Das Bild kann entweder *Keines* sein (das ist die Standardeinstellung), oder eben ein Bild, das Sie sich mit dem *Auswählen*-Dialog aussuchen können. Wenn Sie sich ein Bild ausgesucht haben, können Sie noch dafür sorgen, dass es *rollt*. Dann bewegt sich das Bild mit dem Inhalt des Terminalfensters mit.

Abbildung 11.4: Ein Hintergrundbild für das Terminal

Die dritte Option ist, einen *Transparenten* Hintergrund zu verwenden. Bei diesem Trick wird einfach der Hintergrund, der unter dem Fenster nicht zu sehen ist, kopiert und als Hintergrundbild eingefügt. Auf diese Weise entsteht der Eindruck, dass das Fenster durchscheint.

Mit der Option *Hintergrund sollte schattiert sein* kann das Hintergrundbild außerdem noch abgedunkelt werden. Dass kann gerade bei farbigen Hintergründen und transparenten Fenstern nützlich sein, damit man bei heller Schrift überhaupt noch etwas erkennen kann.

11.2.1.3 Farben

Das Terminal kann ein Farbschema erhalten; das bezieht sich sowohl auf die Hintergrundfarbe als auch auf die Farbgebung der Schriften.

Einige Programme können die Konsole von sich aus einfärben. Mein Lieblingseditor *vi* zum Beispiel benutzt für das Syntaxhighlighting Farben, um beispielsweise in C-Programmen Schlüsselwörter hervorzuheben. Das GNOME-Terminal kennt vier verschiedene Einstellungen für die Einfärbung der Schrift: *Linux-Konsole*, *Farbiges XTerm* und *rxvt*. Diese unterscheiden sich teilweise nur sehr subtil voneinander; etwas Experimentieren sollte hier am ehesten weiterhelfen.

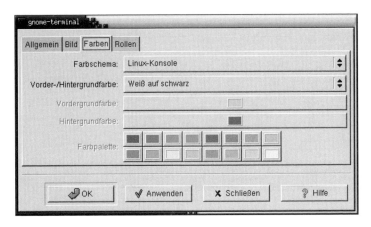

Abbildung 11.5: Farben

Die vierte Option, *Eigene Einstellungen*, öffnet das Tor für Eigenkreationen. Jeder der folgenden Knöpfe öffnet einen der gewohnten Farbwahldialoge. Die *Vordergrundfarbe* legt die Standardschriftfarbe fest, wie man sie als hübsches Mausgrau von der Standardkonsole kennt, während die *Hintergrundfarbe* – wenig überraschend – die Farbgebung des Hintergrundes bestimmt.

Darüber hinaus verfügt ein Terminal über eine Palette von 16 Farben, die es zur Hervorhebung von Besonderheiten verwenden kann. Dabei handelt es sich um 8 normale Farben, und jeweils darunter die dazugehörige „leuchtende Farbe", also eine Hervorhebung eben dieser Farbe.

11.2.1.4 Rollen

Der Scrollbalken am Rande eines Terminal findet deshalb besondere Beachtung, weil er den Ersatz (oder vielmehr eine Ergänzung) für eine besondere Eigenschaft der Shell darstellt: Mit der Tastenkombination (Shift ⇑) +(Bild ↑) lässt sich das

185

bisher Getippte und Ausgegebene der Shell zurückblättern; ebenso können Sie mit (Shift ⇑) +(Bild ↓) wieder in die andere Richtung zurückblättern.

Diese Tastenkombinationen funktionieren auch noch im GNOME-Terminal, probieren Sie sie also einmal aus. Mit dem Scrollbar kann diese Aktion mit der Maus durchgeführt werden.

Im Konfigurationsdialog kann der Scrollbar entweder *Links* oder *Rechts* am Fenster positioniert werden, und eine *Anzahl Zeilen* festgelegt werden, die sich das Terminal merken soll, so dass man in ihnen zurückblättern kann.

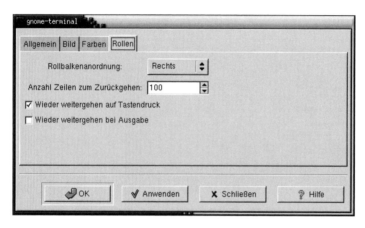

Abbildung 11.6: Ein Scrollbar für das Terminalfenster

Wenn Sie gerade dabei sind, durch die bisherigen Zeilen zu blättern, können Sie durch *Wieder weitergehen auf Tastendruck* beim Drücken einer beliebigen Taste ganz nach unten scrollen. Das gleiche Verhalten können Sie auch erzwingen, wenn in dem Terminal eine neue Ausgabe erzeugt wird.

Kapitel 12

Anwendungen

„Software ist alles, was man nicht anfassen kann", lautet eine ebenso kurze wie richtige Faustregel. „Für Linux gibt es keine Software." So lautet ein – immer noch – weit verbreitetes Fehl- und Vorurteil. Diese Behauptung gründet sich auf einer geradezu erschütternden Unkenntnis der Sachlage, gepaart mit den nicht unerheblichen Bemühungen der Marketingabteilungen von Herstellern proprietärer Software. Und daher verdient sie es, näher beleuchtet zu werden. Ich behaupte also das schlichte Gegenteil: Für Linux finden Sie mehr Software als es sie für viele andere Systeme jemals geben wird.

Schauen Sie doch einmal per Browser bei `http://freshmeat.net/` hinein. Auf dieser Webseite wird Software angekündigt, und zwar immer dann, wenn eine neue Version herauskommt. Viele Autoren von Software für Linux und andere Unix-Varianten annoncieren ihre Software hier. Sehen Sie sich die Liste der letzten 24 Stunden an, und vielleicht noch der letzten zwei Tage; Sie werden eine unglaubliche Menge Software zu sehen bekommen.

12.1 Software und ihre Entwicklung für Linux

Das meiste davon ist Open Source Software; nicht alles, aber beinahe alles. Ein weit verbreiteter Irrtum ist, dass Software für Linux immer automatisch frei oder umsonst ist oder sein muss. Das ist mitnichten der Fall. Niemand hindert Sie daran, Software für die Plattform Linux zu entwickeln und dann in einem geschlossenen, nichtfreien Format zu verkaufen. Wenn Sie Ihre Arbeit dabei auf freien Bibliotheken fußen lassen, können Sie eventuell in Schwierigkeiten kommen; aber generell steht der Realisierung eines solchen Projektes nichts im Weg.

Und auch der vorhergesagte Untergang Freier Software, nachdem *Oracle* seine weltweit führende Datenbank nach Linux portierte (immer noch proprietär und immer noch teuer) und nachdem IBM das freie Betriebssystem großflächig unterstützt, ist auch nicht eingetreten. Im Gegenteil scheinen diese Vorgänge dem freien Betriebssystem einen Akzeptanzschub beschert zu haben, der es in die Aufmerksamkeit von Managementetagen gerückt hat.

Doch was interessiert Sie das als Benutzer (in den Marketingabteilungen nennt man Sie übrigens „Endanwender"), insbesondere auf dem GNOME-Desktop?

Der Antrieb aller Entwickler, neue Freie Software zu schreiben und bereits bestehende Programme ständig weiter zu verbessern, hat durch diese größere Nutzerbasis ebenfalls Auftrieb erhalten. Da die Gruppe der Entwickler Freier Software nicht zu der Gruppe der Benutzer komplementär ist, sondern sich im Gegenteil als Teil von ihr begreift, hat sich mit der Basis nicht nur der Fokus der Anwender, sondern auch der Fokus der Entwickler verändert: Neben den ganzen kleinen Werkzeugen, die, miteinander kombiniert, mächtige Anwendungen schaffen konnten, gibt es dazu nun auch große Applikationen, die sich mit den Möglichkeiten und Anwendungsgebieten der proprietären Konkurrenten messen können.

Das Prinzip, auf dem Unix-Systeme basieren, lautet: „build your work on top of the work of others", also: Lasse Deine Arbeit auf der Arbeit anderer fußen. Als direkte Folgerung ergeben sich zwei Dinge.

Zuerst gibt es viele kleine Werkzeuge, meist auf der Kommandozeile zu benutzen, die eine einzige spezifische Aufgabe erfüllen. Diese erfüllen sie dann aber auch richtig. Ob man mit `grep` nach Mustern in Textdateien sucht oder Zeilen aus einer solchen Datei mittels `cut` zerschneidet; jedes dieser Tools kann nur diese eine Sache, aber mit einer Fülle von Optionen, die sie jeweils äußerst mächtig machen. Das Zusammenfügen dieser Programme zu einem Ganzen, einer *Applikation*, erschafft mächtige und flexible Programme.

Darüber hinaus muss ein Programmierer keine Felder beackern, für die bereits ein anderer verantwortlich zeichnet. Bereits gelöste Probleme stellen sich eigentlich kein weiteres Mal.

Das Resultat für Sie ist, dass Sie heute in der Lage sind, eine Oberfläche wie GNOME nebst einer Menge Software zu benutzen, dabei aber nicht auf die Mächtigkeit und Komplexität von Linux verzichten müssen; denn zum einen basiert GNOME auf den mächtigen Komponenten eines Unix-Systems, zum anderen existiert es neben diesen Komponenten her und verdrängt sie nicht. Daher werden Sie immer in der Lage sein, diese kleinen Teile selber zu einem eigenen Ganzen zusammensetzen zu können, das ganz Ihren Bedürfnissen entspricht.

Die nun folgende Softwareliste erhebt keinen Anspruch auf Vollständigkeit. Ich habe mich an den Paketen einer vollständigen GNOME-Installation unter SuSE-Linux orientiert, aber auch Hinweise auf weitere Software eingefügt. Die meisten Programme sollten Teil jeder gängigen Distribution sein.

Für die Gruppierung der Programme in einzelne Abschnitte habe ich mich an die Namen, wenn auch nicht an die Reihenfolge der Untermenüs im GNOME-Hauptmenü gehalten.

Ihnen wird auffallen, dass ich viele Programme mit Anwendungen vergleiche, die Sie vielleicht von MS Windows her kennen. Damit will ich nicht der langweiligen Tradition folgen, die Windows- und Linuxprogramme miteinander vergleicht und dabei selektiv die Vorteile einer Plattform hervorhebt. Vielmehr sollen diese Vergleiche dazu dienen, Ihnen einen Anhaltspunkt zu geben, was Sie von einer Anwendung erwarten können, falls Sie das entsprechende Pendant unter einem anderen System schon einmal vor der Nase gehabt haben sollten.

12.2 Graphik

Graphikprogramme kommen, wie es auch bei vielen anderen Klassen von Programmen der Fall ist, in zweierlei Gestalten daher: Programme zum Erstellen und Bearbeiten der entsprechenden Formate sowie reine Betrachtungsprogramme. Beide Sparten sollen im Folgenden vertreten sein.

12.2.1 GIMP

Web: http://www.gimp.org/
SuSE-Paket: *gimp*, nebst optionalen Zusatzpaketen

GIMP ist eines der Vorzeigeobjekte der Gemeinde der Freien Software. Es handelt sich um ein Bildbearbeitungsprogramm, und der Name steht für *GNU Image Manipulation Program*. Die Bibliothek GTK+, auf der die Oberfläche von GNOME beruht, ist ursprünglich für dieses und aus diesem Programm heraus entstanden.

Es handelt sich um ein Programm zur Manipulation von Rasterbildern, im Gegensatz zu Programmen, die mit Vektorformaten arbeiten. Es ist üblich, GIMP mit dem unter Windows gebräuchlichen *Photoshop* von Adobe zu vergleichen.

Dieser Vergleich ist nicht vollständig zutreffend, denn obwohl GIMP ein sehr mächtiges Programm ist, so lässt es einige der Eigenschaften von *Photoshop* doch vermissen.

GIMP ist in der Lage, Bilder aus *Photoshop* zu importieren, wobei die Layer des Programmes ebenso übernommen werden wie die meisten Filter, die darauf angewendet werden. Neben der üblichen Bearbeitungsweise nach Layern verfügt GIMP über professionelle Eigenschaften wie Alpha-Kanäle.

Über GIMP sind inzwischen einige Bücher verfasst worden. Der Band [Ost00] gilt als gutes deutschsprachiges Buch zum Thema und deckt auch die Verwendung des Programms unter Windows ab. Soeben ist auch bei SuSE PRESS ein Band zu GIMP erschienen [Hau02]. Als gute englischsprachige Titel können [CH00] sowie [Bun00] genannt werden.

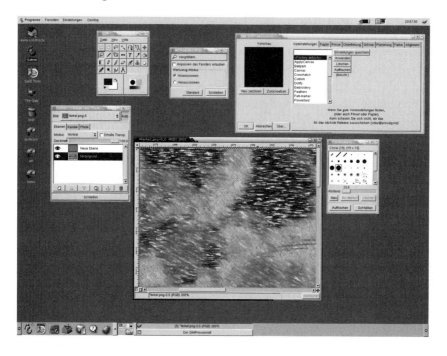

Abbildung 12.1: Ein Desktop mit GIMP

12.2.2 Dia

Web: http://www.lysator.liu.se/~alla/dia/
SuSE-Paket: *dia*

Dies ist ein Diagrammeditor. Was sich zunächst nicht sonderlich eindrucksvoll anhört, ist in Wirklichkeit ein mächtiges Werkzeug; *Dia* kann von Netzwerktopologien, über Datenbank- und Objektstrukturen à la UML bis hin zu Fluss- und simplen Schaltdiagrammen alles darstellen, was sich in ein Diagramm drücken lässt.

Dia ist darüber hinaus durch eigene Symbole erweiterbar; diese Symbole werden durch einfache XML-Dateien repräsentiert. (Diese XML-Dateien sind übrigens eine Untermenge des Vektorformats SVG.) Das Dateiformat von *Dia* ist ebenfalls XML-basiert.

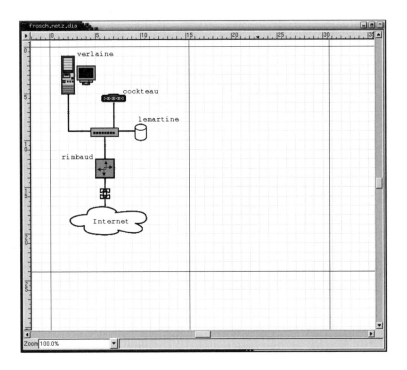

Abbildung 12.2: Ein eher infantiler Versuch, mein Heimnetzwerk in Dia darzustellen

12.2.3 eog

Web: *keine Website*
SuSE-Paket: *eog*

eye of gnome strebt an, das Standardprogramm zur Bildbetrachtung unter GNOME zu werden. Seine größte Bedeutung dürfte darin liegen, dass der Bildbtrachter als *Bonobo*-Komponente realisiert ist, dass sich der eigentliche Mechanismus zum Darstellen also auch von anderen Programmen einbinden lassen kann.

eog kann Bilder schnell laden und anzeigen sowie flott hinein- und hinauszoomen, verfügt aber nicht über eine Liste von Bildern in einem bestimmten Verzeichnis oder andere Funktionen, die die Bedienung komfortabel machen würden – selbst eine Slideshow ist nicht vorhanden.

Insgesamt ist das Programm sehr gut, um schnell einmal ein Bild anzusehen, etwa wenn man sich unter dem Dateinamen nichts mehr vorstellen kann und schnell nachschauen möchte. Ansonsten kann *eog* derzeit v. a. als Studie für Programmierer verwendet werden, was mit GNOME und *GdkPixbuf* gemacht werden kann.

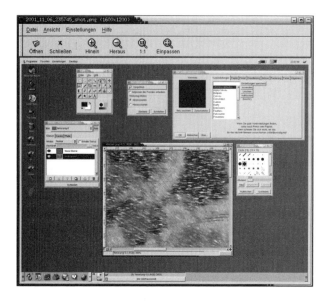

Abbildung 12.3: Ein Screenshot von *eog*, wie es den Screenshot aus Abbildung 12.1 zeigt

12.2.4   gqview

Web: http://gqview.sourceforge.net/
SuSE-Paket: nicht Bestandteil der SuSE-Distribution

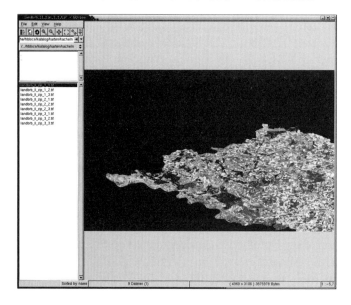

Abbildung 12.4: Der Bildbetrachter *gqview*

Der Bildbetrachter *gqview* ist kein GNOME-Programm, sondern läuft auch bereits mit einer reinen GTK+-Installation. Es handelt sich aber um ein sehr ausgereiftes und komfortables Programm, das viele Umsteiger an das unter Windows so beliebte *ACDSee* erinnert. Ein Verzeichnisbaum, in dem die Dateien für unterstützte Formate automatisch herausgefiltert werden und eine große Fläche, in die das Bild geladen wird, machen das Programm aus. Dazu ist das Programm auch noch schnell und unterstützt eine angemessene Zahl von Bildformaten.

12.2.5 ggv

Web: *keine Website*
SuSE-Paket: *ggv*

GNOME *Ghostview* ist ein Betrachter der besonderen Art, denn er ist nur für ein einziges Graphikformat geeignet: Mit ihm lassen sich ausschließlich PostScript-Dateien ansehen. PostScript ist das unter Unix – und nicht nur dort – am weitesten verbreitete Druckformat. Gerade im akademischen Bereich findet man Dokumente meist immer noch in diesem Format.

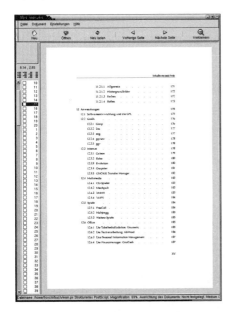

Abbildung 12.5: GNOME Ghostview

Und wer beispielsweise seine Dokumente mit LATEX erstellt und dann von DVI nach PostScript übersetzt, kann sie sich mit GNOME *Ghostview* noch einmal vor dem Drucken ansehen. In Abbildung 12.5 ist dementsprechend ein Ausschnitt aus dem Inhaltsverzeichnis einer frühen Version dieses Buches zu sehen.

12.3   Internet

Linux ist ein Betriebssystem für das Netzwerk, und dementsprechend viel Software steht in diesem Bereich zur Verfügung. Vieles davon ist Serversoftware; Mail-, Web-, News- und eine schier endlose Menge anderer Sever sind für Linux implementiert, und auf dieser Software basieren weite Teil des Internet.

Das sind natürlich nicht die Anforderungen, die wir an ein Desktopsystem stellen. Zwar installieren viele Distributionen standardmäßig einen *Apache*-Webserver, um ein eigenes Hilfesystem zu implementieren, aber der findet sich nicht im Menü des GNOME-Panel.

Vom Desktop aus möchten wir auf diverse Client-Programme schauen, die die Nutzung des Internet und seiner vielfältigen Teile ermöglichen und möglichst komfortabel gestalten.

12.3.1   Galeon

Web: `http://galeon.sourceforge.net/`
SuSE-Paket: *galeon*

Ein ordentliches Paket mit Internetapplikationen benötigt einen guten Webbrowser. Viele Menschen machen den Fehler, das World Wide Web mit dem Internet zu verwechseln, und die großen Provider und Zugangsdienste leisten keinen besonderen Beitrag dazu, diese Fehldefinition aufzuheben.

Obwohl es ein eigenes GTK+-Widget zum Rendern von HTML-Seiten gibt, haben die Autoren von *Galeon* einen anderen Weg gewählt; ihr Programm setzt auf der Rendering-Engine von *Mozilla* auf. *Mozilla* ist der von *Netscape* vor einiger Zeit freigegebene Quellcode des *Netscape*-Browser, der seitdem auch frei weiterentwickelt wird. *Mozilla* wird mit jeder neuen Version stabiler und vor allen Dingen: schneller.

Da drängt sich die Frage auf: Warum noch einen weiteren Browser schreiben, wenn es schon einen gibt? *Galeon* verwendet nicht den kompletten Browser, sondern nur die Elemente, die den Inhalt auf den Bildschirm bringen. Darum herum haben die Autoren vor allen Dingen auf Schnickschnack verzichtet und einen umfangreichen Manager für Cookies und vor allen Dingen eine komfortable Verwaltung für Bookmarks implementiert. Diese kann Bookmarks aus *Mozilla* und *Netscape* importieren bzw. sie in diese Formate exportieren.

Besonders schnell gewöhnt man sich an die Möglichkeit, weitere Seiten in eigenen Tabs zu laden und damit im gleichen Fenster verschiedene Webseiten geöffnet zu haben, zwischen denen sich schnell hin- und herschalten lässt.

Die ganzen Anhängsel, die *Mozilla* – abgesehen von der langsamen Oberfläche – mitbringt, lagert *Galeon* im besten Unix-Ansatz „build your work on top of the work of others" an externe Programme aus. So ist *Galeon* weder ein E-Mail-Client noch ein Programm, um Dateidownloads zu bewerkstelligen, arbeitet in diesen Bereichen aber hervorragend beispielsweise mit *Balsa* und dem *Gnome Transfer Manager* (GTM) zusammen, die beide weiter unten behandelt werden.

Abbildung 12.6: Die GNOME-Website im Webbrowser *Galeon*

12.3.2 Balsa

Web: `http://www.balsa.org/`
SuSE-Paket: *balsa*

Es gibt ungefähr 1000000 E-Mail-Clients für Linux (grob geschätzt), davon eine beträchtliche Zahl für GNOME, und bisher hat mir persönlich noch keiner wirklich zugesagt. Dem normalen Benutzer kommt bei der Suche nach einem brauchbaren E-Mail-Client das oben genannte Konzept „Build your work on top of the work of others" in die Quere. Es herrscht die Meinung, dass ein E-Mail-Client in erster Linie ein *MUA* sein soll, ein *Mail User Agent*, aber kein *MTA*, was für *Mail Transfer Agent* steht. Der Unterschied ist, dass man mit einem MUA Mail lesen, schreiben und verwalten kann – für das tatsächliche *Verschicken* soll man dann aber ein separates Programm verwenden. Wer die Programme *pine* oder *mutt* auf der Kommandozeile verwendet bzw. konfiguriert hat, weiß, wovon ich spreche.

Dieses Konzept erscheint den meisten Menschen sinnlos, ist vom Standpunkt eines Netzwerksystems jedoch völlig nachvollziehbar: Der Betreuer des Netzwerkes kümmert sich darum, dass Mail versendet, entgegengenommen und verteilt wird, wofür er ein Programm seiner Wahl einsetzt. Den Benutzern ist dann die freie Wahl eines Programmes gestattet, mit dem sie ihre elektronischen Nachrichten verwalten wollen – um deren *Transport* müssen sie sich ganz einfach nicht kümmern.

Wer aber lieber einen MUA haben möchte, der die Mails von einem beliebigen Mailserver abholen und auch dorthin versenden kann, der kann unter GNOME wählen, und im Moment stellen sich zwei größere Programme zur Auswahl: *Balsa* und *Evolution*. *Evolution* wird im nächsten Abschnitt behandelt; jetzt wollen wir erst einmal einen Blick auf *Balsa* werfen.

Balsa ist schon seit Urzeiten ein Begleiter von GNOME. In der Zwischenzeit hat *Balsa* mindestens genausoviel Entwicklung mitgemacht wie die GNOME-Bibliotheken, und es ist in dieser Zeit zu einem ausgewachsenen und komfortablen Programm herangewachsen.

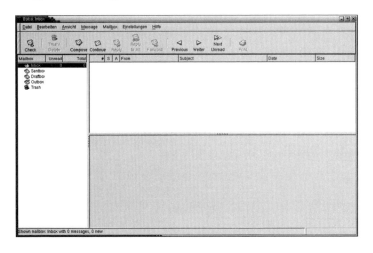

Abbildung 12.7: Der E-Mail-Client *Balsa* nach seinem ersten Aufruf

12.3.3 Evolution

Web: `http://www.ximian.com/products/ximian_evolution/`
SuSE-Paket: *evolution*

Evolution ist nicht nur ein Mail-Client, sondern soll, wenn es eines Tages fertig ist, eine vollständige Groupware zur Verfügung stellen, inklusive zentraler Verwaltung von Terminen und Kontakten im Netzwerk. Es gehört also eigentlich in den Abschnitt über Office-Programme weiter hinten.

Zum jetzigen Zeitpunkt kann Evolution aber noch längst nicht alles, was man sich für das Programm vorstellt; zumindest kann man damit komfortabel seine Mails verwalten, lesen und schreiben, ein Adressbuch – so genannte Kontakte – pflegen und einen Kalender für Termine nutzen. Kurz: Wer seinen täglichen Arbeitsablauf strukturieren möchte, ist mit *Evolution* bereits hervorragend beraten, auch wenn es noch nicht alle Funktionen enthält, die sich die Entwickler selber dafür wünschen. Die Verwaltung von E-Mails ist jedoch definitiv am ausgereiftesten; daher die Einordnung bei den Netzwerk-Programmen. Im Hauptmenü finden Sie *Evolution* allerdings im Abschnitt *Anwendungen*.

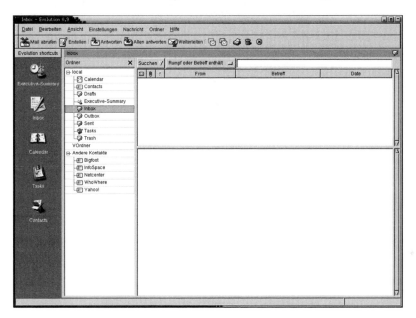

Abbildung 12.8: Die Groupware *Evolution*

Für die Windows-Umsteiger unter den Lesern ist die Applikation vor allem deshalb hervorragend geeignet, weil sie – nicht nur äußerlich – auffällige Ähnlichkeiten mit Microsoft *Outlook* aufweist – die ständigen Sicherheitslöcher wurden dabei freundlicherweise nicht mitimplementiert. Sie kann dabei auch auf entfernte Adressbuchlisten zurückgreifen, die das LDAP-Protokoll unterstützen.

Evolution kann mehrere E-Mail-Konten verwalten, so dass sich private und berufliche E-Mail in einem einzigen Programm voneinander trennen lassen, es verfügt über umfangreiche Filtermechanismen und Möglichkeiten zur Verwaltung von Mailinglistenabonnements. HTML-Mail kann dargestellt werden und Verschlüsselungsprogramme wie PGP und GnuPG sind ebenfalls verwendbar.

Evolution bietet außerdem eine so genannte *Executive Summary*, die einen Tag sehr schön zusammenfassen kann, indem die Zahl der eingegangenen E-Mails, Nachrichten, zu erledigende Aufgaben, wichtige Termine und so weiter auf einer einzigen Seite zusammengefasst werden. Und Ihren Palm Pilot können Sie mit den Daten in Evolution auch noch synchronisieren.

12.3.4 Gnapster

Web: `http://jasta.gotlinux.org/`
SuSE-Paket: *gnapster*

Mit *Gnapster* können Sie auf eines der weltweiten Napster-Netzwerke zugreifen, in denen Musikdateien im MP3-Format (und zuweilen auch noch andere Dinge) getauscht werden. Im Gegensatz zum offiziellen Windows-Client von `napster.com` ist *Gnapster* jedoch nicht auf das Netzwerk dieses Unternehmens beschränkt, sondern erlaubt auch eine Verbindung mit den zahllosen freien Netzwerken, die das gleiche Protokoll verwenden.

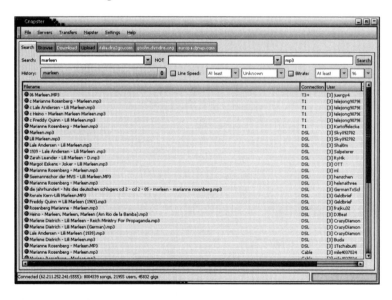

Abbildung 12.9: Der Autor auf der Suche nach „Lili Marleen" auf verschiedenen Napster-Servern

Beim ersten Start von Gnapster erhalten Sie einen Dialog, in dem Sie Ihren Benutzernamen und Ihr Passwort für das Netzwerk eintragen. Wenn sie noch keinen Zugang im entsprechenden Netzwerk haben, können Sie ihn neu anlegen lassen. Beachten Sie bitte, dass ein Zugang im offiziellen, kommerziellen Netzwerk dem nicht entspricht und ein solcher Benutzername im freien Netz schon vergeben sein kann. Ein weiterer Unterschied zum Windows-Client ist, dass Sie ein oder mehrere Verzeichnisse zur Freigabe eigener Dateien im Netzwerk geben *können* und nicht dazu gezwungen werden.

Die neuste Version von *Gnapster* kennt darüberhinaus die schöne Möglichkeit, mit mehr als einem Server gleichzeitig verbunden zu sein und daher auch Suchen in mehreren Netzwerken gleichzeitg ansetzen zu können. Auf diese Weise erhält man wesentlich mehr Treffer, als wenn man Teil nur eines Netzwerkes wäre. Natürlich sind auch die Chat-Funktionen und das Wiederaufnehmen abgebrochener Downloads implementiert.

Eine Liste freier *Napster*-Server erhalten Sie von der WWW-Seite *Napigator* unter `http://www.napigator.com/list.php3`. Aber das Setup für einzelne Server kennt auch den Menüpunkt *Browse OpenNap Servers*, über den Sie diese Liste auch automatisch erhalten und nach diversen Kriterien wie Anzahl der verbundenen Benutzer und Menge der angebotenen Dateien sortieren lassen können.

12.3.5 GNOME Transfer Manager

Web: `http://gtm.sourceforge.net/`
SuSE-Paket: *gtm*

Endlich ist ein neuer Linux-Kernel erschienen (oder das Lieblingsvideo gefunden, oder ein anderer Brocken großer Software, der nicht in kurzer Zeit durch die Leitung passt). Also wird mit dem Webbrowser heruntergeladen... und plötzlich bricht der Download ab. Also den Link noch einmal angeklickt... und der Download beginnt von vorne.

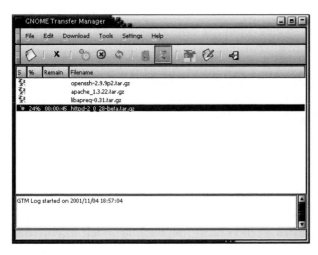

Abbildung 12.10: Der *Transfer Manager* verwaltet Downloads per FTP oder HTTP

Obwohl die meisten Browser inzwischen in der Lage sein sollten, abgebrochene Downloads wiederaufzunehmen, geht nicht immer alles so mit rechten Dingen zu, und mancher Prozess des Herunterladens beginnt von vorne, weil der Provider nach 24 Stunden automatisch die Leitung kappt.

Mit einem guten Downloadmanager passiert das nicht; und dafür ist *gtm* gedacht. Dieses Werkzeug übernimmt Dateidownloads aus dem Web oder per FTP und kann abgebrochene Downloads wieder aufnehmen (immer vorausgesetzt, die Gegenstelle ist dazu in der Lage). Mit der Liste ist es möglich, auch über viele simultane Downloads gleichzeitig den Überblick zu behalten. In den Präferenzen können darüber hinaus für verschiedene Dateisuffixe verschiedene Verzeichnisse definiert werden, sodass beispielsweise MP3-Dateien automatisch in einem anderen Verzeichnis landen als die neusten Linux-Kernelquellen.

Als I-Tüpfelchen ist der auf Seite 194 genannte Webbrowser *Galeon* in der Lage, *gtm* direkt einzubinden; alle Downloads aus *Galeon* landen dann automatisch im *Transfer Manager*.

12.3.6 xchat

Web: `http://www.xchat.org/`
SuSE-Paket: *xchat*

IRC steht für *Internet Relay Chat*. In den Zeiten des bunten Surfens im World Wide Web scheint dieser Teil des Netzes ein wenig aus der Aufmerksamkeit der Nutzer verschwunden zu sein.

IRC besteht aus vielen kleinen und großen Netzwerken, die in verschiedenen Channels (Kanälen) das Chatten ermöglichen. Der IRC hat über die Jahre eine Menge von seinem Ansehen eingebüßt, da dort angeblich vor allen Dingen Raubkopierer, böse Cracker und allerlei anderes sinistres Volk sein Unwesen treiben. Auch sind die IRC-Netze in der Zwischenzeit ein beliebtes Angriffsziel frustrierter Menschen gewesen, die große Mengen von Servern mit Müll-Netzwerkpaketen bombardiert haben und somit viele Anbieter dieses kostenlosen Service gezwungen waren, diesen Dienst einzustellen.

Viele Menschen nutzen aber die Kommunikation über IRC als Freizeitbeschäftigung, oder eben auch zu produktiven Zwecken: Auch die GNOME-Entwickler, die ja in der ganzen Welt verteilt sitzen, verständigen sich nicht nur über Mailinglisten und Webseiten, sondern auch über den Chat.

Die meisten Kanäle stehen dabei nicht nur den Entwicklern offen, sondern auch interessierten Benutzern. Und es werden nicht nur die relevanten technischen Themen diskutiert; IRC ist ein Ort (wenn auch ein virtueller), in dem man sich trifft und austauscht, auch über alltägliche Dinge, die mit GNOME überhaupt gar nichts zu tun haben.

Es gibt viele Programme, um am IRC teilzunehmen, unter Windows ist der bekannteste Client *mIRC*, während sich unter Linux und insbesondere GNOME das Programm *xchat* besonderer Beliebtheit erfreut.

Mit *xchat* können Sie in mehreren Netzwerken gleichzeitig eingeloggt sein und sich in jedem Netz natürlich auch in mehreren Kanälen befinden. Dateien versenden und empfangen geht ebenfalls schnell und einfach vonstatten. Darüber hinaus können für alle möglichen Ereignisse Nachrichten und Texte definiert werden. Dazu können Sie eigene Skripte in Perl und Python schreiben, die von einfachen Ankündigungen, welche MP3-Datei man gerade in XMMS abspielt, bis hin zu komplexen Programmen für den Dateidown- und -upload reichen.

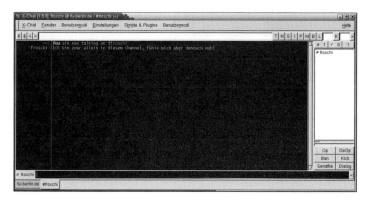

Abbildung 12.11: Der IRC-Client *xchat* direkt nach dem Einloggen in `irc.fu-berlin.de` und dem Eintreten in einen leeren Kanal

12.4 Multimedia

Schon wieder dieses Wort... Auch auf unserem GNOME-Desktop finden wir es wieder. Hier bezeichnet das Wort all die Programme, die sich im weitesten Sinn mit Video und Audio auseinandersetzen.

12.4.1 CD-Spieler

Web: *keine Website*
SuSE-Paket: *gnome-media*

Der CD-Spieler ist, ebenso wie das Mischpult im nächsten Abschnitt, kein Programm „Dritter", sondern Bestandteil des *gnome-media*-Paketes, also einer der zentralen Bestandteile von GNOME.

Das kleine Programm kann alles, was man sich von einem CD-Spieler erhofft; das schließt neben so banalen Dingen wie Abspielen, Pausieren und zwischen Stücken Hin- und Herspringen natürlich auch mit ein, dass eine Verbindung zu einer Datenbank im Internet hergestellt werden kann, um Daten zur CD zum Spieler zu übertragen. Dadurch werden auch im GNOME-CD-Spieler gleich Interpreten und Titel der Lieder zugänglich, sodass man sich nicht mit den blanken Nummern quälen muss.

Abbildung 12.12: Eine Audio-CD wird abgespielt

12.4.2 Mischpult

Web: *keine Website*
SuSE-Paket: *gnome-media*

Mit dem Mischpult werden die Ausgabe der Soundkarte und einige andere Kleinigkeiten konfiguriert. In Abbildung 12.13 sehen Sie die Einstellungen, die für meine Soundkarte angeboten werden. Die Anzahl und Art der Regler schwankt je nach Hersteller und Modell, beziehungsweise nach den Möglichkeiten, die die Treiber der Karte im Linux-Kernel implementiert haben.

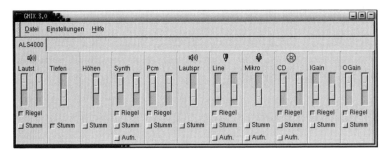

Abbildung 12.13: Das GNOME-Mischpult, hier für eine Soundkarte mit ALS4000-Chipsatz

In der Abbildung sehen Sie unter anderem Regler für Lautstärke der Soundausgabe, aber auch für den im Rechner eingebauten Lautsprecher, die Musikausgabe über Audio-CDs, sowie Eingangslautstärken für Mikrofone und andere Quellen.

12.4.3 xmms

Web: http://www.xmms.org/
SuSE-Paket: *xmms* und *xmms-plugins*

Unter Windows ist das Programm *Winamp* zum Audiospieler der Wahl geworden. Was *Winamp* für das System aus Redmond ist, ist *xmms* für Linux.

Die Besonderheiten von *xmms* entfalten sich über die Plugins, mit denen der Spieler teilweise schon „ausgeliefert" wird und von denen viele durch Ihre Distribution nachinstalliert werden können.

xmms verfügt über eine schier endlose Zahl von Plugins, die es zur Wiedergabe verschiedenster Dateiformate befähigt; .mp3, .wav oder das noch recht neue und vollkommen patentfreie .ogg sind nur drei Beispiele. Dazu kommen natürlich Audio-CDs.

Abbildung 12.14: Der Audiospieler *xmms*

Zu diesen Input-Plugins (die so heißen, weil sie die Eingabeformate in *xmms* definieren) gesellen sich die Output-Plugins. Neben den unter Linux weit verbreiteten OSS-Treibern kann auch der unter GNOME verwendete Dämon *esound* oder der von KDE bekannte *aRts* angesprochen werden; dazu ist es kein Problem, die Ausgabe für eine spätere Bearbeitung in eine .wav-Datei umzuleiten. Mein spezieller Liebling ist das *crossfade*-Plugin, mit dem man stundenlang Übergänge zwischen Liedern ausprobieren kann.

Dazu kommen natürlich die beliebten Visualisierungs-Plugins, die versuchen, der Musik eine graphische Qualität zu verleihen. Einige davon sind von psychedelischer Qualität, andere sind einfache Analyzer des Musikspektrums. Disco-Tux ist ein kleiner, kopfnickender Pinguin... Sie werden nicht umhin kommen, sie der Reihe nach durchzuprobieren.

12.5 Spiele

Unter den Spielen, die bei GNOME mitgeliefert werden, darf man sich keine großen Graphik- und Schießorgien vorstellen – noch nicht. Die Funktionsweise des X-Servers mit seiner netzwerkbasierten Kommunikation wirkt sich noch nachteilig auf die Perfomance solcher Anliegen aus. Es gibt allerdings inzwischen stabile und vor allen Dingen schnelle 3D-Unterstützung für die gängigsten Graphikkarten, und auch ein direkterer Zugriff auf die Hardware der Graphikkarte durch den so genannten Framebuffer macht atemberaubende Fortschritte. Wer der Freien Software bei der Entwicklung von neuen 3D-Shootern nichts zutraut, sollte sich jetzt langsam an die Hersteller kommerzieller Spiele wenden und sie darauf hinweisen, dass auch Linux-Benutzer potenzielle Kunden sind.

Bei den GNOME-Spielen allerdings handelt es sich nicht um solche „großen" Programme, sondern vielmehr um kleine Klassiker, die als kurzer Zeitvertreib herhalten können. Die Zahl der installierten Spiele ist zu groß, um sie alle aufzählen zu können. Ich biete daher eine kleine Auswahl der Spielchen, die ich am liebsten starte, um eine handvoll Minuten vor dem Bildschirm zu entspannen.

Die meisten Spiele sind klein genug, um sich von selbst zu erklären. Fast alle verfügen über eine Highscoreliste, anhand derer sich ersehen lässt, ob man sich mit der Zeit verbessert oder ob man eher auf der Stelle tritt.

12.5.1 FreeCell

Web: *keine Website*
SuSE-Paket: *gnome-games*

FreeCell ist eines der üblichen Kartenlegespiele (Patiencen) und bereits von Windows her bekannt. Die Karten werden nach einem Muster ausgelegt und müssen dann nach bestimmten Regeln sortiert werden, was bei *FreeCell* das Verschieben von Stapeln beinhaltet und die Möglichkeit, bis zu vier Karten auf besonderen Felder zwischenzulagern.

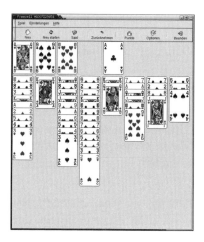

Abbildung 12.15: *FreeCell* – Karten durch Verschieben sortieren

12.5.2 Mahjongg

Web: *keine Website*
SuSE-Paket: *gnome-games*

Dies ist ein ziemlich altes Spiel, dem asiatische Wurzeln zugeschrieben werden. Im Wesentlichen geht es darum, Steine paarweise zu entfernen. Dabei dürfen immer nur Paare mit gleichem Motiv entfernt werden; außerdem müssen sie zur Seite wegbewegt werden können.

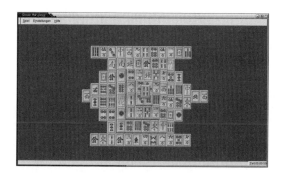

Abbildung 12.16: *Mahjongg*, das strategische Steineentfernen

Wie so häufig ist eine einfache Spielidee hochgradig suchterzeugend und dazu geeignet, durchspielte Nächte vor dem Rechner zu verursachen. Eine Menge Spiele im Paket *gnome-games* hat diesen Charakter.

12.5.3 Weitere Spiele

Die folgenden Spiele sind bereits vorinstalliert, aber aus Platzgründen ausgelassen und nicht besprochen worden:

❏ *Minesweeper*: Unter den Quadraten eines gekachelten Feldes liegen Minen. Diese Felder müssen mit einem Fähnchen markiert werden. Findet man ein Feld ohne Mine, wird dort die Anzahl der Minen in den umliegenden Feldern angezeigt. Das Spiel endet, wenn alle Minen korrekt markiert wurden oder man ein Feld mit Mine aufdeckt; in diesem Fall hat man das Spiel natürlich verloren.

❏ *Gnibbles* ist ein *Worm*-ähnliches Spiel, bei dem bis zu vier Spieler Punkte auf dem Feld aufsammeln müssen. Dabei werden die Würmer länger, und außerdem muss man stets den Würmern der Gegenspieler aus dem Weg gehen.

❏ *Same Gnome*: Auf einem Feld befinden sich zufällig angeordnete bunte Steine. Klickt man einen Stein an, werden dieser sowie alle anderen angrenzenden Steine der gleichen Farbe entfernt; Steine, die dadurch in der Luft schweben, fallen nach unten. Es gibt mehr Punkte, wenn man größere Flächen zusammenhägender Steine entfernt, und einen saftigen Bonus, wenn man es schafft, sich aller Steine zu entledigen.

❏ *Gewels* ist einer der unvermeidlichen „Tetris-Artigen"; bunte Steine, die während des Falls rotiert werden können, fallen von der Oberkante aus nach unten. Sind die Steine unten angekommen, gibt es für mindestens drei gleichfarbige in einer Reihe liegende Segmente Punkte; außerdem werden sie entfernt. Das Spiel kann von zwei Spielern gegeneinander gespielt werden.

Ein weiteres Highlight, das allerdings bisher noch keiner Distribution beiliegt, ist *gnocatan*, das dem bekannten Brettspiel *Die Siedler von Catan* nachgebildet ist. Dieses Spiel ist im Netzwerk spielbar und kann unter dem URL `http://gnocatan.sourceforge.net/` im Internet gefunden werden. Leider scheint das Projekt seit über einem Jahr brach zu liegen.

12.6 Office

Die Büro-, bzw. neudeutsch: Officeanwendungen sind die Standardapplikationen, die dem privaten PC überhaupt erst zum Durchbruch verholfen haben. Die großen Bereiche, in die sich Officeprogramme „klassischerweise" einteilen lassen können, sind:

❏ *Tabellenkalkulation*

❏ *Textverarbeitung*

❏ *Personal Information Management*

❏ *Finanzmanager*

Und selbstverständlich bietet Ihnen GNOME eine Palette an Möglichkeiten in allen der genannten Bereiche. Sollten Sie in der Aufzählung eine Bildverarbeitungssoftware vermissen, so seien sie auf Seite 189 verwiesen, wo das Programm GIMP vorgestellt wird.

GNOME-Office hat einen Status als eigenes Projekt und hat als solches natürlich auch eine eigene Website, die unter http://www.gnome.org/gnome-office/ zu finden ist.

Die GNOME-Office Suite besteht offiziell aus den Komponenten der folgenden Liste. Vieles davon ist jedoch nicht in diesem Abschnitt über Office-Programme besprochen, weil es meiner Meinung nach nicht in die Kategorie der Büroanwendungen fällt:

❏ Tabellenkalkulation: Das Programm *gnumeric* wird auf Seite 208 vorgestellt.

❏ Textverarbeitung: *Abiword* findet Erwähnung auf Seite 209.

❏ Präsentation: Das Präsentationsprogramm für GNOME trägt den Namen *Achtung*. Leider ist es bisher nur wenig einsatzfähig. Wer Präsentationen erstellen möchte, kann entweder auf das Kommandozeilenprogramm *magicpoint* ausweichen oder das Präsentationsprogramm aus KDEs Office-Suite, *KPresenter*, verwenden.

❏ Kommunikation: *GFax* ist ein Fax-Frontend für GNOME. Da seine Benutzung eine komplexere Einrichtung dritter Programme, wie zum Beispiel *Hylafax*, benötigt, wird es an dieser Stelle nicht näher besprochen.

❏ Browser: Der Browser *Galeon* wird ebenfalls weiter vorne beschrieben, genauer: auf Seite 194.

❏ Vektorgraphik: Es gibt zwei größere Vektorgraphikprogramme für GNOME, *Sodipodi* und *Sketch*. Das erstere arbeitet mit dem XML-basierten Format SVG, das zweite basiert auf Python und nennt sich streng „objektorientiert". Beide vektorbasierte Programme werden in diesem Buch nicht behandelt.

❏ Rastergraphik: Die Bildverarbeitung GIMP wird auf Seite 189 besprochen.

❏ Bildbetrachtung: Mehr über das kleine Werkzeug *Eye of GNOME* finden Sie auf Seite 191.

❏ E-Mail und Groupware: Hier finden Sie die beiden Programme *Balsa* und *Evolution*, deren Beschreibung auf Seite 195 beginnt.

❏ Plotten: Das Plottwerkzeug *Guppi* findet in diesem Buch keine weitere Erwähnung. Das Finanzprogramm *Gnucash* verwendet *Guppi* jedoch, um seine Diagrammauswertungen anzufertigen.

❏ Diagramme: Das Programm *Dia* ist auf Seite 190 beschrieben.

❏ Projektmanagement: Sowohl *Toutdoux* als auch *MrProject* verwenden ein XML-Format, um die Daten über die verwalteten Projekte zu speichern. Die Entwicklung des ersteren befindet sich momentan in einem „Ruhezustand", während sich das zweite in einem noch zu frühen Entwicklungsstadium befindet.

❏ Finanzen: Mehr über *GnuCash* finden Sie auf Seite 210

❏ Datenbankwerkzeug: *gnome-db* bietet, in einer kleinen graphischen Oberfläche und über wohl definierte Schnittstellen, eine Anbindung an diverse Datenbanken, darunter natürlich auch *Postgres* und *MySQL*. Dennoch wird es in diesem Band außen vor gelassen.

12.6.1   Die Tabellenkalkulation: Gnumeric

Web: `http://www.gnome.org/projects/gnumeric/`
SuSE-Paket: *gnumeric*

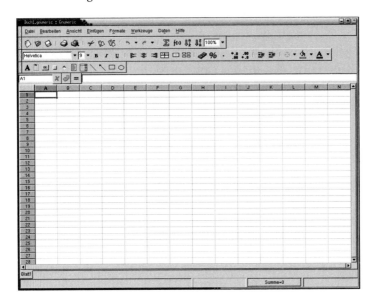

Abbildung 12.17: *Gnumeric*

Gnumeric gehört zu den Vorzeigeapplikationen von GNOME. Es handelt sich um eine Tabellenkalkulation im klassischen Stil, die Werte in Zellen aufnimmt, welche untereinander durch Formeln und Funktionen verknüpft werden können. Von der simplen Kostenrechnung bis hin zur Buchhaltung wird heutzutage vieles über Tabellenkalkulationen gehandhabt; egal, ob ein solches Programm überhaupt dafür geeignet ist.

Das Programm beherrscht eine Vielzahl von Datums-, Währungs- und arithmetischen Formaten, viele Finanzfunktionen und die üblichen Werkzeuge zur Textformatierung wie Schrifttyp, -orientierung und -dicke.

Gnumeric kann diverse Dateiformate bekannter Tabellenkalkulationen einlesen, u. a. *Lotus* und *Excel* (zumindest in bestimmten Versionen). Geschrieben werden Dateien im CSV-Format oder Excel 95, oder aber im *Gnumeric*-eigenen XML-Format.

Gnumeric wurde von Miguel de Icaza, dem Begründer des GNOME-Projektes, ins Leben gerufen und immer noch mit seiner Beteiligung weiterentwickelt.

12.6.2 Die Textverarbeitung: AbiWord

Web: `http://www.abisource.com`
SuSE-Paket: *abi*

Textverarbeitungen schöpfen ihre Daseinsberechtigung im Wesentlichen aus einem Konzept mit der hübschen Abkürzung WYSIWYG, kurz für *what you see is what you get*: Das Druckergebnis soll genauso aussehen wie der Text auf dem Bildschirm. Wer einmal versucht hat, seine eigenen Dokumente an andere weiterzugeben, der weiß, dass diese Anforderung nicht immer erfüllt wird; verschiedene Druckertreiber, die für verschiedene Darstellung sorgen, machen einem gerne einen Strich durch die Rechnung.

Abbildung 12.18: Die Textverarbeitung *Abiword*

Abiword verfügt über die grundlegenden Möglichkeiten einer Textverarbeitung wie Schriftwahl und -formatierung; Schrifttyp, -größe und -farbe werden berücksichtigt; Abstände von Zeilen und Absätzen, Seitenränder, Seitenwechsel und Daten- und Uhrzeitformate werden unterstützt. Ebenso das Einfügen von Graphiken, darunter das relativ neue Vektorformat SVG. Rechtschreibprüfungen können ebenfalls vorgenommen werden.

Das Programm schreibt neben dem eigenen Format noch etwa ein Dutzend weitere, darunter DocBook, HTML, Richtext (rtf), LATEX und einige Formate für PDAs wie Psion Word und Palm Document.

12.6.3 Das Personal Information Management

Personal Information Management fasst im Wesentlichen das zusammen, was man früher als Kalender in seiner Tasche mit sich trug und was heute meist digital in Form beispielsweise eines Palm Pilot daherkommt. PIM-Programme integrieren meist einen Kalender und eine Adressverwaltung.

Unter GNOME haben Sie zwei Möglichkeiten, sich dem PIM zu widmen. Zum einen wären da das Adressbuch und der Kalender, denen weiter hinten ab Seite 211 ein eigener Abschnitt gewidmet ist, da sie häufig auch von Leuten benutzt werden, die sich für die restlichen Office-Applikationen nicht interessieren.

Der andere und immer häufiger anzutreffende Weg ist, die Groupware *Evolution* zu benutzen, die E-Mail-Client, Kontaktmanager, eine Taskliste und einen Terminkalender in einem Programm vereint. Mehr über *Evolution* erfahren Sie weiter vorne in Abschnitt 12.3.3.

12.6.4 Der Finanzmanager: GnuCash

Web: `http://www.gnucash.org/`
SuSE-Paket: *gnucash*

GnuCash ist ein Programm zur Finanzverwaltung auf Basis der doppelten Buchführung. Sie wissen schon: alles ist ein Konto. Es basiert auf der Software *X-Accountant* von Robin Clark, die als Schulprojekt entstand. Seitdem hat sich *Gnu-Cash* zu einer funktionstüchtigen Anwendung mit vielen Features gewandelt.

Das Programm handhabt eine beliebige Anzahl von Konten und kann mit Kreditkartenkonten, Aktien- und Investmentfondsdepots und verschiedenen Währungen umgehen. Kurse für Wertpapiere können aus dem Internet geladen und somit die eigene Übersicht auf dem neusten Stand gehalten werden. Außerdem kann *GnuCash* Dateien aus MS Money importieren und Konten in Hierarchien verwalten. `http://www.gnucash.org/` ist die Adresse der Website für weitere Informationen über *GnuCash*; die Site besitzt sogar eine deutsche Übersetzung.

12.7 PIM

Die Abkürzung *PIM* steht für das *Personal Information Management*, also eine Verwaltung all Ihrer persönlichen Daten. Wenn Sie die Frage bejahen können, ob sie Ihre Adressen – heute sagt man: Kontakte – und Ihre Termine, sowie alles andere, was Sie persönlich betrifft, unbedingt mit einem Computer verwalten möchten, dann bringt Ihnen GNOME auch dafür die richtigen Programme mit.

Die beiden folgenden Programme, das Adressbuch wie auch der Kalender, können über einen Palm Pilot bzw. einen entsprechenden Klon synchronisiert werden.

Sowohl den Kalender als auch das Adressbuch finden Sie im Paket *gnome-pim* Ihrer Distribution.

12.7.1 Das Adressbuch

Das Adressbuch *gnome-card*, wie Sie es auch in Abbildung 12.19 sehen können, ist eine Anwendung, mit der Sie die grundlegenden Daten über eine Person, inklusive Name, Adresse, Telefonnummer, E-Mail-Adresse, Organisation und so weiter speichern können. Dabei können Sie mehrere Adressbücher verwalten, die in getrennten Dateien gespeichert werden.

Das Programm ist ebenso kurz und knackig wie es auf den ersten Blick zu sein scheint. Wenn Sie eine einfache und schnelle Adressverwaltung suchen, die Sie nicht mit ausufernden Features wie die Kontaktverwaltung von *Evolution* erschlägt, sind Sie bei *gnome-card* an der richtigen Adresse.

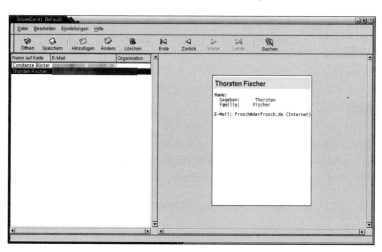

Abbildung 12.19: Das Addressbuch *gnome-card*

12.7.2 Der Kalender

Der Kalender *gnomecal* ist das Pendant zum Adressbuch. Er kann einzelne Termine ebenso verwalten wie komplexe Wiederholungen. Neben einer Tages- gibt es auch eine Wochen-, Monats- und Jahresübersicht, dazu kommen diverse Konfigurationsoptionen für Farbdarstellungen und Zeiteinstellungen.

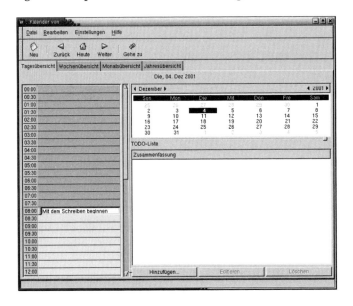

Abbildung 12.20: Der Kalender *gnomecal*

Als Tüpfelchen auf dem I gibt es noch diverse Alarmfunktionen zu, vor und nach Terminen. Auch bei diesem Programm gilt: Wer die übermäßigen Möglichkeiten von *Evolution* nicht benötigt, ist mit diesem Programm bestens beraten.

12.8 System

Die GNOME-Systemprogramme dienen dazu, Übersicht über den Status des Systems zu gewinnen sowie das System zu manipulieren. Zum Anlegen von Benutzern, Manipulieren des Hauptmenüs etc. müssen Sie `root`-Rechte besitzen.

12.8.1 gtop

Benutzer wie Administratoren schätzen das Kommandozeilenprogramm `top`, eine Abkürzung, die nichts mit „oben" zu tun hat, sondern für *Table of Processes* steht.

Auf der Kommandozeile zeigt das Programm eine Liste der laufenden Prozesse an mitsamt Besitzer, momentanem CPU- und Speicherverbrauch, Laufzeit; und dazu kommen noch diverse Systeminformationen wie die gesamte Auslastung des Speichers, Gesamtzahl der Prozesse, Zahl der angemeldeten Benutzer und vieles mehr. Die Liste lässt sich nach vielfältigen Kriterien sortieren und filtern.

Und das gleiche bietet natürlich auch die Version für GNOME, aber wesentlich hübscher aufbereitet, wie man in Abbildung 12.21 sehen kann.

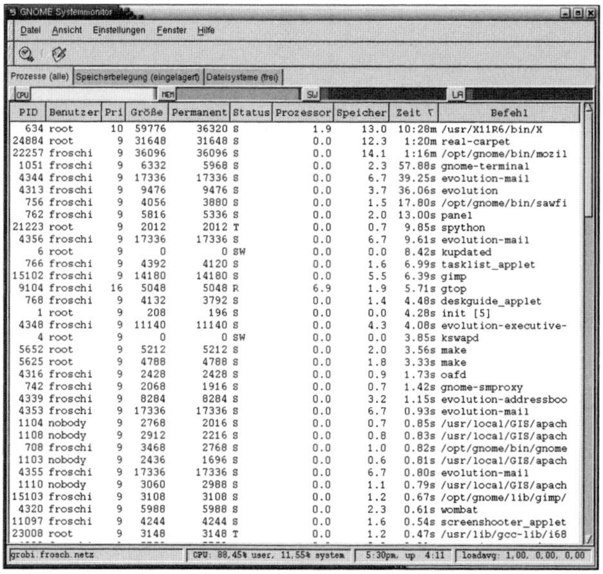

Abbildung 12.21: Der Systemmonitor *gtop* in der GNOME-Version

Das Programm ist dermaßen mit Konfigurationsoptionen wie Auffrischungszeiten, Farbwerten für die Balken am oberen Ende etc. überladen, dass es müßig wäre, sie jetzt und hier alle zu beschreiben. Wieder einmal ist es an mir, den Benutzer aufzufordern, sich mit der Dokumentation auseinanderzusetzen bzw. fleißig herumzuexperimentieren und die Anzeige an die Informationen anzupassen, die man geliefert bekommen möchte.

12.8.2 Menüeditor

Mit dem Menüeditor lassen sich die Einträge im Hauptmenü von GNOME umbewegen und verändern. Dafür muss man jedoch Administrator-Rechte besitzen. Als einfacher Benutzer darf man sich lediglich an die Einstellungen eines eigenen *Favoriten*-Menüs wagen. Die Vorgehensweise ist jedoch in beiden Fällen die gleiche.

213

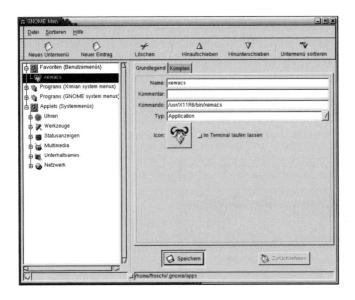

Abbildung 12.22: Der Menüeditor *gmenu*

Jeder Menüeintrag bekommt, wie man in Abbildung 12.22 sehen kann, einen *Namen* und einen *Kommentar*. Außerdem muss man das *Kommando* angeben, mit dem die Anwendung gestartet werden soll, und der Typ ist bei den meisten Einträgen wohl *Application*, obwohl sich mit *URL*, *PanelApplet* und *Directory* auch noch anderes angeben lässt. Außerdem kann man auf gewohnte Weise ein Icon wählen.

Und damit wäre die Arbeit auch schon getan! Bereits vorhandene Menüeinträge lassen sich per Drag & Drop verschieben, beziehungsweise durch das Eintragen neuer Werte verändern.

12.8.3   GnoRPM

Dieses Werkzeug dient zur Verwaltung von RPM-Paketen, insbesondere dazu, Informationen über diese zu erhalten. Dafür ist das Werkzeug ungeheuer nützlich; denn niemand möchte sich wirklich mit den Kommandozeilenoptionen von rpm herumschlagen, oder gar YaST starten, nur um herauszufinden, welche Version eines Programmes denn nun installiert ist.

GnoRPM sollte allerdings nicht für das Verwalten der Pakete einer Distribution verwendet werden; unter SuSE beispielsweise sollte man das YaST überlassen. Auch ein Ximian-GNOME sollte nicht über dieses Werkzeug verändert werden; dafür sollte man auf *Red Carpet* zurückgreifen.

Abbildung 12.23: *GnoRPM* – Informationen über RPM-Pakete erhalten

In den Abbildungen 12.23 und 12.24 sehen Sie das Fenster von *GnoRPM*, welches links einen Baum birgt, der der Struktur der RPM-Datenbank Ihrer Distribution entspricht; beziehungsweise das Ergebnis einer Abfrage auf die Datenbank.

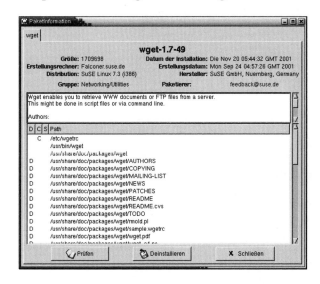

Abbildung 12.24: Ein *GnoRPM*-Abfrageergebnis

12.9 Entwicklung

Linux ist ein Programmierersystem; schon bei der Standardinstallation jeder Distribution werden Compiler und Interpreter für diverse Programmiersprachen installiert, dazu kommen Debugger und Dokumentation in reicher Auswahl – ein Traum. Und trotzdem kann das Programmieren von GNOME-Applikationen aufwendig werden.

Um die Arbeit zu erleichtern und den geneigten Leser zu etwas Eigeninitiative anzustiften, seien zwei beliebte Entwicklungswerkzeuge vorgestellt.

12.9.1 Glade

Glade unterstützt das *RAD* von GNOME-Programmen; diese Abkürzung steht für *Rapid Application Development*. Und die Entwicklung beschleunigt *Glade* in der Tat erheblich.

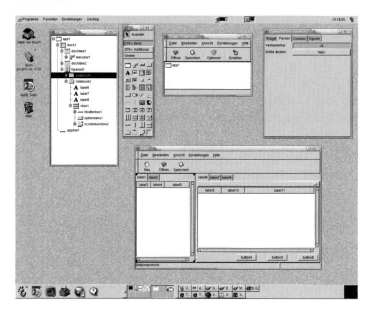

Abbildung 12.25: Das Entwicklertool *Glade* nimmt viel Platz auf dem Desktop ein

Im Wesentlichen ermöglicht es *Glade* dem Programmierer, seine graphische Oberfläche zusammenzuklicken. Dabei kann man auf einfache GTK+-Widgets ebenso zurückgreifen wie auf die erweiterten GNOME-Varianten. Über Plugins ist *Glade* dann in der Lage, für viele verschiedene Programmiersprachen Quellcode zu schreiben; Code in C, C++, Perl oder Ada95 ist für *Glade* überhaupt kein Problem.

GTK+ funktioniert nach einem Signalsystem; wenn ein bestimmtes Ereignis wie z. B. das Anklicken eines Button stattfindet, wird ein Signal ausgesandt. Mit diesen Signalen lassen sich dann Funktionen im Code assoziieren – und mit *Glade* können diese Verbindungen bereits hergestellt und Funktionsgerüste erzeugt werden, ohne dass man eine wirkliche Zeile Programmcode schreiben muss. Das Layout des Programmfensters und der darin enthaltenen Widgets speichert *Glade* in einer Datei im XML-Format.

Glade ist inwzischen zu einem sehr beliebten Werkzeug unter GNOME avanciert. Zur Seite steht dem Programm unter anderem die Bibliothek `libglade`. Programme, die auf diese Bibliothek zurückgreifen, können ihr Layout zur Laufzeit des Programmes laden; das Aussehen eines Programmes lässt sich also ändern, ohne dass es neu kompiliert werden muss.

Beachten Sie bitte, dass *Glade* im Gegensatz zu beispielsweise *Visual Basic* über keinen Quellcodeeditor verfügt. Dafür müssen Sie ein externes Programm verwenden, beispielsweise den *XEmacs* oder ein speziell auf GNOME zugeschnittenes Programm wie *Anjuta*.

12.9.2 Anjuta

Anjuta ist ein IDE – *Integrated Development Environment* – für C- und C++-Programme. Man kann sich damit einzelnen kurzen Code-Dateien ebenso widmen wie größeren Projekten.

Abbildung 12.26: Die Entwicklungsumgebung *Anjuta*

Unter den unterstützten Projekten findet man Projekte für die Kommandozeile, reine GTK+- sowie GNOME-Projekte, und außerdem *Bonobo*-Komponenten. Man findet ebenfalls einen Klassenbrowser, Fenster zum Debuggen und Kompilieren, die Möglichkeit Lesezeichen im Code zu speichern und und und.

12.9.3 KDevelop

Wer GNOME-Programme entwickeln möchte, den Blick über die Desktopgrenzen hinweg nicht scheut und eventuell sowieso GNOME und KDE gemeinsam einsetzt, sollte einen Blick auf *KDevelop* werfen. Das Programm ist ebenso eine IDE wie *Anjuta*, aber schon wesentlich ausgereifter.

Der Einsatz von Compiler, Debugger und Quelltexteditor gestaltet sich einfach und komfortabel, Klassen- und Methodenbrowser sind ebenso vorhanden wie Wizards, die bei der Erstellung von Projekten zur Hand gehen. Und zu den wählbaren Projektarten gehören eben auch GNOME-Applikationen. Ebenso wie *Glade* von vielen GNOME-Entwicklern verwendet wird, schwört ein Großteil der KDE-Entwickler auf *KDevelop*.

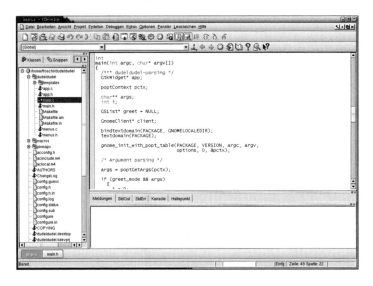

Abbildung 12.27: Die Entwicklungsumgebung *KDevelop*

An dieser Stelle Erwähnung findet *KDevelop*, weil man in dem Assistenten zur Projektauswahl auch die Möglichkeit findet, ein GNOME-Programm zu schreiben. Ein schönes Beispiel für die Zusammenarbeit zwischen den Entwicklern der beiden Plattformen.

12.9.4 Memprof

Ein nützliches kleines Werkzeug, um Speicherproblemen in Programmen auf die Schliche zu kommen. Ein Programm kann aufgerufen werden, und *Memprof* verfolgt System- und Funktionsaufrufe und stellt fest, ob zugeteilter Speicher auch wieder freigegeben wird. Auf diese Weise können Speicherlecks entdeckt werden, nach denen man sonst lange suchen muss.

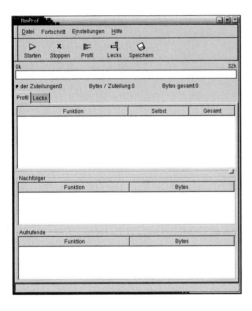

Abbildung 12.28: Das kleine Speicherwerkzeug *Memprof*

Teil II

Fortschreiten

Kapitel 13

Bug Buddy

Linux-Fanatiker – und solche, die es werden wollen – behaupten immer wieder, ihr System könne und werde nicht abstürzen, und das gleiche behaupten Sie von den Programmen, die sie unter Linux nutzen. Sowohl meine eigene, subjektive Erfahrung als auch ein empirisches Mitzählen und Listenführen haben sehr wohl ergeben, dass Abstürze unter Linux erheblich seltener sind als unter Windows. Aber die bittere Wahrheit ist: Auch Linux-Programme stürzen ab. Auch Linux stürzt ab. Zur Klarstellungen: Unter Linux sind viele Programme Freie Software, die von einzelnen Programmierern erstellt worden sind. Unter Windows sind viele Programme unfreie Software, die von einzelnen Programmierern erstellt worden sind. An den größeren Projekten Freier Software sitzen eine Unzahl von Programmierern, ebenso an den Projekten unfreier Software. Man könnte also meinen, dass die Unterschiede nicht sonderlich gravierend sein sollten.

Die wesentlich höhere Stabilität von Linux-Programmen und des gesamten Systems resultiert aus diversen Faktoren. Zuerst wäre da das Design des Systems zu nennen: Unter Windows sind viele Funktionen der graphischen Oberfläche Bestandteil des Betriebssystems bzw. sehr betriebssystemnah programmiert. Das zieht auf der einen Seite eine wesentlich höhere Geschwindigkeit nach sich, hat aber den Nachteil, dass ein simpler Graphikfehler das gesamte Betriebssystem mit sich in den Orkus reißen kann; und jeder Windows-Benutzer weiß, wie oft das passiert.

Eine wichtige Rolle spielt offensichtlich die Freiheit des Systems: Tritt ein Fehler auf, kann nicht nur der Fehler gefunden, mitgeteilt und dann darauf gehofft werden, dass es jemanden gibt, der sich seiner annimmt; es besteht auch die Möglichkeit, den Grund für den Fehler selbst zu finden, ihn zu beheben und die Lösung für das Problem einzusenden, so dass ein eigener Beitrag in die Stabilisierung der Software einfließt.

Um den Benutzer dazu zu bewegen, Fehler nicht nur einfach fluchend hinzunehmen – und ihn den Rechner neu starten zu lassen in der Hoffnung, dass der Fehler schon nicht mehr auftreten werde –, sondern sich durch das Mitteilen von Fehlern tatsächlich einzubringen, wurde das Programm *Bug Buddy* ins Leben gerufen.

Bitte beachten Sie, dass *Bug Buddy* seine Arbeit tatsächlich nur bei GNOME-Programmen leisten kann.

13.1 Das Programm „Bug Buddy"

Linux ist in der Lage festzustellen, ob ein Programm abgestürzt ist; das passiert normalerweise durch Fehler in der Handhabung von Speicher für das Programm. Wenn GNOME einen Programmabsturz feststellt, sammelt es alle Informationen, die ihm das Betriebssystem zur Verfügung stellt, und präsentiert einen Dialog, der den Benutzer über den Absturz informiert und ihn vor die Wahl stellt, die peinliche Situation stillschweigend zu übergehen – oder eben einen Fehlerbericht einzusenden. Wenn Sie dies wünschen, übergibt GNOME die gesammelten Informationen an das Programm *Bug Buddy* zur Einsendung.

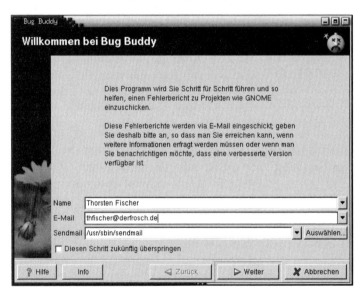

Abbildung 13.1: Der Startbildschirm von *Bug Buddy*

Sie können das Programm aber auch von Hand starten; Sie finden es im Untermenü *Werkzeuge* des GNOME-Hauptmenüs. Das Icon ist eine kleine Wanze bzw. ein Käfer, im Englischen: „bug".

Wenn Sie diesen Weg wählen, nimmt GNOME allerdings keine Voreintragungen über abgestürzte Programme vor. Allerdings können Sie auf diese Weise Fehler melden, die nicht gleich in einen Absturz münden, beispielsweise fehlgeleitete Menüpunkte oder generell mekrwürdiges, nicht vorhersehbares Verhalten.

Abbildung 13.2: Zusätzliche Informationen über einen Programmabsturz hinzufügen

Um einen Fehlerbericht einsenden zu können, müssen Sie eine Verbindung zum Internet aufgebaut haben, da Sie sie sonst nicht abschicken können. Da der Versand per E-Mail geschieht, sollten Sie außerdem lokal ein Programm wie *sendmail* installiert und konfiguriert haben. Weiter unten werden Sie sehen, dass es nützlich sein kann, schon bei der Erstellung des Fehlerberichtes eine Internetverbindung aufgebaut zu haben, und nicht erst am Ende, wenn der Bericht tatsächlich abgeschickt wird.

Das Programm fragt zuerst nach Ihrem Namen, Ihrer E-Mail-Adresse und einem Pfad zu einem funktionierenden *sendmail*-Programm; auf Wunsch kann dieser Schritt, wenn Sie ihn einmal korrekt durchgeführt haben, in Zukunft übersprungen werden.

Als E-Mail-Adresse ist eine real existierende Adresse zu empfehlen, da eine Nachricht an diese Adresse geschickt wird, wenn sich jemand des Problems angenommen und es beseitigt hat. Wenn man einen Bericht einschickt, lohnt es sich wahrscheinlich auch, von dessen Bearbeitung zu erfahren.

Im nächsten Bildschirm kann man zusätzliche Informationen zum Debuggen hinzufügen, mit denen sich die bearbeitende Person einen näheren Einblick in den Vorgang verschaffen kann. Manche Programme hinterlassen beim Absturz einen so genannten *Core Dump*, das ist ein genaues Abbild seines Speicherbereiches, den es während der Laufzeit in Beschlag genommen hatte. Eine weitere Möglichkeit neben dem Core Dump – und der dritten optionalen Angabe, *nichts*, eben weil man nichts weiteres zur Hand hat – bietet die ID des eventuell noch laufenden Prozesses. Diese Nummer lässt sich unter Umständen auf der Kommandozeile mit den Befehlen *top* oder *ps* ermitteln. Wenn Sie dafür ein graphisches Programm haben möchten, können Sie das auf Seite 212 beschriebene *gtop* verwenden.

Bitte beachten Sie, dass Sie für das Debuggen einer Prozess-ID den GNU Debugger *gdb* installiert haben müssen, den Sie garantiert in Ihrer Distribution finden; bei SuSE befindet er sich im Paket *gdb*.

Der nächste Schritt benötigt wesentlich mehr Sorgfalt als es auf den ersten Blick vielleicht scheinen mag. Es geht darum, eine Beschreibung des Fehlers einzuschicken. In Abbildung 13.3 können Sie sehen, wie Sie es *auf gar keinen Fall* machen sollten: vage umrissen und ohne nachvollziehbare Vorgehensweise wird der Bearbeitende hier im Dunkeln darüber belassen, was eigentlich passiert ist.

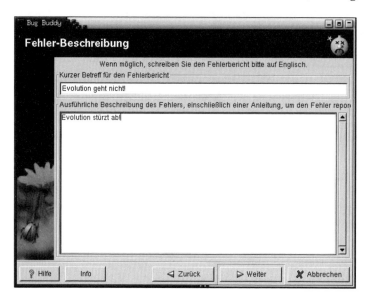

Abbildung 13.3: Eine sorgfältige Beschreibung des Fehlers ist wichtig!

„Soll ich vielleicht Schritt für Schritt beschreiben, was ich getan habe?", werden Sie fragen. Einfache Antwort: Ja, sollen Sie! Am einfachsten ist es, wenn Sie selbst schon in der Lage sind, eine mögliche Fehlerursache einzugrenzen. Der Fehler muss sich so einfach und schnell wie möglich reproduzieren lassen. „*Mozilla* stürzt beim Browsen ab" ist eine schlechte Beschreibung. „*Mozilla* stürzt beim Klicken mit der linken Maustaste auf Link XY auf der Seite www.foobar.com

ab" ist schon besser. *„Mozilla* verabschiedet sich, wenn der JavaScript-Befehl `window.open` ausgeführt wird", definiert den Fehler schon am besten; allerdings auch wieder nur dann, wenn er wirklich immer bei diesem JavaScript-Befehl auftritt, und eben nicht nur auf `www.foobar.com`, wo noch andere Begleitumstände den Fehler verursachen könnten.

Sie sehen schon, dass es schwierig ist, sich auf das Wesentliche zu konzentrieren, was nicht wirklich verwunderlich ist, denn man kennt die Fehlerursache ja nicht. Lassen Sie einfach Ihren gesunden Menschenverstand walten, und wie in den meisten Fällen, geht der Rest dann wie von selbst vonstatten.

Des weiteren sollten Sie Ihren Bericht, wenn irgend möglich, englisch verfassen. Sollten Sie der Sprache nur rudimentär mächtig sein, gilt allerdings die Regel: nachvollziehbares Deutsch ist besser als wirres Englisch. Wenn Sie sich im Englischen unsicher fühlen, äußern Sie sich auf deutsch, bringen Sie aber einen englischen Hinweis wie etwa „the following report is in german" an, da Sie nicht davon ausgehen können, dass Ihre Sprache auf Anhieb erkannt wird.

Wenn Sie nun zum nächsten Fenster des Assistenten voranschreiten, werden Sie wahrscheinlich mit einem Dialog konfrontiert, der Sie fragt, ob die interne Paketliste von *Bug Buddy* aktualisiert werden soll. Dafür benötigen Sie eine Internetverbindung. Dieses Vorgehen ist anzuraten, da Sie gerade bei neuen und daher meist fehleranfälligeren Programmen nicht davon ausgehen können, dass *Bug Buddy* sie in seiner Liste hat.

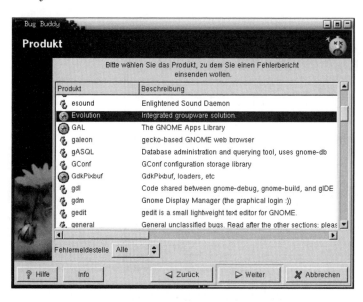

Abbildung 13.4: Auswahl des fehlerhaften Pakets

Statt selbst das Paket anzugeben, können Sie nämlich aus einer Liste wählen. Wenn *Bug Buddy* automatisch nach einem Programmabsturz aufgerufen worden ist, ist das betreffende Paket bereits vorselektiert, so dass Sie sich die Mühe nicht machen müssen.

Wenn Sie sich die Liste genauer ansehen, werden Sie merken, dass sie in zwei Rubriken unterteilt ist; einmal in Pakete, die vom GNOME-Projekt selber vewaltet werden, und einmal diejenigen, die von der Firma *Ximian* betreut werden. *Ximian* verfügt für seine Produkte – beispielsweise für *Evolution* und alle Bibliotheken, die damit zu tun haben, für den *.NET*-Klon *Mono* usw. – über ein eigenes System zur Fehlerverfolgung, in das der Bericht eingespeist wird.

Sollten das von Ihnen ausgewählte Programm noch über Unterteilungen verfügen, können Sie diese im nächsten Fenster wählen. Die Groupware *Evolution* beispielsweise verfügt über einen Kalender, ein E-Mail-Programm und so weiter, und Fehler für diese Komponenten werden durch verschiedene Personen bearbeitet. Wenn Sie eine falsche Komponente oder gar im vorherigen Schritt ein falsches Paket angewählt haben, ist der Ausgang Ihres Berichtes im besten Fall „undefiniert" zu nennen. In guter Stimmung und an sonnigen Tagen wird man Ihren falsch adressierten Bericht vielleicht einfach an den korrekten Empfänger weiterleiten. Generell können Sie aber davon ausgehen, dass fehlgeleitete Berichte ganz einfach in die Tonne wandern oder, wie man unter „Unixern" gerne sagt: „it is piped to /dev/null", was nichts anderes bedeutet, als dass der Bericht gelöscht wird.

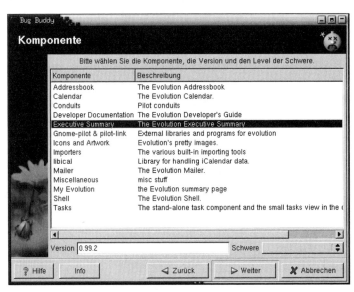

Abbildung 13.5: Komponente, Version, Schwere des Fehlers

Für den Fall, dass Sie dieses Verhalten inakzeptabel finden, lassen Sie sich gesagt sein, dass es auch ohne falsch adressierte E-Mails und Eintragungen in einem Bug Tracking System bereits genug Arbeit gibt, und man seine Zeit nicht mit Nachrichten von Leuten verschwenden will, die augenscheinlich nicht wissen, wohin sie ihre Beschwerden eigentlich schicken sollen. Es klingt hart, reduziert aber den Aufwand tatsächlich auf eine Weise, die diese Härte zu rechtfertigen scheint.

Neben der Komponente können Sie in dem Fenster, das Sie nun vor sich haben – siehe Abbildung 13.5 – auch die Version des Programms eintragen. Diese erfahren Sie beispielsweise über den Eintrag *Info* im *Hilfe*-Menü des Programms. Wurde *Bug Buddy* durch einen Programmabsturz aufgerufen, ist die Version automatisch eingetragen.

Rechts unten im gleichen Fenster können Sie die Schwere des Fehlers festlegen. Diese Schwere ist in sieben Kategorien unterteilt, die in Tabelle 13.1 aufgeschlüsselt sind. Wählen Sie eine Rubrik aus, die Ihnen sinnvoll erscheint. Dass ein Programm einen Zweck nicht erfüllt, den Sie sich davon versprochen haben, ist kein Grund, diesen Umstand als „critical" zu markieren. Derlei Probleme gehören auf die Mailingliste des Programms, aber nicht in das Bug Tracking System.

Tabelle 13.1: Schwere eines Fehlers in *Bug Buddy*

Nummer	Bezeichnung	Beschreibung
0	*Blocker*	Ein Blocker ist ein Fehler, der die Weiterentwicklung blockiert oder das Testen unmöglich macht. Das sind *richtig* schwere Fehler, die nur von den Entwicklern in das System eingegeben werden (sollten). Selbst die Unmöglichkeit, das Programm zu kompilieren, fällt nicht in diese Kategorie.
1	*Critical*	Das Programm stürzt reproduzierbar ab, Daten gehen verloren, schwere Lecks führen zu übermäßigem Verbrauch von Speicher und alles andere, was das Programm für seinen Zweck vollständig unbenutzbar macht.
2	*Major*	Schwerwiegende Probleme führen dazu, dass das Programm nicht oder nur eingeschränkt verwendet werden kann. Eine Tabellenkalkulation, die in bestimmten Feldern immer falsche Ergebnisse bei Multiplikationen liefert, verdient einen solchen Fehlerbericht.

Tabelle 13.1 – Fortsetzung

Nummer	Bezeichnung	Beschreibung
3	*Normal*	Alles, was Sie für *Minor* als zu schwerwiegend erachten, andererseits für *Major* schon wieder zu nichtig ist.
4	*Minor*	Für die Gesamtanwendung nicht wirklich wichtige Funktionen erfüllen ihren Zweck nicht, oder es gibt Wege, den Fehler zu umgehen.
5	*Trivial*	Triviale Probleme, die keine Auswirkung auf die Funktionsweise des Programmes haben; die Reihenfolge von Menüeinträgen ist durcheinander, Wörter sind falsch buchstabiert oder Text ist falsch angeordnet, Versionsnummern in Hilfedialogen stimmen nicht und ähnliches.
6	*Enhancement*	Kommentare für eine Wunschliste oder ähnliches; Vorschläge, was das Programm können sollte oder was man sich davon erwartet. Solche Kommentare sind allerdings auf den betreffenden Mailinglisten der Programme besser aufgehoben, weil sie dort mit einer größeren Gruppe diskutiert werden können.

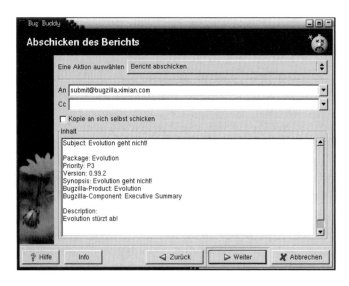

Abbildung 13.6: Der Bericht ist vollständig und kann nun abgeschickt werden

Nun ist der Bericht vollständig! Der Einfachheit halber habe ich für Abb. 13.6 meine wenig aussagekräftige Beschreibung von weiter oben übernommen. Schicken Sie eine solche Beschreibung auf keinen Fall ein, wenn Sie wollen, dass sich jemand Ihres Problems annimmt!

Die Zeilen nach dem *Subject* sind vordefiniert und sollten nicht verändert werden, da die E-Mail vom Fehlersystem *bugzilla* automatisch verarbeitet und eingespeist wird. Wenn Sie möchten, können Sie sich selber eine Kopie des Fehlerberichtes zukommen lassen.

An diesem Punkt ist Ihr Teil der Arbeit beendet. Nun müssen sich die Programmierer an die Arbeit machen, entscheiden, ob und wie sie sich des Problems annehmen. Wenn Ihr Bericht bearbeitet worden ist, erhalten Sie eine Nachricht an die E-Mail-Adresse, die Sie angegeben haben.

13.2 Fehlermeldungen per Bugzilla

Wer Fehler nicht über *Bug Buddy* melden möchte, kann auch ein Formular im WWW dafür nutzen. GNOME bedient sich eines Fehlermeldesystems mit dem Namen *Bugzilla*, das ursprünglich aus dem Webbrowserprojekt *Mozilla* heraus entstanden ist.

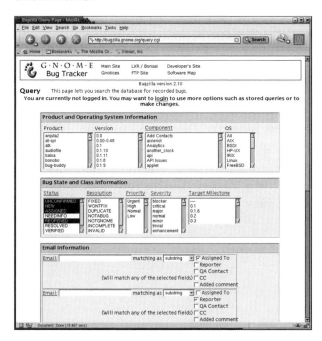

Abbildung 13.7: Ein Ausschnitt aus dem *Bugzilla*-Fehlerformular von GNOME

Bugzilla ist allerdings geradezu ausufernd komplex. Mit *Bug Buddy* haben Sie ein Programm an der Hand, das Ihnen die Auseinandersetzung mit dem umfangreichen Web-Formular abnimmt und die wichtigsten Funktionen herausfiltert.

Das Web-Frontend von *Bugzilla* ist nicht nur für das Einspeisen von Fehlern in das System zuständig, sondern auch für die Bearbeiter der Berichte konzipiert, die die Fehler annehmen, weiterleiten, schließlich als ausgemerzt markieren und eine Meldung an den Einsender des Fehlers verschicken können.

In Abbildung 13.7 sehen Sie einen Screenshot des Formulars. Zuvorderst sollten Sie sich einen Account anlegen, mit dessen Hilfe Sie auf *Bugzilla* zugreifen.

Da eine Beschreibung von *Bugzilla*, wie bereits erwähnt, über den Umfang und die Intention dieses Buches hinausgeht, sei der interessierte Leser auf die Dokumentation verwiesen, die man auf der Website von *Bugzilla* unter `http://www.mozilla.org/projects/bugzilla/` findet. Ein wenig Arbeit mit dem Programm *Bug Buddy* sei im Vorhinein ebenfalls anempfohlen, um sich mit dem Konzept des Meldens von Fehlern schon einmal vertraut zu machen.

13.3 Bug Squashing Parties

Zuweilen werden kleine Parties durchgeführt, die der Beseitigung von Fehlern dienen. „Party" ist dabei natürlich viel zu hoch gegriffen. Diese Veranstaltungen finden als Chat-Session in einem Kanal im IRC statt, in dem sich ein oder mehrere Entwickler als Moderatoren befinden und die sich dann von morgens bis abends die Fehlerberichte „live" von den Benutzern anhören und auf der Stelle versuchen, diese im Quellcode zu beseitigen.

Solche Parties sind öffentlich, und jeder, der ein Chat-Programm – wie zum Beispiel das GTK+-basierte *xchat*, siehe Seite 200 – bedienen kann und der Fehler oder Unstimmigkeiten zu melden hat, kann daran teilnehmen.

Falls solche Veranstaltungen für das Softwarepaket Ihrer Wahl stattfinden, entnehmen Sie die genauen Orte und Termine bitte der GNOME-Website oder den Webseiten des betreffenden Programms.

Kapitel 14

Weitere Fenstermanager

Zwar liegt der Schwerpunkt in diesem Buch auf *Sawfish*. Das ergibt auch Sinn, denn dieser Fenstermanager wird wohl am dichtesten an GNOME entwickelt. Nichts desto trotz gibt es, wie unter Linux üblich, Alternativen.

Die Aufgaben, die diese Fenstermanager übernehmen, gleichen sich, aber Programmieransätze und die Umsetzung der Aufgaben unterscheiden sich. Ebenso wie der Blick in den Kühlschrank oder das Bücherregal etwas über einen Menschen verrät, so gilt dies auch für die Wahl des Fenstermanagers... Mit Fenstermanagern muss man viel Zeit verbringen, um ihre Besonderheiten wirklich kennen zu lernen. Nehmen Sie sich die Zeit und experimentieren ein wenig herum!

Die beiden Fenstermanager *Enlightenment* und *Windowmaker* sind in jeder gängigen Distribution enthalten; das gleiche gilt auch für den minimalistischen *IceWM*. In einem frühen Entwurf dieses Buches hatte ich auch noch *Oroborus* in die engere Wahl genommen, weil es ein noch sehr junges Programm war und kaum benutzt wurde. Die Entwicklung scheint indessen schon eingestellt worden zu sein. Unter SuSE-Linux finden sich Fenstermanager in der Paketserie *xwm*.

14.1 Auswahl eines Fenstermanagers

Die Wahl des einzusetzenden Fenstermanagers findet über ein Applet im Kontrollzentrum statt, das in Abschnitt 8.4.2 auf Seite 106 beschrieben ist.

Voreingestellt ist der Manager *Sawfish*, der auch ein eigenes umfangreiches Capplet zur Konfiguration mitbringt – siehe auch ab Seite 140. Die anderen Fenstermanager besitzen zwar keine eigenen Capplets; wenn man jedoch mit der Steuerung eines neuen Fenstermanagers nicht vertraut ist, kann man dessen Konfigurationswerkzeug immerhin über das Kontrollzentrum aufrufen, indem man den Button *Konfigurationswerkzeug für XY aufrufen* anklickt.

14.2 Enlightenment

Web: http://www.enlightenment.org/
SuSE-Paket: *enlightenment*

Enlightenment ist ein „graphischer Overkill"; wunderschön anzusehen, sollte es wirklich nur auf Maschinen mit entsprechender Rechenpower eingesetzt werden. Wer das Wagnis aber eingeht, wird mit einer wunderschönen Oberfläche belohnt, für die es eine Vielfalt wunderlich anzusehender Themes herunterzuladen gibt. Neben GNOME kann *Enlightenment* übrigens auch mit KDE eingesetzt werden.

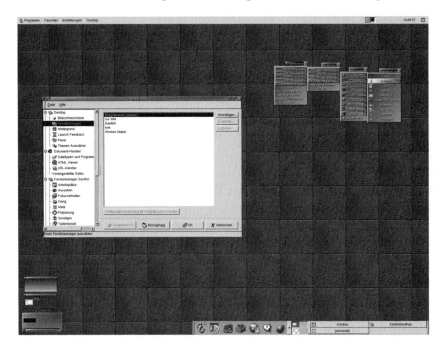

Abbildung 14.1: *Enlightenment*

„E", wie er von seinen Entwicklern und Benutzern auch genannt wird, bringt auch eigene Mechanismen mit, um minimierte Fenster in Iconboxen zu verwalten und mit virtuellen Arbeitsflächen umzugehen.

Der Fenstermanager erfährt augenblicklich eine umfangreiche Neuprogrammierung; die Autoren sind ebenfalls für die Graphikbibliothek *ImLib* verantwortlich, und viele interessante Bibliotheken werden gerade neu geschrieben. Um diese herum soll dann die neue Version von *Enlightenment* entstehen.

14.3 Windowmaker

Web: `http://www.windowmaker.org/`
SuSE-Paket: *windowmaker*

Windowmaker ist, ähnlich wie *Sawfish*, ein schlanker und schneller Fenstermanager. Wie *Enlightenment* kann *Windowmaker* sowohl mit KDE als auch mit GNOME umgehen, und wie dieser bringt er auch ein eigenes Konfigurationstool mit.

Windowmaker ist außerdem der offizielle Fenstermanager des *GNUStep*-Projektes. Dabei handelt es sich um eine freie, objekt-orientierte Anwendungsumgebung, die in Objective-C geschrieben ist. Was es genauer mit dem *GNUStep*-Projekt auf sich hat, können Sie im World Wide Web unter `http://www.gnustep.org` in Erfahrung bringen.

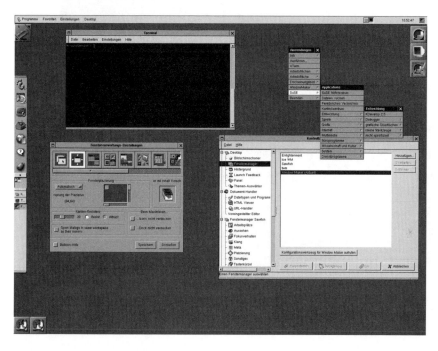

Abbildung 14.2: *Windowmaker*

14.4 IceWM

Web: `http://www.icewm.org/`
SuSE-Paket: *icewm*

Dieser Fenstermanager erfüllt ebenfalls die Maxime „schnell und klein", und zwar auf eine erstaunlich konsequente Weise. Er unterstützt Themes, Tastaturkürzel, virtuelle Desktops und ist GNOME-kompatibel – und das war es auch schon. Es gibt einige kleine Zusatzprogramme, die den Mangel an Funktionalität aufheben sollen.

Neben der GNOME-Konformität verfügt *IceWM* auch über eine noch nicht ganz so weit fortgeschrittene Möglichkeit, mit KDE zusammenzuarbeiten.

IceWM eignet sich ganz besonders für den Einsatz auf Laptops.

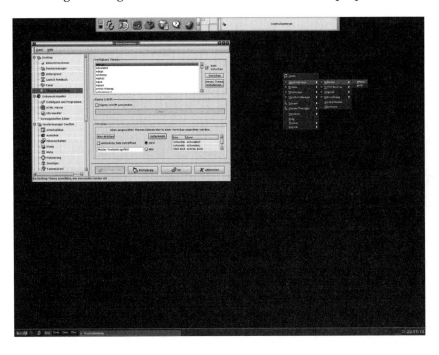

Abbildung 14.3: „The cool window manager": *IceWM*

Kapitel 15

Ximian Desktop

Ximian ist ein Unternehmen, das sich unter anderem um den Mitbegründer von GNOME, Miguel de Icaza, gebildet hat. Es hat sich auf die Fahnen geschrieben, den Desktop im Unix-Bereich zu erobern. Durch *Ximian* werden diverse Programme wie *Evolution* geschrieben – siehe Seite 196 – und GNOME generell weiterentwickelt.

Auch das Projekt *Mono*, das eine freie Implementation der Initiative *.NET* aus dem Hause Microsoft verwirklichen möchte, wurde durch *Ximian* an den Start gebracht.

Dieses Kapitel im Anhang soll kein kostenfreier Werbeblock für eine amerikanische Softwarefirma sein. *Ximian* findet deshalb eine besondere Erwähnung, weil das Unternehmen a) ausschließlich mit Freier Software Geld verdienen möchte, b) einen schönen, stabilen und gut konfigurierten Desktop liefert und c) das alles mit GNOME tut.

Wenn Sie mehr über *Ximian* erfahren möchten, können Sie einen Blick in die Seiten über die GNOME Foundation werfen, wo das Unternehmen aktiv ist, und natürlich die Presseseiten der Website http://www.ximian.com studieren. Aber seien Sie gewarnt: Es sind nun einmal die Presseseiten eines kommerziellen Unternehmens...

Die Firma bietet einen vorkonfigurierten Desktop an, der inzwischen von über einer halben Million Benutzern verwendet wird. Betrachten Sie den *Ximian Desktop* als eine GNOME-Distribution. Da *Ximian* eng mit den restlichen GNOME-Entwicklern zusammen arbeitet bzw. zu einem großen Teil aus diesen besteht, kann es nicht passieren, dass sich dieses kommerzielle Unternehmen in seiner Entwicklung vom Rest von GNOME entfernt.

Ximian bietet sein GNOME für verschiedene Linux-Distributionen an, unter anderem für SuSE. Bisher ist es von Deutschland aus relativ schwierig, seine Hände auf eine CD-Version zu legen. Beim Online-Store *Thinkgeek*, unter dem URL www.thinkgeek.com/ im WWW zu finden, kann man sie bestellen, und bei einigen Veranstaltungen in Deutschland, zum Beispiel dem Stuttgarter LinuxTag, sind sie zu sehen. Einfacher, wenn auch langwieriger und kostspieliger ist es, sich den Desktop über das Internet zu installieren.

Seien Sie aber gewarnt, denn das Herunterladen der einzelnen Komponenten kann auf einer ISDN-Leitung durchaus zwei Stunden und mehr in Anspruch nehmen, und dann verfügen Sie noch lange nicht über alle Programme, die Sie installieren *könnten*. Diejenigen unter den Lesern, die einen DSL-Anschluss oder eine ähnliche Breitbandanbindung besitzen, sind jedoch relativ fein raus.

15.1 Installation über das Internet

Stellen Sie zuerst sicher, dass Sie Superuser-Rechte besitzen, loggen Sie sich also als `root` in Ihr System ein.

Da die Installation graphisch erfolgt, müssen Sie Ihre graphische Oberfläche bereits installiert haben. Wenn Sie SuSE benutzen, haben Sie also wahrscheinlich bereits einen KDE-Desktop oder aber einen Fenstermanager wie `fvwm2`, wenn Sie bei der Installation sowohl auf KDE als auch auf GNOME verzichtet haben. Sie sollten kein eigenes GNOME laufen haben, denn dieses wird ganz und komplett überschrieben werden! Haben Sie Ihre graphische Oberfläche noch nicht konfiguriert, sollten Sie das Installationstool Ihrer Distribution starten und dies nachholen.

Beachten Sie, dass Sie in Ihrer Systeminstallation auch auf das Widgetset GTK+ verzichtet haben sollten, ebenso auf die GLib – und eigentlich auf alles, was Sie in der Liste der Quellpakete in Kapitel 16 finden.

Öffnen Sie nun ein Terminalfenster. Unter KDE bewerkstelligen Sie dies, indem Sie auf das Symbol mit dem Monitor und der Muschel klicken, unter `fvwm2` werden Sie fündig, wenn Sie in den Menüs einen Eintrag *xterm* finden.

Tippen Sie nun folgendes in ihr Terminalfenster ein:

```
linux: # lynx -code http://go-gnome.org | sh
```

Sollten Sie an dieser Stelle eine Fehlermeldung erhalten, etwa weil das Programm *lynx* nicht installiert ist, so holen Sie die Installation entweder nach oder probieren es auf die folgende Weise:

```
linux: # wget http://go-gnome.org
linux: # sh go-gnome
```

In beiden Fällen wird ein Installationsskript von der betreffenden Website geholt, welches dann ausgeführt wird und Ihr System auf die verwendete Distribution und die Prozessorarchitektur (bisher i386 und PPC) untersucht. SuSE-Linux wird bisher etwas stiefmütterlich behandelt.

Sie können den Test auf die Version Ihrer Distribution theoretisch auch unterminieren, wenn Sie entsprechende Änderungen in der Datei /etc/SuSE-release vornehmen. Wundern Sie sich aber nicht, wenn dabei Ihr System auseinanderbricht oder auch beispielsweise YaST nicht mehr richtig funktioniert. Sie sind gewarnt worden.

Das Skript lässt auf der Kommandozeile einen Spiegelserver wählen, von dem das graphische Installationsprogramm geladen und dann ausgeführt wird. Aus dem Netz der Deutschen Telekom hat sich die Anbindung an den Spiegel an der Universität von Durham in Großbritannien als zuverlässig und schnell erwiesen.

15.1.1 Der Installer

Der Installer ist etwas mehr als 2 MB groß. Ist er angekommen, erscheint das Fenster, das Sie in Abbildung 15.1 sehen können.

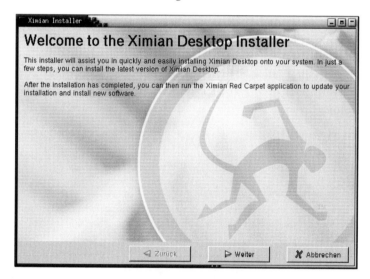

Abbildung 15.1: Das Startfenster des *Ximian Desktop Installer*

Da *Ximian* seine Software ständig verändert und aktualisiert, könnte Ihr *Installer* vielleicht etwas anders aussehen; die Funktionsweise ist jedoch prinzipiell die gleiche. Als Softwarequelle wählen Sie nun einen *Ximian*-Spiegel (oder gleich den *Ximian*-Hauptserver, wenn Sie möchten; wenn Sie noch eine andere Quelle im Netzwerk kennen, können Sie auch eine beliebige eigene Adresse angeben). Und aus der nun folgenden Liste von Spiegeln für die eigentliche Software können Sie getrost auf den Spiegel der TU Chemnitz vertrauen.

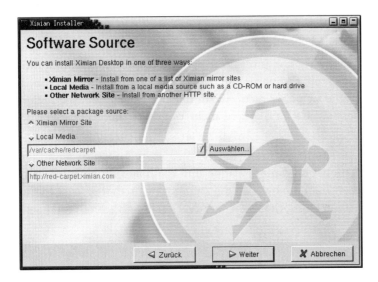

Abbildung 15.2: Wahl der Quelle für die Software

Hinweis: Ich weiß von einigen Benutzern, die erhebliche Probleme beim Herunterladen der Pakete haben, wenn Sie einen anderen Server als den von *Ximian* anzusprechen versuchen. Sollten diese Schwierigkeiten bei Ihnen ebenfalls auftreten, kehren Sie zur Wahl des Servers zurück und wählen den *Ximian*-Server als Installationsquelle aus.

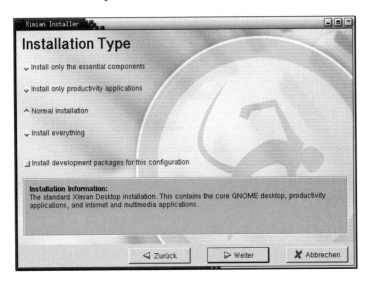

Abbildung 15.3: Typ der Installation

Die Wahl des Installationstyps hängt von Ihren Wünschen und der Geschwindigkeit Ihrer Anbindung ab. *Only the essential components* installiert ein recht nacktes GNOME-System ohne viel Zusatzprogramme, was sich gut zum Ausprobieren eignet. *Only productivity applications* installiert im Wesentlichen die Office-Applikationen wie Tabellenkalkulation, Textverarbeitung und so weiter; diese Installationsoption ist für Systeme in einem Firmenbüro zu empfehlen. Die normale Installation richtet neben den Büroprogrammen auch Dinge wie Multimedia- und Internetapplikationen ein. Und wer einfach alles will, wählt *install everything*.

Die Checkbox *install development packages for this configuration* wird von jedem benötigt, der eigene Programme mit GTK+ und GNOME unter seinem Ximian-Desktop entwickeln möchte.

Danach werden intern eine Liste der benötigten Anwendungen erstellt und ihre Abhängigkeiten untereinander aufgelöst. Dieser Vorgang löst bei den meisten Systemen eine Fehlermeldung aus, die jedoch bereits von der Fehlermeldung als irrelevant deklariert wird, mit dem Hinweis, dass die Abhängigkeiten später aufgelöst würden.

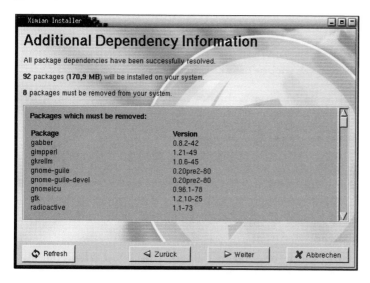

Abbildung 15.4: Die ausgewählten Pakete wurden ausgemacht und ihre Abhängigkeiten erfolgreich bestimmt

In Abbildung 15.4 sind die Abhängigkeiten erfolgreich aufgelöst worden. Die erschreckende Angabe von über 170 Megabyte bezieht sich auf eine *normale Installation*.

Ab diesem Zeitpunkt heißt es, sich zurückzulehnen und zu entspannen, denn das Herunterladen nimmt eine Menge Zeit in Anspruch.

Nach dem Herunterladen werden die Pakete anhand einer digitalen Signatur geprüft, ob sie tatsächlich von *Ximian* kommen; dann werden sie entpackt und installiert. Dieser Vorgang ist zeitlich ebenfalls recht aufwendig.

Ist dieser Vorgang beendet, werden Sie gefragt, ob Sie Ihren bisherigen Login-Manager weiterlaufen lassen wollen, oder ob Sie lieber den GNOME-eigenen *gdm* verwenden möchten. Nähere Überlegungen zu dieser Frage finden Sie im Installationskapitel auf Seite 11; wenn Sie *gdm* konfigurieren möchten, sollten Sie sich mit dem Inhalt von Kapitel 10 auseinandersetzen.

Die letzte Frage des *Installer* sollten Sie in Abhängigkeit der Größe Ihrer Festplatte beantworten: nämlich ob die heruntergeladenen Pakete, nachdem ihr Inhalt installiert worden ist, von Ihrer Festplatte entfernt werden sollen.

15.2   Installation von einer CD-ROM

Die Installation von der CD-ROM unterscheidet sich kaum von der Installation aus dem Netzwerk. Mounten Sie zuerst das Medium; unter SuSE sieht das wie folgt aus – das Zielverzeichnis kann unter anderen Distributionen variieren – und wechseln in das Verzeichnis mit den Installern:

```
linux: # mount /dev/cdrom /cdrom
linux: # cd /cdrom/ximian-gnome/installers
```

Führen Sie dort nun den Installer Ihrer Wahl aus, unter SuSE Linux 7.2 beispielsweise

```
linux: # zcat installer-suse-72-i386.gz | sh
```

Wenn Sie nun den Installer vor sich haben und den Begrüßungsbildschirm bestätigen, kommen Sie im Fenster an, das Sie die Installationsquelle wählen lässt, siehe Abbildung 15.2. Wählen Sie dort als Quelle das Verzeichnis an, in das Sie die CD-ROM eingehängt haben; der Rest der Installation erfolgt dann genauso wie in der Netzwerkinstallation.

Vergessen Sie nicht, nach Beendigung der Installation die CD-ROM wieder auszuhängen:

```
linux: # umount /cdrom
```

15.3   Red Carpet

Der Rote Teppich ist das Paketmanagementwerkzeug des Ximian GNOME-Desktop. Einen Schnappschuss sehen Sie in Abbildung 15.5.

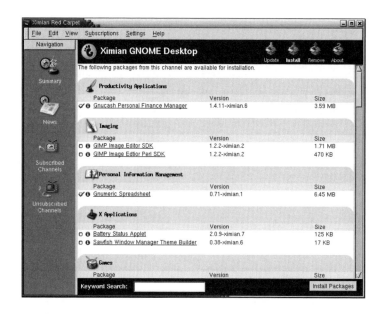

Abbildung 15.5: Das Werkzeug für *Ximian*-Pakete: *Red Carpet*

Die Paketverwaltung von *Red Carpet* ist über so genannte *Channels* organisiert. *Ximian* GNOME und experimentelle Software von *Ximian* haben jeweils einen Channel; dazu kommen diverse Channel von Drittanbietern wie *StarOffice* und *Loki Games*.

Schließlich findet man noch einen Channel, der sich um die Pakete der Distribution kümmert. Auf diese Weise wird theoretisch die Paketverwaltung der jeweiligen Distribution unnötig gemacht; inwiefern man diesem Teil von *Red Carpet* trauen möchte, muss jeder wohl für sich selbst erkunden.

Bei Programmstart – es wird gleich eine Verbindung ins Internet hergestellt – erhalten Sie zunächst eine Liste der empfohlenen Aktualisierungen. Wenn Sie, wie weiter oben beschrieben, bei der Version Ihrer Distribution geschummelt haben sollten, kommen Sie spätestens an dieser Stelle in Bedrängnis, wenn Ihnen vorgeschlagen wird, die Bibliothek *glib* auszutauschen – aber wie gesagt: Sie sind gewarnt worden.

Wie schon der *Ximian Installer* löst *Red Carpet* Abhängigkeiten von Paketen automatisch auf, prüft heruntergeladene Software anhand von digitalen Signaturen, ob sie tatsächlich von *Ximian* kommen, und installiert sie dann.

Und falls Sie eine (verständliche) Abneigung gegen automatische Verbindungen ins Internet haben sollten: *Red Carpet* liegt, ebenso wie all seine Bestandteile und Bibliotheken, im Quellcode vor. Es ist davon auszugehen, dass eine Menge Leute bereits dort hineingesehen haben, und noch hat niemand eine obskure Datenübertragung unbekannten und undokumentierten Inhalts festgestellt, wie sie beispielsweise bei der Zwangsregistrierung von Windows XP stattfindet.

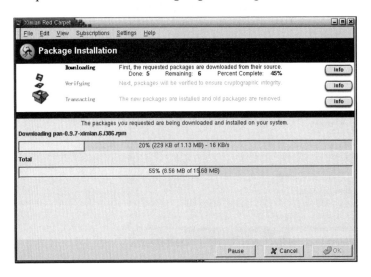

Abbildung 15.6: *Red Carpet* lädt Software herunter

15.4 Hinweise

Weiter vorne habe ich es schon einmal gesagt, aber ich muss es noch ein weiteres Mal betonen: Installieren Sie *entweder* GNOME-Pakete aus Ihrer Distribution *oder* die von *Ximian*, aber auf keinen Fall beides zusammen bzw. vermischt! Die Paketnamen und ihre Organisation unterscheiden sich voneinander, und bei Deinstallation der Pakete könnten Dateien mitgelöscht werden, die eigentlich zu anderen Paketen gehören – wie auch immer, die Folgen können ein wahrer Graus sein, den Sie ganz sicher und definitiv nicht auf sich nehmen wollen.

Ximian Desktop lässt sich aber völlig ohne Probleme parallel zu einer Installation von KDE betreiben, die aus den Paketen einer Linux-Distribution stammt.

Kapitel 16

GNOME Quellcode

Die Frage nach einem fertigen, leicht installierbaren, schön anzusehenden und
einfach zu bedienenden Desktop dürfte nun hinreichend beantwortet worden
sein: GNOME! Manche Menschen wollen aber unbedingt alles selbst machen –
sogar Software kompilieren. Und auch ich neige dazu: wenn schon bunte Bild-
chen zum Anklicken, dann bitte selbst gebaut.

16.1 Mythen und Märchen

Das Kompilieren von Quelltexten und die damit verbundene Arbeit schreckt viele Benutzer ab: Zum einen sei es etwas, was man nicht verstehe, und zum anderen sei es kompliziert und aufwendig. Das Verständnis des Vorganges kann
einfach herbeigeführt werden.

Abbildung 16.1: Das simpelste GTK+-Programm

Programmierer schreiben Ihre Anwendungen zumeist in so genannten „höheren
Sprachen". Ein typisches Programm in GTK+, das nur ein Fenster mit einem
Button darstellt, den man anklicken kann, woraufhin sich das Programm beendet
– siehe Abbildung 16.1 –, sieht zum Beispiel wie folgt aus (Sie müssen den Code
nicht verstehen. Akzeptieren Sie einfach, dass er das genannte Ergebnis liefert.):

```
#include <gtk/gtk.h>

gint delete_callback (GtkWidget widget, GdkEvent ereignis,
```

```
                       gpointer data) {
  gtk_main_quit ();
  return (FALSE);
}


int main (int argc, char *argv[]) {
  GtkWidget *fenster;
  GtkWidget *knopf;

  gtk_init (&argc, &argv);

  fenster = gtk_window_new (GTK_WINDOW_TOPLEVEL);
  gtk_window_set_title (GTK_WINDOW (fenster),
                        "Das simpelste aller GtkWindows");
  gtk_signal_connect_object (GTK_OBJECT (fenster),"delete-event",
                        GTK_SIGNAL_FUNC (delete_callback),
                        NULL);

  knopf = gtk_button_new_with_label ("Beenden");
  gtk_container_add (GTK_CONTAINER (fenster), knopf);
  gtk_signal_connect_object (GTK_OBJECT (knopf), "clicked",
                        GTK_SIGNAL_FUNC (delete_callback),
                        NULL);

  gtk_widget_show_all (fenster);
  gtk_main ();

  return (0);
}
```

Das alles macht aber noch kein ausführbares Programm. Denn ein Computer versteht nur seine Maschinensprache, die ein für einen Menschen nicht lesbares Gewirr ist. Ein Compiler macht nun nichts anderes als den Quelltext in ein ausführbares Programm übersetzen. Proprietäre Systeme liefern Ihnen dann nur das fertige Programm, das der Computer lesen und ausführen kann, das Sie als Mensch aber nicht mehr verstehen können; bei Linux, GNOME und überhaupt aller Freien Software erhalten Sie neben den ausführbaren Programmen – das sind die Dinge, die Sie mit Ihrer Distribution installieren – auch immer den Quellcode.

Viele Projekte bieten auf ihren Webseiten gar nur den Quellcode zum Herunterladen an. Beispielsweise kann Ihr Desktop, der höchstwahrscheinlich unter Linux auf einem Computer mit x86-Prozessor von Intel oder AMD läuft, nicht auf einer Solaris-Workstation ausgeführt werden. Mit dem Quellcode lassen sich jedoch ausführbare Programme auch für andere Plattformen selbst erstellen.

Selbstverständlich muss der Quellcode alle Plattformen, auf denen er laufen soll, unterstützen. Aber eine GNOME-Applikation, die auf einem GNOME-Desktop unter Linux auf x86 läuft, funktioniert grundsätzlich auch beispielsweise unter Linux auf einem PowerPC – denn Portabilität ist eines der Dinge, für die GTK+ und die GNOME-Bibliotheken sorgen.

Der zweite Vorwurf, der eben genannt wurde, war, dass das eigene Kompilieren von Software aufwendig sei.

Es kann in der Tat aufwendig sein, doch der Aufwand bezieht sich im Wesentlichen auf die Zeit: Mein System ist ein Athlon mit 800 MHz, dem 256 MB Speicher zur Seite stehen. Fürs Kompilieren eigentlich ein starkes System – und dennoch durfte ich einige Stunden vor dem Monitor verbringen und dem Rechner einfach nur beim Bauen von Software zusehen. Der geneigte Handwerker muss also ein wenig Zeit mitbringen, zumindest wenn er wirklich den kompletten Desktop selbst übersetzen möchte.

Falls Sie nur einzelne neue Anwendungen übersetzen möchten, hält sich der Zeitaufwand natürlich in Grenzen.

16.2 Abwärtskompatibilität

Wenn Sie mit den Werkzeugen Ihrer Linux-Distribution neue Softwareversionen einspielen, werden Abhängigkeiten automatisch aufgelöst und eventuell benötigte Aktualisierungen anderer Pakete ebenfalls automatisch vorgenommen. Wenn Sie sich Ihre Software selbst kompilieren, ist die Sache nicht ganz so einfach.

Nehmen wir an, Sie wollen das Paket *gnome-foo* (bevor Sie nachschauen: Die Pakete existieren nicht; *foo* und *bar* sind gebräuchliche Platzhalter in der Computerwelt.) von Ihrer installierten Version 0.3.1 auf 0.3.4 aktualisieren. Leider benötigt *gnome-foo* eine Bibliothek mit dem Namen *libbar*. Diese Bibliothek muss mindestens die Versionsnummer 0.2.3 haben. Sie haben aber nur 0.2.1 installiert.

An dieser Stelle *müssen* Sie zuerst die neue Version der Bibliothek *libbar* kompilieren und installieren, bevor Sie sich an das neue *gnome-foo* wagen. Wenn Sie Programme kompilieren, verlassen sich diese bereits bei diesem Vorgang darauf, dass die Bibliotheken existieren, und nicht erst beim Ausführen des Programms.

16.2.1 Versionsnummern

Ein kleiner Exkurs: Es gibt Standards in der Nummerierung von Softwareversionen. Schauen wir uns noch einmal die Bibliothek *libbar* an. Die neueste Version dieser fiktiven Library war 0.2.3. Dabei bezeichnet die 0 den *Major Release*, die 2 den *Minor Release* und die 3 den *Micro Release*. Keine dieser Zahlen muss lediglich einstellig sein.

Es gilt generell, dass Versionen, die sich nur im *Micro Release* unterscheiden, binärkompatibel zu sein haben. Das bedeutet, dass Sie im obigen Beispiel theoretisch in der Lage sein sollten, die alte Version der *libbar* gegen die neue einzutauschen, ohne dass sich daraus für *gnome-foo* Probleme beim Starten oder Laufen ergeben. Als Entwickler erreichen Sie das bei Bibliotheken, indem Sie an der Zahl der exportierten Funktionen als auch bei deren Art und Zahl der Parameter keine Änderungen vornehmen – aber das führt jetzt zu weit.

Eine weitere stillschweigend hingenommene Konvention ist, dass ein gerader *Minor Release* eine stabile Version der Software bezeichnet, während eine ungerade Zahl auf eine Entwicklerversion hinweist, bei der Sie auch die genannte Binärkompatibilität nicht mehr annehmen können. Erhöhungen des *Minor Release* deuten auf grundlegende Änderungen sowohl im Innern als auch nach außen an.

Bei einer Änderung des *Major Release* können Sie davon ausgehen, dass sich richtig viel getan hat. So steht beispielsweise schon seit geraumer Zeit eine Version 2.0 von GTK+ und GNOME an, auf die wir uns mit Sicherheit freuen können!

Die Zahl *99* wird gerne dazu verwendet, um einen bevorstehenden Versionssprung der nächsthöheren Stelle anzudeuten; gibt es also eine Version 0.5.99 einer Software, kann man das als Hinweis darauf verstehen, dass eine Version 0.6.0 ins Haus steht. Es gibt aber Ausnahmen; der Linux-Kernel mit der Versionsnummer 2.1 hat es bis zur Nummer 2.1.132 geschafft, bevor es die Version 2.2 gab.

Leider halten sich nur wenige Entwicklerteams an diese Vorgaben, und selten kann man auf Webseite etc. nachlesen, ob dies der Fall ist.

16.3 Besorgen der Quellpakete

Zunächst einmal gilt es, sich die Quellen zu besorgen. Wenn man nicht in der glücklichen Lage ist, irgendeine beliebige Heft-CD-ROM eines Computermagazins zu haben, auf der sich GNOME 1.4 befindet, muss man sich auf ins Internet machen und schauen, ob man einen FTP-Server findet, der mal gerade nicht völlig überlastet ist. Eine Liste von Spiegelservern findet man beispielsweise unter `ftp://ftp.sourceforge.net/pub/mirrors/gnome/MIRRORS.html`.

In der nun folgenden Aufzählung ist eine Liste aller Pakete, die im ersten GNOME 1.4-Verzeichnis zu finden waren, zu sehen, nebst ihrer Versionsnummer und einer kurzen Beschreibung. Damit bekommen Sie schon einen ersten Überblick darüber, was Ihnen bevorsteht: Mehr als 40 Softwarepakete wollen konfiguriert, kompiliert und installiert werden. Aber das soll uns nicht abschrecken!

Beachten Sie bitte, dass sich die Versionsnummern inzwischen von geringfügig bis erheblich geändert haben können. Die Software wird selbstverständlich ständig aktualisiert.

16.4 Kompilieren der Pakete

Im Folgenden die genauen Anweisungen, um ein Softwarepaket kompilieren und installieren zu können.

Zuerst sollten einige Umgebungsvariablen gesetzt werden, die vom Compiler und anderen Programmen benötigt werden, um ihre Arbeit zu machen. Das Setzen dieser Variablen unterscheidet sich je nach verwendeter Shell; die Standardeinstellung für SuSE-Linux ist die verbreitete bash, so dass die Anweisungen für diese Shell zu lesen sind. Konsultieren Sie die Dokumentation Ihrer Shell, wenn Sie eine andere verwenden, um herauszufinden, wie Sie Umgebungsvariablen setzen können.

Wer häufig Software selbst kompilieren möchte, sollte sich diese Variablen in eine Datei schreiben, die bei jedem Aufruf einer Shell gelesen wird. Dafür eignet sich beispielsweise bei bash-Benutzern die Datei .bashrc im Heimatverzeichnis.

Des Weiteren sollten Sie Ihre bisherige GNOME-Installation komplett deinstallieren. Der hier beschriebene Vorgang ist nicht trivial, und zwei parallele GNOME-Installationen sind nicht sehr einfach miteinander in Einklang zu bringen. Verwenden Sie das betreffende Werkzeug Ihrer Distribution, um Ihre „alte" GNOME-Installation loszuwerden.

Achten Sie auch darauf, alle Abhängigkeiten entsprechend zu behandeln. Die einfachste Vorgehensweise dürfte sein, sich erstens der kompletten Serie zu entledigen, in der sich GNOME in ihrer Installation befindet, und dann die hier präsentierte Liste der Pakete der Reihe nach durchzuarbeiten und nachzusehen, ob die Pakete auch tatsächlich deinstalliert worden sind.

16.4.1 Flags für den Compiler und den Precompiler

Der Precompiler ist ein Teil des Compiler, der vor dem eigentlichen Übersetzen ausgeführt wird. Er fügt beispielsweise Codeteile aus anderen Dateien ein, die mit einer #include-Anweisung eingebunden worden sind, Makros durch ihre eigentliche Bedeutung ersetzt und generell nützliche Dinge tut, um den Code auf die Bearbeitung durch den Compiler vorzubereiten. Die Anweisungen für den Precompiler werden in der Umgebungsvariable CPPFLAGS gesetzt.

Der C-Compiler kompiliert die Dateien dann. Er benötigt dafür die gleichen Einstellungen wie der Precompiler, so dass normalweise Werte für den Compiler gesetzt werden und diese Werte dann gleich für den Precompiler mitexportiert werden. Die Anweisungen für den C-Compiler werden in der Umgebungsvariable CFLAGS gesetzt.

Sollen C++-Programme kompiliert werden, sind für gewöhnlich ebenfalls die selben Einstellungen vonnöten. Die Anweisungen für den C++-Compiler werden in der Umgebungsvariable CXXFLAGS gesetzt.

Wir kommen also auf folgende Zeilen:

```
linux: # export CFLAGS="-I/usr/include -I/usr/local/include
-I/usr/X11R6/include -I/opt/gnome/include"
linux: # export CPPFLAGS=$CFLAGS
linux: # export CXXFLAGS=$CFLAGS
```

16.4.2 Flags für den Linker

Das Übersetzen von Software aus dem Quellcode in ein maschinenlesbares Programm wird häufig nur als „Kompilieren" bezeichnet. Auch ich habe diesen Begriff bisher auf diese Weise verwendet. Das reicht jedoch noch nicht aus.

Es ist durchaus üblich, große Programme in kleine Teile, also in mehrere Dateien, aufzuspalten und diese getrennt zu bearbeiten. Außerdem greifen viele Programme auf andere Bibliotheken zu – so suchen alle GNOME-Programme natürlich nach GNOME-Bibliotheken. Den Zusammenbau dieser Teile zu einem ausführbaren Programm und das Erstellen einer Struktur, die das Programm korrekt auf Bibliotheken zugreifen lässt, wird „Linken" genannt.

Im Gegensatz zum Compiler gibt es keinen „Prelinker" oder nötige Unterscheidungen für C und C++. Es genügt, eine einzige Umgebungsvariable mit Flags für den Linker zu setzen und zu exportieren:

```
linux: # export LDFLAGS="-L/usr/lib -I/usr/local/lib
-I/usr/X11R6/lib -I/opt/gnome/lib"
```

16.4.3 Der endliche Aufruf

Nun ist man endlich bereit, die Pakete anzugehen. Grundsätzlich geht man bei jedem Paket einzeln mit den folgenden vier Schritten vor:

1. Das Softwarepaket wird entpackt. Die meisten Pakete liegen in dem Archivformat .tar.gz vor, das folgendermaßen geöffnet wird:

   ```
   linux:~/src # tar xzvf gnome-foo-0.3.4.tar.gz
   ```

   Die vier Parameter für das Programm tar: x entpackt ein Archiv, z dekomprimiert es, v zeigt alle bearbeiteten Dateinamen an und f lässt den Dateinamen des Archives folgen.

Inzwischen werden auch die Pakete des GNOME-Projekts mit dem stärker komprimierenden aber rechenaufwendigeren `bzip2` anstelle von `gzip` komprimiert; statt des Parameters z steht dann ein y – oder bei SuSE ein j.

2. Wechseln Sie in das neu entstandene Verzeichnis, das die Quelltexte enthält, und stoßen Sie den Konfigurationsprozess an:

```
linux:~/src/gnome-foo-0.3.4 # ./configure <parameter>
```

Dabei geben Sie `parameter` nicht explizit ein, sondern die tatsächlichen Parameter für Ihr System. In den folgenden Abschnitten finden Sie immer die Konfigurationsparameter angegeben, wenn es spezielle für ein Paket geben sollte.

Das Skript `configure` trägt dann die Eigenschaften des Systems zusammen (was mit einer Menge Ausgabe auf dem Bildschirm einhergeht) und konfiguriert das Quellverzeichnis derart, dass es auf das System angepasst wird.

3. Das eigentliche Kompilieren wird nun schnell und einfach mit

```
linux:~/src/gnome-foo-0.3.4 # make
```

angestoßen.

Das Programm `make` arbeitet die Regeln in einem so genannten `Makefile` ab. Diese Regeln wurden soeben durch das Skript `configure` erstellt. Die Software wird nun kompiliert (und auch gelinkt), aber noch nicht installiert.

4. Die Installation der Software übernimmt ein weiterer, allerdings leicht geänderter Aufruf von `make`:

```
linux:~/src/gnome-foo-0.3.4 # make install
```

5. Der Autor hat natürlich gelogen und baut noch einen fünften Schritt ein: Wenn es sich bei der von Ihnen kompilierten Software um eine Bibliothek gehandelt hat, muss diese Bibliothek dem System bekannt gemacht werden. Das erreichen Sie dadurch, dass Sie zuerst sicherstellen, dass das Verzeichnis, in dem die Bibliotheken installiert worden sind, in der Datei mit dem Namen `/etc/ld.so.conf` eingetragen ist.

Darüber hinaus müssen Sie noch einmal das Programm `ldconfig` aufrufen:

```
linux:~/src/gnome-foo-0.3.4 # ldconfig
```

Nun ist die Bibliothek vollständig installiert und andere Programme können sie benutzen, d. h. gegen sie gelinkt werden.

Bitte beachten Sie, dass Sie zumindest für die Schritte 4 und 5 `root`-Rechte benötigen.

Beachten Sie bitte auch, dass diese Art der Softwareinstalltion keinen Neustart Ihres Systems nötig macht.

Wenn Sie ein ordentlicher Mensch sind oder sich generell um Ihren Festplatten-
platz sorgen, können Sie das entpackte Quellverzeichnis nun wieder löschen:

```
linux:~/src/gnome-foo-0.3.4 # cd ..
linux:~/src # rm -rf gnome-foo-0.3.4
```

Auf diese Weise verfahren Sie nun der Reihe nach mit allen Softwarepaketen, die
Sie installieren möchten.

16.5   Die Pakete

Es folgt nun eine Aufzählung sowie eine kurze Beschreibung der Pakete von
GNOME 1.4. Diese Pakete erhalten Sie von jedem beliebigen GNOME-Spiegel.

`ftp://ftp.se.gnome.org/pub/GNOME/stable/releases/` ist momentan
meine favorisierte Quelle. Dort finden Sie das Unterverzeichnis `gnome-1.4`, in
welchem Sie – wenig überraschend – den Release 1.4 von GNOME vorfinden. Ich
gehe bei den folgenden Anweisungen davon aus, dass Sie einfach *alles* herunterladen, was dort zu finden ist.

Sie werden feststellen, dass sich die Versionsnummern, die ich im Folgenden angegeben habe, von denen unterscheiden, die Sie aktuell im Verzeichnis finden.
Meine Aufzählung bezieht sich auf das GNOME-1.4, das ich direkt nach dessen
Ankündigung bekommen konnte, von einer Quelle, die nicht vollständig überlastet war. Die aktuelle Zusammenstellung ist jedoch immer eine lauffähige, so
dass Sie mit neuen Versionen gut auskommen sollten. Stutzig sollten Sie nur
dann werden, wenn Sie ältere Versionen vorfinden, als sie hier beschrieben sind.

Wie oben beschrieben, müssen Sie in jedem entpackten Verzeichnis das Skript
`configure` aufrufen. In der folgenden Aufzählung sind dabei immer die Parameter für diesen Aufruf angegeben. Bei diesen Parametern gehe ich von den
folgenden Annahmen aus:

❏   GNOME soll in einem eigenen Verzeichnisbaum unter `/opt/gnome` instal-
    liert werden, wie es in diversen Distributionen der Fall ist; beispielsweise
    auch bei SuSE. Wenn Sie eine Installation unter einer anderen Hierarchie
    bevorzugen, geben Sie ein anderes Verzeichnis an. Denken Sie aber daran,
    dieses Schema konsequent durchzuhalten!
    Manche Benutzer haben ihr GNOME lieber unter `/usr/X11` oder `/usr`. Es
    gibt auch eine weitere Denkrichtung, die distributionsfremde Software ge-
    nerell unter `/usr/local` installiert sehen möchte. In diesem Fall ist als
    Zielpunkt auch `/usr/local/gnome` eine Option.

❏   Weiter gehe ich davon aus, dass *graphikbezogene* Software – wie Bibliotheken
    –, die für den „Betrieb" von GNOME notwendig sind, aber nicht ausschließ-
    lich von GNOME, sondern auch von anderer Software genutzt werden, nach

/usr/X11R6 wandern. Darunter fallen sowohl GTK+ als auch die Graphikbibliothek *ImLib*.

❏ Alle anderen Dinge, die ebenfalls nicht nur von GNOME verwendet werden,
die aber nichts mit der graphischen Oberfläche zu schaffen haben, werden
unter /usr installiert.
Gerade dieser Teil ist eher kontrovers – ja, Leute streiten sich regelmäßig
über so etwas –, weil der dafür genutzte Ort meist als /usr/local angegeben wird. Wenn Sie diese Pakete dorthin installieren möchten, wird Sie
niemand daran hindern wollen oder können.

Darüber hinaus habe ich bei jedem Paket sowohl eine Website angegeben, auf
der mehr Informationen zu beziehen sind (bei den meisten GNOME-Bibliotheken
gibt es jedoch keine eigene Website), als auch eine Versionsnummer präsentiert,
die jedoch wie oben beschrieben mit Vorsicht zu genießen ist.

Doch nun flugs zu den Paketen.

16.5.1 libaudiofile

Website: http://oss.sgi.com/projects/audiofile/
Version in GNOME 1.4: 0.2.1

audiofile ist eine Soundbibliothek, die mit diversen verschiedenen Soundformaten
umgehen kann, inklusive .wav, .aiff, .snd und .au. Benötigt wird sie zum
Erstellen des Sounddämonen *esound*.

```
linux: # ./configure --prefix=/usr
```

16.5.2 esound

Website: http://www.tux.org/~ricdude/EsounD.html
Version in GNOME 1.4:

Der Sounddämon *esound* bringt Audio ins Netzwerk: ein Server, der an einer zentralen Stelle läuft, kann Ströme von Audiodaten aufnehmen, sie ineinander mi-
schen und dann auf einer Sondkarte ausgeben. GNOME verwendet *esound* lokal
zur Ausgabe von Klängen. Dank *esound* können beispielsweise auch dann Klänge
ausgegeben werden, wenn ein (ebenfalls *esound*-kompatibler) MP3-Spieler läuft.

```
linux: # ./configure --prefix=/usr
```

16.5.3 GLib

Website: http://www.gtk.org/
Version in GNOME 1.4: 1.2.9

Die *GLib* ist eines der Kernstücke von GNOME. Auf ihr fußt das Widgetset GTK+. Es handelt sich dabei um eine Bibliothek, die viele häufig verwendete Datenstrukturen und Funktionen in einfacher Weise zugänglich macht. Ein Beispiel sind so genannte verkettete Listen, die selber zu implementieren sehr schwierig sein kann, die von der *GLib* jedoch mit einer einfachen Schnittstelle zur Verfügung gestellt werden. Außerdem beinhaltet Sie Mechanismen, die plattformunabhängige Programmierung stark erleichtern.

Bereits die *GLib* verfolgt einen objektorientierten Ansatz, auch wenn Sie in der nicht objektorientierten Sprache C geschrieben ist und ihre Eigenschaften als C-Bibliothek zur Verfügung stellt.

Die meiste Literatur über GTK+ behandelt auch die Programmierung der *GLib*.

```
linux: # ./configure --prefix=/usr
```

16.5.4 libxml

Website: http://www.xmlsoft.org/
Version in GNOME 1.4: 1.8.11

Mit XML können strukturierte Dokumente jeder Art beschrieben werden; wer schon einmal eine HTML-Seite gesehen hat, dem werden bemerkenswerte Ähnlichkeiten zwischen den beiden aufgefallen sein. Im Moment ist die gesamte EDV-Welt in Aufruhr über die Möglichkeiten, die sich mit XML auftun, kann man damit doch Dokumente für Textverarbeitungen ebenso beschreiben wie Serveraufrufe oder Konfigurationsdaten.

In GNOME spielt XML im Komponentensystem, bei der Konfiguration von Programmen und an vielen anderen Stellen eine wichtige Rolle.

```
linux: # ./configure --prefix=/usr
```

16.5.5 scrollkeeper

Website: keine
Version in GNOME 1.4: 0.2

Dieses Werkzeug dient der zentralen Verwaltung aller Dateien, die mit der Dokumentation zu schaffen haben, die GNOME und einzelne Programme mitliefern.

```
linux: # ./configure --prefix=/opt/gnome
```

16.5.6 ORBit

Website: http://www.labs.redhat.com/orbit/
Version in GNOME 1.4: 0.5.7

Programmierer sind faul. Mit der Erfindung der Bibliothek wurde die Möglichkeit geschaffen, einmal geschriebenen Code beliebig wiederzuverwenden. Mit dem Standard CORBA ist es möglich, die Grenzen von Netzwerken und Plattformen zu überwinden – quasi Bibliotheken über das Netzwerk zu handhaben.

ORBit ist eine Implementation eines *Object Request Brokers*, der eine wichtige Rolle in CORBA spielt. Das Komponentensystem, das eine Kommunikation zwischen einzelnen Elementen des Desktop sicherstellt, basiert auf CORBA.

```
linux: # ./configure --prefix=/usr
```

16.5.7 oaf

Website: keine
Version in GNOME 1.4: 0.6.5

oaf ist ebenfalls Teil des Komponentensystems. Es handelt sich um eine XML-basierte Abfragesprache, mit der Aufrufe an CORBA-Server gesendet werden. Auf diese Weise lassen sich schnell Komponenten ausfindig machen, die den gewünschten Anforderungen genügen.

```
linux: # ./configure --prefix=/opt/gnome
```

16.5.8 libghttp

Website: keine
Version in GNOME 1.4: 1.0.9

Eine Implementation des Protokolls HTTP, speziell auf GNOME zugeschnitten.

```
linux: # ./configure --prefix=/opt/gnome
```

16.5.9 GTK+

Website: http://www.gtk.org/
Version in GNOME 1.4: 1.2.9

GTK+ ist das Widgetset, auf dem GNOME fußt. Es stellt alle Widgets wie Buttons, Textfelder, Menüs und so weiter zu Verfügung und überträgt das Objektsystem und die Signalmechanismen von *GLib* auf die graphische Oberfläche.

Um die Programmierung von GTK+ zu erlernen, kann man sich reichlich mit Lektüre eindecken, zum Beispiel [Fis00].

```
linux: # ./configure --prefix=/usr/X11R6
```

16.5.10 libsigc++

Website: http://libsigc.sourceforge.net/
Version in GNOME 1.4: 1.0.3

Diese Bibliothek führt ein Signalsystem für die Programmiersprache C++ ein, mit dem die in C geschriebenen Signale in GLib und GTK+ abgebildet werden können. Diese Bibliothek wird später von diversen Paketen zur Bindung an C++ verwendet, namentlich *gtkmm*, *gnomemm* und *panelmm*, so dass Programme nicht nur in C, sondern auch in C++ geschrieben werden können.

```
linux: # ./configure --prefix=/usr
```

16.5.11 gtkmm

Website: http://gtkmm.sourceforge.net/
Version in GNOME 1.4: 1.2.5

Mit Sprachbindung, die auf der Signalbibliothek *libsigc++* basiert, lassen sich GTK+-Programme in C++ schreiben. Der Name ergab sich daraus, dass aus dem eigentlich angemessenen GTK++ kurzerhand ein GTK-- gemacht worden ist, das als *gtkmm* ausgeschrieben wurde.

Beachten Sie, dass das noch nicht bedeutet, dass Sie damit vollwertige GNOME-Applikationen erstellen können; dafür benötigen Sie noch das weiter unten genannte Paket *gnomemm*, und für Panel-Applets zusätzlich noch *panelmm*.

```
linux: # ./configure --prefix=/usr/X11R6
```

16.5.12 ImLib

Website: keine
Version in GNOME 1.4: 1.9.10

Imlib ist eine Graphikbibliothek, mit der viele verschiedene Bildformate geladen, dargestellt und transformiert werden können.

Diese Bibliothek wird, während die Entwicklung von GNOME-2.0 fortschreitet, durch *GdkPixbuf* ersetzt werden.

```
linux: # ./configure --prefix=/usr/X11R6
```

16.5.13 gtk-engines

Website: keine
Version in GNOME 1.4: 0.12

Mit diesem Paket können Pixmapbasierte Themes in GTK+ genutzt werden. Mehr
über Themes in GTK+ erfahren Sie in Abschnitt 8.4.6.

```
linux: # ./configure --prefix=/usr/X11R6
```

16.5.14 xml-i18n-tools

Website: keine
Version in GNOME 1.4: 0.8.1

GNOME-Anwendungen können grundsätzlich so programmiert werden, dass sie
auf verschiedene Sprachen angepasst werden können. Mit dem Einzug von XML
in den GNOME-Desktop ist es jedoch schwieriger geworden, diesen Ansatz bei-
zubehalten, da XML-Dateien nicht in das Schema von *gettext* passen, das für die
Internationalisierung von GNOME verwendet wird.

Mit diesen Werkzeugen können auch XML-Dateien auf verschiendene Sprachen
angepasst werden.

```
linux: # ./configure --prefix=/usr
```

16.5.15 gnome-libs

Website: keine
Version in GNOME 1.4: 1.2.13

Die Kernbibliotheken für GNOME, inklusive der GNOME-Widgets, dem Session
Management und so weiter.

```
linux: # ./configure --prefix=/opt/gnome
```

16.5.16 libgtop

Website: http://www.home-of-linux.org/gnome/libgtop/
Version in GNOME 1.4: 1.0.12

Libgtop ist eine plattformübergreifende Bibliothek, die Informationen über das
System zusammentragen kann. Das schließt solche Dinge wie CPU-Last, Spei-
chernutzung, Anzahl der laufenden Prozesse und so weiter ein. Der Name ist
dem Programm top entlehnt, das auf der Kommandozeile eben diese Informationen anzeigt.

```
linux: # ./configure --prefix=/opt/gnome
```

Hinweis: Diese Bibliothek ist eine der wenigen GNOME-Bibliotheken, die nicht der LGPL, sondern der GPL unterstehen. Was das für einen Benutzer oder einen Entwickler in der Praxis bedeuten kann, können Sie in Anhang E nachlesen.

16.5.17   gdk-pixbuf

Website: keine
Version in GNOME 1.4: 0.10.1

Diese Bibliothek dient ebenfalls der Manipulation von Graphikformaten und -dateien. Bilder können geladen, manipuliert und wieder geschrieben werden.

Bisher verwendet GNOME noch die Bibliothek *ImLib*, um Graphiken (wie zum Beispiel alle Icons im Panel) anzuzeigen. Nachdem die GNOME-Entwickler jedoch der Meinung waren, dass *ImLib* wichtige Funktionalität vermissen lässt, wurde der Beschluss gefasst, eine eigene Bibliothek zu diesem Zweck zu implementieren.

Gdk-Pixbuf soll *ImLib* in GNOME 2.0 vollständig ersetzt haben. Außerdem soll die Bibliothek GNOME-unabhängig werden und im Widgetset GTK+ aufgehen, das GNOME zugrundeliegt.

```
linux: # ./configure --prefix=/opt/gnome
```

16.5.18   gnome-print

Website: keine
Version in GNOME 1.4: 0.28

Das „Printing Framework" von GNOME. Für den Programmierer soll der Weg zum druckbaren Resultat so kurz wie möglich gemacht werden, indem sich nur *gnome-print* darum kümmern muss, welches Drucksystem eigentlich installiert ist oder wo der Drucker steht. Und auch für den Benutzer soll das Drucken so transparent wie möglich gemacht werden.

Das Paket befindet sich in einer intensiven Entwicklung und ändert sich regelmäßig.

```
linux: # ./configure --prefix=/opt/gnome
```

16.5.19   bonobo

Website: keine
Version in GNOME 1.4: 0.37

Bonobo ist das Komponentensystem für GNOME. Komponenten sollen die Entwicklung von Software-Bausteinen ermöglichen, die sich nicht nur einfach wiederverwenden lassen, sondern die auch miteinander kommunizieren können. Und das auch über die Grenzen von Netzwerken und Programmiersprachen hinweg.

Bisher ist das Komponentensystem von GNOME noch auf den lokalen Rechner beschränkt, das soll sich im Laufe der Zeit allerdings ändern. Außerdem soll sich *Bonobo* von GTK+ und GNOME emanzipieren, so dass es nicht ausschließlich auf diese graphische Umgebung beschränkt ist, sondern eine generelle Umgebung für Komponenten unter Linux werden kann.

```
linux: # ./configure --prefix=/opt/gnome
```

16.5.20 libglade

Website: keine
Version in GNOME 1.4: 0.16

Glade ist ein Entwicklerwerkzeug, das auf Seite 216 beschrieben wird. Es kann Layouts von graphischen Oberflächen als XML-Dateien ablegen, die von Applikationen dann wiederum geladen werden können. Auf diese Weise ist es möglich, das Aussehen eines Programmes, seiner Dialoge etc. zur Laufzeit zu ändern, ohne das Programm neu kompilieren zu müssen.

```
linux: # ./configure --prefix=/opt/gnome
```

16.5.21 gnome-vfs

Website: keine
Version in GNOME 1.4: 1.0

Das Virtuelle Dateisystem bietet die Möglichkeit, verschiedene Dateisysteme auf die gleiche Art und Weise zu behandeln. Über das virtuelle Dateisystem ist es beispielsweise in *Nautilus* möglich, lokale Verzeichnisse ebenso zu behandeln wie Verzeichnisse auf einem FTP-Server. Auch komprimierte Archive können auf diese Weise behandelt werden. Es ist außerdem relativ einfach, eigene Typen von Dateisystemen hinzuzufügen.

```
linux: # ./configure --prefix=/opt/gnome
```

16.5.22 gnomemm

Website: http://gtkmm.sourceforge.net/
Version in GNOME 1.4: 1.1.15

GNOME-- setzt auf das weiter vorne genannte GTK-- auf und ist eine Bindung an C++, so dass auch in dieser Sprache Anwendungen für GNOME geschrieben werden können.

```
linux: # ./configure --prefix=/opt/gnome
```

16.5.23 control-center

Website: keine
Version in GNOME 1.4: 1.4.0.1

Im Kontrollzentrum laufen die Fäden zusammen, die der Benutzer ziehen kann, um sein GNOME-System zu manipulieren. Neben allen GNOME-Belangen installiert beispielsweise auch der Fenstermanager *Sawfish* ein eigenes Capplet im Kontrollzentrum.

Dem Kontrollzentrum ist ab Seite 103 ein eigenes Kapitel gewidmet.

```
linux: # ./configure --prefix=/opt/gnome
```

16.5.24 xalf

Website: keine
Version in GNOME 1.4: 0.7

xalf gibt so genanntes *application launching feedback*, das dem Benutzer beim Starten einer Anwendung anzeigt, dass tatsächlich etwas passiert. Größere Programme benötigen eine gewisse Zeit, bis ihre Fenster auf dem Bildschirm erscheinen, und daher ist es sinnvoll, den Benutzer darauf aufmerksam zu machen, dass sich der Start immer noch hinzieht.

```
linux: # ./configure --prefix=/opt/gnome
```

16.5.25 gnome-core

Website: keine
Version in GNOME 1.4: 1.4.0.1

Dieses Paket enthält alle Kernfunktionalitäten von GNOME, inklusive des Panel und des GNOME-Terminal.

```
linux: # ./configure --prefix=/opt/gnome
```

Wenn man beim Kompilieren diesen Punkt erreicht hat, kann man sich die Früchte seiner Arbeit endlich auch ansehen; denn mit in diesem Paket ist auch das Programm *gnome-session*, das den Start einer GNOME-Sitzung einleitet. Mit den beiden Zeilen

```
user@linux: > export WINDOWMANAGER=/opt/gnome/bin/gnome-session
user@linux: > startx
```

sollte man dann GNOME auf den Bildschirm zaubern können. Dieser Aufruf setzt ein vollständig konfiguriertes X Window System voraus!

16.5.26 panelmm

Website: http://cactus.rulez.org/projects/panelmm/
Version in GNOME 1.4: 0.1

Panel-- ist eine Bindung an C++, mit der Applets für das GNOME-Panel in dieser Sprache geschrieben werden können.

```
linux: # ./configure --prefix=/opt/gnome
```

16.5.27 gnome-applets

Website: keine
Version in GNOME 1.4: 1.4.0

Die Standardsammlung von Applets, die aus Werkzeugen, Monitoren, Uhren, Netzwerkanwendungen und mehr besteht.

Der Umgang mit Applets auf dem Panel wird in einem eigenen Abschnitt ab Seite 49 beschrieben.

```
linux: # ./configure --prefix=/opt/gnome
```

16.5.28 gnome-media

Website: keine
Version in GNOME 1.4: 1.2.3

Dieses Paket enthält die grundlegenden Multimedia-Programme von GNOME, wie den CD-Spieler, das Mischpult und so weiter. Beachten Sie, dass es für GNOME 1.4 tatsächlich kein *gnome-media*-Paket mit einer 1.4er Versionsnummer gab.

```
linux: # ./configure --prefix=/opt/gnome
```

16.5.29 bug-buddy

Website: keine
Version in GNOME 1.4: 2.0.1

Diese Werkzeug wird zur Fehlermeldung verwendet. GNOME verwendet ein Fehlermeldesystem mit dem Namen *Bugzilla* auf seiner Website. Bei einem Absturz wird *Bug Buddy* aufgerufen und eine Fehlermeldung in das System per E-Mail eingespeist. Dem Programm ist ab Seite 223 ein eigenes Kapitel gewidmet.

```
linux: # ./configure --prefix=/opt/gnome
```

16.5.30 gnome-games

Website: keine
Version in GNOME 1.4: 1.4.0

Eine Sammlung der typischen kurzweiligen Spielchen; diverse Patiencen, Brettspiele und Puzzles.

```
linux: # ./configure --prefix=/opt/gnome
```

16.5.31 gnome-utils

Website: keine
Version in GNOME 1.4: 1.4.0

Kleine Werkzeuge, die das Leben erleichtern. Darunter befinden sich ein Farbwähler, ein Tool zum Diskettenformatieren, Zeichentabellen und so weiter.

```
linux: # ./configure --prefix=/opt/gnome
```

16.5.32 gnome-guile

Website: keine
Version in GNOME 1.4: 0.20

Guile ist eine Implementierung der Sprache Scheme. In GNOME wird diese Sprache gerne genutzt, um Anwendungen skript- oder erweiterbar zu machen. Das Paket beinhaltet auch *guile-gtk*, eine reine Bindung an die GTK+-Widgets.

```
linux: # ./configure --prefix=/opt/gnome
```

16.5.33 gnome-python

Website: http://www.daa.com.au/~james/gnome/
Version in GNOME 1.4: 1.4.0

Python ist meine persönliche Lieblingssprache: Einfach, objektorientiert, schnell zu lernen, einfach zu lesen und doch effektiv. Mit diesem Paket können GNOME- und GTK+-Programme in Python geschrieben werden.

Das configure-Skript von *gnome-python* sollte ohne einen Parameter ausgeführt werden; es installiert sich von alleine in die Verzeichnishierarchie von Python.

```
linux: # ./configure
```

16.5.34 Nautilus

Website: http://nautilus.eazel.com/
Version in GNOME 1.4: 1.0.1.1

Nautilus zu kompilieren kann eine Wissenschaft für sich sein: einmal, weil nicht alle Voraussetzungen erfüllt sind, was die Versionen von Paketen anbelangt, die von Nautilus vorausgesetzt werden; und der andere Grund heißt *Mozilla*.

Da *Nautilus* als Webbrowser fungieren kann und dafür auf eine laufende Installation von *Mozilla* zugreifen können muss, und diese Installation immer nur in einer bestimmten Version vorliegen darf, ist es teilweise nicht ganz trivial, *Nautilus* aus den Quellen zu bauen. Außerdem ist *Nautilus* immerhin das „Non plus ultra" der momentanen Entwicklung von GNOME und verlangt daher auch immer die neusten Pakete der zugrunde liegenden Bibliotheken. Wenn Sie eine andere Version von *Nautilus* als die hier genannte haben, können Sie davon ausgehen, dass Sie mit den ebenfalls hier genannten Versionen von *bonobo*, *gnome-vfs* und so weiter nicht weit kommen.

Beachten Sie auch, dass Sie für die Unterstützung von TrueType-Schriften in *Nautilus* die Bibliothek *freetype* benötigen, allerdings mindestens in der Version 2. Auf den meisten Systemen ist noch eine Version 1.x installiert; beide Versionen können problemlos nebeneinander existieren.

Die folgende Kommandozeile geht davon aus, dass *Mozilla* unterhalb des Verzeichnisses /usr/local/mozilla installiert ist, und *freetype2* unterhalb des Baumes /usr/X11R6.

```
linux: # ./configure --prefix=/opt/gnome
--with-mozilla-lib-place=/usr/local/mozilla/dist/lib
--with-mozilla-include-place=/usr/local/mozilla/dist/include
--with-freetype2-prefix=/usr/X11R6
```

Nautilus wird ausführlich in einem eigenen Kapitel ab Seite 73 besprochen.

16.6   GNOME Fifth Toe

Das GNOME-Logo, der stilisierte Fuß, hat in bester Comic-Manier lediglich vier Zehen. Der fünfte Zeh, *GNOME Fifth Toe*, ist eine Sammlung von Anwendungen und Werkzeugen, die das Grundsystem ergänzen und aufwerten.

In der folgenden Tabelle sind die Pakete in *Gnome Fifth Toe* kurz genannt, für ihre Versionsnummern gilt das gleiche, was auch weiter oben gesagt worden ist, nämlich dass es sich um das originäre Verzeichnis handelt und dass sich die Nummern inzwischen erheblich geändert haben dürften.

Tabelle 16.1: Liste der Pakete in *GNOME Fifth Toe*

Paket	Version	Beschreibung
Guppi	0.35.3	Plotprogramm
abi	0.7.14-2	Textverarbeitung *AbiWord*
anjuta	0.1.4	IDE zur C/C++-Programmentwicklung
atomix	0.4.3	Spiel
balsa	1.0.0	E-Mail-Client
bombermaze	0.6.5	Spiel
dia	0.86	Diagrammeditor
eog	0.6	Bildbetrachter
firestarter	0.6.1	Werkzeug zur Konfiguration von Firewalls
fpm	0.53	Passwortmanager
gabber	0.8.2	Jabber-Client
gal	0.5	Widget-Bibliothek
galeon	0.10.2	*Mozilla*-basierter Webbrowser
gedit	0.9.6	Texteditor
gfax	0.4.2	Fax-Client
gimp	1.2.1	Bildbearbeitung
glimmer	1.0.1	Quelltexteditor
gnome-db	0.2.3	Werkzeug für den Zugriff auf Datenbanken
gnnome-lokkit	0.43	Firewall-Konfiguration
gnomeicu	0.96.1	ICQ Clone
gnomoku	1.1	Spiel
gnorpm	0.96	Tool zur Verwaltung von RPM-Paketen
gnucash	1.4.10	Finanzverwaltung
gnumeric	0.64	Tabellenkalkulation
gob	1.0.7	Werkzeug zum einfachen Erstellen eigener Widgets
googlizer	0.1	Suchwerkzeug für das Web
gtkhtml	0.8.3	Das GNOME-eigene HTML-Widget
gtm	0.4.9	Downloadmanager

Tabelle 16.1 – Fortsetzung

Paket	Version	Beschreibung
libgda	0.4.9	Bibliothek für gnome-db
mc	4.5.51	Dateimanager
merlin-cpufire	0.1.0	Lastenapplet für das Panel
pan	0.9.6	News-Client
radioactive	1.2	Tuner für Radiokarten
sodipodi	0.22	Vektorzeichenprogramm
toutdoux	1.2.4	Projektmanagement

Diese Pakete werden, nachdem man sie entpackt hat, ebenfalls nach dem bewährten Prinzip kompiliert:

```
linux: # ./configure --prefix=/usr
linux: # make
linux: # make install
```

Für detaillierte Informationen über die Pakete weichen Sie bitte auf die jeweils mitgelieferte Dokumentation aus.

Des Weiteren können Sie sich beim *Linux from Scratch*-Projekt (kurz LFS) unter http://www.linuxfromscratch.org/ informieren. Dieses Projekt ist im Wesentlichen eine Anleitung zum Aufbau eines Linux-Systems aus dem Nichts und zum Selberkompilieren aller Pakete. Dieser Vorgang kostet eine nicht unerhebliche Menge Arbeit, belohnt Sie aber mit einem System, bei dem Sie jedes Detail überblicken (können), da Sie am Ende praktisch alles selbst gemacht haben werden.

Neben dem eigentlichen Buch (denn auf einen solchen Umfang ist LFS inzwischen angewachsen) gibt es eine Reihe so genannter *Hints*, die das Vorgehen für weitere Software beschreiben. Darunter befindet sich natürlich auch ein Hint für den Aufbau einer GNOME-Umgebung.

Zudem gibt es unter http://www.karubik.de/gig/ den von Karsten Reincke verfassten *Gnome Installation Guide*. Diese Seite wird regelmäßig gepflegt und aktualisiert; sie ist zwar nicht zu unrecht wegen ihrer Farbgebung berüchtigt, bietet aber ebenfalls einen guten Führer durch den Dschungel von Quelltextpaketen.

Kapitel 17

Sich einbringen

Wenn man erst einmal vom Gedanken der Freien Software ergriffen ist und erstaunt feststellt, wieviele Menschen sich an so einem Projekt wie GNOME beteiligen, verspürt man irgendwann den Drang, ebenfalls einen Beitrag zu leisten. Und wenn man sich dann hinterher erstaunt fragt, warum man es eigentlich getan hat, ob nun zur Befriedung des eigenen Gewissens oder um damit angeben zu können, ist man mittendrin in der Diskussion, was die Bewegung um Freie Software eigentlich antreibt. Wenn man an dieser Stelle angekommen ist, betrachtet man alle Argumente mit völlig anderen Augen.

17.1   Möglichkeiten

Unter `http://www106.pair.com/rhp/hacking.html` findet man eine interessante Abhandlung von Havoc Pennington, einem der wichtigsten Teilnehmer am GNOME-Projekt, wie man sich in Freie Software einbringen kann. Die Ideen hinter diesen Punkten sind nicht nur auf die Arbeit an GNOME beschränkt, sondern lassen sich auf jedes beliebige freie Projekt anwenden.

Im Folgenden möchte ich den Artikel kurz zusammenfassen und gegebenenfalls ergänzen. Ich lasse auch einige Punkte weg; für ein weiteres Studium sei auf die Website verwiesen. Mir wurde gesagt, dass diese Besprechung besser in einem Programmierbuch über GTK+ oder GNOME aufgehoben wäre. Sicherlich wäre sie dort nicht fehl am Platze; noch wichtiger ist sie aber hier, wo sie von Leuten gelesen werden kann, die sich noch unsicher sind, wie sie sich einbringen sollen, wenn sie es denn tun möchten. Eine Einführung in die tatsächliche Programmierung von GNOME finden Sie in Kapitel 18.

Bitte beachten Sie, dass die folgenden Punkte nicht nur dann interessant sind, wenn Sie Software *programmieren* möchten. Es gibt zig andere Wege, einen Beitrag zu leisten, und vieles von dem, was hier genannt wird, trifft auch auf Dinge zu, die nichts mit dem eigentlichen Programmieren von Software zu tun haben; mehr dazu weiter unten im Abschnitt 17.2 über das *GNOME Love*-Projekt.

Nun endlich die eigentlichen Regeln. Denken Sie aber immer daran, dass das Ganze vor allen Dingen Spaß machen sollte; wenn dazu gehört, dass Sie einige oder alle dieser Regeln brechen, nur zu!

❏ *Beginnen Sie nicht mit einem eigenen Projekt.* Die meisten „ersten Projekte" sterben bereits nach ihrem ersten Alpha-Release aus. Dass würde höchstwahrscheinlich auch mit Ihrem Projekt der Fall sein – aus persönlicher Erfahrung kann ich ein Lied davon singen. Die Gründe dafür sind vielfältig. Zunächst einmal erfordert ein eigenes Projekt einen erheblichen Arbeitsaufwand. Havoc Penningtion schlägt in seiner Abhandlung vor, zwischen 10 und 20 Stunden pro Woche fest dafür einzuplanen, und diese Planung auch tatsächlich einzuhalten. Das sind dann allerdings 20 Stunden pro Woche, die Arbeit bedeuten, die Sie sehr wahrscheinlich nicht bezahlt bekommen. Das Gesagte gilt für private Projekte; einige Menschen werden von ihrem Arbeitgeber durchaus dafür bezahlt, Freie Software zu schreiben.
Des Weiteren ist es wesentlich aufschlussreicher, wenn man fremden Code liest, als wenn man als Neuling eigenen Code aus dem Nichts schreibt. Durch das Lesen fremden Codes (und das ist einer der Vorteile Freier Software) werden Sie viel lernen. Schnell findet man Fehler in anderer Leute Code, und diese dann zu beheben bringt einen ein ganzes Stück weiter.
Was häufig außer Acht gelassen wird, ist, dass es sehr wahrscheinlich ist, dass es schon jemanden gibt, der das gleiche Problem bearbeitet. Sich mit dieser Person zusammenzutun und das Problem gemeinsam anzugehen – zum Beispiel, indem man Fehler im Programm beseitigt – ist wesentlich ergiebiger als die Kräfte auf zwei Projekte aufzusplitten, die eventuell getrennt voneinander untergehen. Es gibt natürlich Ausnahmen zu dieser Faustregel; KDE und GNOME beispielsweise lösen ähnliche Probleme, verfolgen verschiedene Ansätze und befruchten sich dabei gegenseitig.

❏ *Schreiben Sie Code.* Das klingt erst einmal sehr trivial, ist aber richtig. Erfahrung ist wichtiger als alles andere. Außerdem ist ständiges Weiterschreiben ein Signal an andere, dass sich etwas tut, und je mehr Arbeit man in ein Projekt hineinsteckt, desto eher ist man geneigt, dabei zu bleiben und nicht irgendwann aufzugeben.
Und was ganz wichtig ist für Ihr Projekt: Sie brauchen Benutzer. Ohne Benutzer erhalten Sie kein Feedback, und nur wenige Menschen programmieren ausschließlich für ihre innere Befriedigung, es getan zu haben, so dass Ihnen ohne Benutzer früher oder später die Motivation ausgeht. Solange Sie aber nicht ständig neuen Code nachschieben, wird sich die Menge Ihrer Benutzer nicht verändern.

Nehmen Sie Ihre Benutzer auch unbedingt ernst und tun Sie Einwände nicht einfach ab. Auch Fehler (zumindest die gravierenden) sollten so schnell wie möglich beseitigt werden. Nur dadurch hält man seine Benutzer bei der Stange.

Wenn Sie eine Software erst einmal ankündigen, wird kaum noch jemand darauf reagieren, wenn Sie neu ist. Sie werden eine Menge Eigeninitiative benötigen, bis Sie Hilfe für Probleme bekommen, die Sie nicht selbst lösen können. Und wenn Sie durch das Netz gehen und sich lautstark beschweren, dass Ihnen niemand hilft, wird Ihnen auch weiterhin niemand helfen. Ein beliebter „Knackpunkt" ist hier die Dokumentation Ihrer Software oder die dazugehörige Website; wenn Sie nicht durch eigene Arbeit zumindest einen Grundstein für solche Dinge legen, wird Ihnen selten jemand automatisch zur Seite stehen.

Außerdem sind Sie als Programmierer ziemlich uninteressant, wenn Sie keinen Code schreiben *können*. Wenn Sie keinen Code schreiben, sind Sie auch nicht in der Lage, Ihre Software zu *planen*. Sie sollten sich dann überlegen, ob Sie nicht besser auf andere Weise etwas beitragen sollten – siehe weiter unten. Sie sollten außerdem in der Lage sein, sich zu 100 % auf eine Aufgabe konzentrieren zu können.

❑ *Koordination ist wichtig.* Es grassiert immer noch das Vorurteil, dass Hacker, Programmierer oder wie auch immer Sie sie nennen wollen, sozial hochgradig degeneriert seien. Sobald Sie in Freie Software eintauchen, werden Sie feststellen, dass das nicht wahr ist. Koordination und insbesondere Kommunikation ist wichtig, um das Projekt am Leben zu erhalten und Benutzer zu gewinnen. Dafür gibt es beispielsweise Mailinglisten, die von jedem abonniert werden können.

Mailinglisten sind auch wichtig, wenn man an fremden Projekten teilnimmt. Über diese Listen erreicht man in der Regel die Autoren der Software ebenso wie ihre Benutzer. Es ist unhöflich, seine Fragen direkt an bestimmte Entwickler zu schicken, da auf diese Weise die Aufgabe, Fragen zu beantworten, nicht an eine größere Menge von Leuten weiterdelegiert werden kann. Mehr zu den vielen GNOME-Mailinglisten finden Sie in Anhang A.3.

Außerdem gibt es, gerade bei größeren Projekten, keinen „Hauptverantwortlichen". Theoretisch können Sie sich die momentane Version einer Software nehmen und einen Zweig vom Projekt abspalten, der sich in eine völlig andere Richtung entwickelt; die verschiedenen Varianten von *BSD Unix beispielsweise sind auf diese Art entstanden. Es gibt aber generell Personen, die als „höhere Instanzen" akzeptiert werden. So hat Linus Torvalds bei der Kernel-Entwicklung stets das letzte Wort; wie Alan Cox aber, der einen eigenen Zweig des Linux-Kerns mit experimenteller Software wartet, ist auch er als Entwickler ersetzbar, auch wenn das für seine Expertise – und ganz sicher für seinen Charakter und ihn als Mensch – sicherlich nicht gilt.

Dieser Umstand bedeutet aber auch, dass Fragen von der Art: „Wann gibt es die nächste Version" nicht beantwortet werden können. Die nächste Version oder das nächste Feature wird es geben, wenn sich jemand dazu entscheidet, Code dafür zu schreiben. Erwarten Sie nicht, dass andere das für Sie tun. Generell ist es allerdings angemessen, die Wünsche desjenigen zu respektieren, der das Projekt ins Leben gerufen hat, oder der den meisten Teil dazu beigetragen hat. Diese Menschen sind es, die einem Projekt Richtung und Motivation geben können.

❏ *Koordination ist sogar noch wichtiger.* Koordination bedeutet: Kommunikation. Und nur durch die Kommunikation untereinander konnte die Gemeinschaft der Freien Software überhaupt erst entstehen. Damit alle miteinander auskommen und auf das eigentliche Ziel hinarbeiten können – was auch immer das Ziel oder die Ziele sind; denn jeder verfolgt seine eigenen. Der generelle Ansatz „Linux Total World Domination" ist allerdings eine gute Basis...

Zuerst sollte man sich mit der Gemeinschaft vertraut machen. Das furchtbarte Wort *Community* fällt heutzutage derart oft, dass es meist eine Art Kulturschock gibt, wenn man denn tatsächlich auf eine stößt. Webseiten wie `http://slashdot.org/` geben gute Anhaltspunkte. Das bedeutet nicht, dass man sich diese Meinungen zueigen machen muss; es ist nur wichtig, weit verbreitete Einstellungen zu kennen und akzeptieren zu können, um mit den Menschen gut auskommen und zusammenarbeiten zu können. Dementsprechend ist es bei fremden Mailinglisten sinnvoll, erst einmal eine Weile zuzusehen und zu lesen, um herauszufinden, welcher Ton für gewöhnlich angeschlagen wird und auf welchem Level die Kommunikation stattfindet. Lesen Sie auch immer alle FAQs und andere Dokumentation, bevor Sie beginnen, Fragen zu stellen.

Sie sollten sich außerdem mit dem Begriff „Freie Software" auseinandersetzen, damit Sie wissen, was Sie eigentlich tun, wenn Sie die Datei COPYING in Ihr Quellverzeichnis kopieren. Dazu gehört das Lesen (und verstehen) der GNU GPL ebenso wie der Vergleich mit anderen Lizenzen, freier und unfreier Art. In Anhang E finden Sie eine kurze Abhandlung über die GPL, die aber ein weiteres Studium nicht ersetzen, sondern lediglich ergänzen kann. Seien Sie stets freundlich und hilfsbereit, und Sie werden mit offenene Armen empfangen werden.

Und schließlich: Stellen Sie sich darauf ein, beleidigt zu werden. Flamer und Trolle, die ihre Zeit damit verbringen, Sie, Ihr Projekt und alles, was damit zusammenhängt, zu beschimpfen, werden nicht auf sich warten lassen. Gehen Sie nur auf fachlich vorgetragene Kritik ein; mit Antworten auf Beschimpfungen, Lügen und Provokationen sollten Sie nur dann Ihre Zeit verbringen, wenn es sich wirklich nicht verhindern lässt.

17.2 GNOME Love

Programmieren ist nicht Ihre Sache? Das macht gar nichts, denn für den Prozess der Weiterentwicklung von GNOME werden noch viele andere Dinge benötigt, die Programmierer nicht leisten wollen oder teilweise gar nicht leisten können.

Wie aber schon beim Programmieren gehört dazu eine gewisse Eigeninitiative, d. h., Sie sollten in der Lage sein, Schwachstellen zu erkennen und allein zu beseitigen. Alternativ können Sie sich auch einem der Projekte anschließen, die sich dem wichtigen „Drumherum" um die Software verschrieben haben.

Das „Meta-Projekt" darüber ist das GNOME-Love-Projekt. Es soll mehr Liebe in den Desktop bringen... – keine Angst, in dem Titel schwingt eine gewisse Ironie mit! Wichtig ist, dass man sich an dieser Stelle darüber informieren kann, wo es dem GNOME-Desktop noch gebricht. Abonnieren Sie die Mailingliste oder lesen Sie das Archiv, um einen Eindruck davon zu gewinnen, wie Sie helfen können.

Unter `http://mail.gnome.org/mailman/listinfo/gnome-i18n` können Sie die Mailingliste subskribieren.

17.3 Qualitätssicherung

Software wird benutzt, und nur dadurch treten Fehler zutage und können ausradiert werden. Diese Art von Beitrag ist ganz einfach: benutzen Sie die Software. Und wenn Sie auf Merkwürdigkeiten oder Fehler treffen, melden Sie sie einfach.

Das schöne an der Qualitätssicherung ist, dass Sie nicht zeitlich festgelegt sind. Wo Sie für eine Programmieraufgabe vielleicht eine halbe Stunde einplanen müssen, können Sie mit QS nach Belieben 5 Minuten oder 5 Stunden verbringen. Außerdem können Sie einen ganz persönlichen Stil festlegen: ob Sie einen normalen Arbeitsgang simulieren oder einfach stur alle Menüpunkte einer Anwendung durchprobieren ist ganz allein Ihr Problem.

17.4 Fehler melden

Zuweilen stürzt ein Programm ab, oder es treten andere Fehler auf, mit denen Sie nicht gerechnet haben. Dann wird es Zeit, den Fehler zu melden, denn nur ein gemeldeter Fehler kann beseitigt werden.

Es gibt zwei Wege, Fehler in das Bug-Tracking-System von GNOME einzufügen: einmal über die Webseite `http://bugzilla.gnome.org/` oder über das Werkzeug *Bug Buddy*. Dieses Programm wird ausführlich in einem eigenen Kapitel ab Seite 223 beschrieben.

17.5 Dokumentation

Sehen wir den Fakten ins Gesicht: Programmierer sind selten Dichter und Programmierer sind faul. Wer schon einmal für seinen Arbeitgeber Software schreiben musste, weiß allerdings auch, was für ein Schmerz es sein kann, sie dokumentieren zu müssen.

Dabei sind zwei Arten der Dokumentation voneinander zu unterscheiden: die des Quellcode und die des laufenden Programmes. Die Quellen zu dokumentieren ist alleinige Aufgabe der Programmierer; an dieser Stelle möchte ich mich hüten, eine der tausend Weisheiten wiederzugeben, die es zu diesem Thema gibt.

Die Dokumentation des Programms ist ebenso wichtig wie angeblich undankbar. Software ohne Anleitung kann nur selten vernünftig benutzt werden, das gilt umso mehr, je komplexer sie wird. Da jeder Programmierer zu faul für diese Aufgabe ist, wird er jedem, der sich anbietet, eine Einführung, ein Tutorial, ein FAQ oder gleich ein Handbuch oder ähnliches zu schreiben, zu Füßen liegen.

Machen Sie sich mit den Standards vertraut, die in dem Projekt benutzt werden, das Sie unterstützen wollen. Unter GNOME sollten Sie beispielsweise mit den *DocBook*-Werkzeugen zurechtkommen. Ein Engagement in einem GNOME-Projekt kann allerdings auch eine hervorragende Gelegenheit sein, diese SGML-basierten Programme zu erlernen. Mit GNOME 2.0 soll übrigens der Umstieg auf *DocBook* XML vollzogen werden.

17.6 Internationalisierung und Lokalisierung

Die Internationalisierung, kurz *i18n*, ist die Vorbereitung eines Programms darauf, lokalisiert zu werden. Die Lokalisierung, *l10n*, ist das Hinzufügen der Unterstützung für eine einzelne Sprache.

Einer der Vorteile von GNOME gegenüber vielen proprietären Oberflächen ist, dass die Unterstützung für viele verschiedene Sprachen bereits eingebaut ist. Für einen türkischen Freund muss ich keine zusätzliche Software kaufen oder Lizenz erwerben oder was auch immer, falls er seinen Desktop in Türkisch sehen möchte. Viele Projekte haben ein eigenes Übersetzerteam; die Lokalisierung auf eine neue Sprache ist eine gewaltige Herausforderung, da bei vielen Wörtern, die einfach erscheinen, lange um Formulierungen gefeilscht wird, bevor ein Konsens erreicht ist. Wenn Sie programmieren können, ist es auch ein schöner Zug (der ebenfalls mit recht viel Arbeit verbunden ist), ein Programm zu internationalisieren. Nicht jeder Programmierer implementiert die Unterstützung für verschiedene Sprachen von vornherein.

Auf der Seite `http://mail.gnome.org/mailman/listinfo/gnome-i18n` erreichen Sie die Mailingliste des Internationalisierungsprojektes.

17.7 Spread the word!

Sie leisten bereits einen Beitrag, wenn Sie in Ihrem Freundes- und Bekanntenkreis kundtun, dass Sie GNOME benutzen und damit zufrieden sind. Auch das Erklären des Prinzips der Freien Software ist ein Beitrag; werden Sie aber nicht zu einem wetternden Evangelisten, der alles andere verteufelt. Argumente, die ruhig und durchdacht vorgetragen werden, sind in Diskussionen wesentlich wertvoller und eingängiger als polemisches Herumgeifern.

Zeigen Sie Freunden Ihren Desktop und welche Software Sie benutzen; machen Sie sie mit Ihrer Linux-Distribution vertraut. Diese können Sie immerhin nach Belieben kopieren. Bieten Sie Ihre Hilfe bei GNOME-Problemen an; erklären Sie Vorgesetzten, warum GNOME auch auf dem Desktop in der Firma Sinn ergeben könnte; und so weiter.

Die Möglichkeiten sind vielfältig. Über eine Sache zu reden bringt andere dazu, es zu hören und darüber nachzudenken.

Für diese Art von Beitrag gibt es keine Auszeichnung oder Nennung in einem ChangeLog, sondern nur die innere Befriedigung, die Welt zu einem besseren Ort gemacht zu haben.

17.8 Programmierung

Das Entwickeln eigener Software wird als die Spitze der Möglichkeit angesehen, etwas beizutragen (oder sich zu profilieren – das kann durchaus das gleiche sein).

Weiter vorne habe ich bereits einige Anhaltspunkte genannt, mit denen Sie prüfen sollten, ob ein eigenes Programm tatsächlich Ihr Weg sein sollte, einen Beitrag zu GNOME zu leisten. Allerdings musste ich diese Erfahrung auch erst selbst machen, bevor ich sie so richtig nachvollziehen konnte; und da wir bekanntermaßen unsere eigenen Fehler nicht für andere machen, ist es vielleicht durchaus angebracht, wenn Sie es erst einmal aus dem Stand mit einem eigenen Projekt versuchen.

Wenn Sie sich dann tatsächlich dafür entschieden haben, ein eigenes Programm zu schreiben, werfen Sie einfach einen Blick in das nächste Kapitel ab Seite 275. Dort gehe ich kurz auf die eigentliche Programmierung mit GTK+ und GNOME und die darunter liegenden Konzepte ein. Es handelt sich wahrlich nur um einen kleinen Crashkurs, der Dinge wie Internationalisierung, das Komponentensystem, die Allgegenwart von XML, `autoconf` und `automake`, `GConf` und und und außer Acht lässt. Aber einen ersten Start können Sie damit schon wagen – und weitere Literaturhinweise folgen ebenfalls.

Kapitel 18

GNOME Programmieren

Sie wollen selber GNOME-Programme schreiben? Hervorragend! Um Ihnen den Einstieg zu erleichtern und einige Hürden aufzuzeigen, über die man als Anfänger stolpern kann, habe ich einige Hinweise zusammengetragen, die das Leben – hoffentlich – etwas erleichtern.

Außerdem werden Sie ein kleines dokumentiertes Beispiel finden, das es Ihnen erleichtern soll, die Grundlagen zu verstehen.

18.1 Programmieren

Keine Quelle, die sich mit der Programmierung von GTK+ und darüber hinaus mit GNOME beschäftigt, wird Ihnen eine Programmiersprache beibringen – oder gar, wie man programmiert. Programmieren zu können bedeutet, Probleme strukturieren und in kleine Teile zerlegen zu können, die Stück für Stück angegangen werden. Außerdem ist ein gewisses abstraktes mathematisches Grundverständnis vonnöten.

Soweit zur negativen Seite, nun zur positiven: Sie könnten diese Fähigkeiten durchaus haben, ohne sich dessen bewusst zu sein. Manche Menschen haben eine Auffassungsgabe, die erst zutage tritt, wenn sie beginnen, sich mit der Funktionsweise eines Computers auseinanderzusetzen und diesen dazu zu bringen, das zu tun, was sie von ihm verlangen, indem sie ihn programmieren. Geduld ist ebenfalls eine brauchbare Eigenschaft, da auch die besten Programmierer häufig mehr Zeit mit der Fehlersuche verbringen, als tatsächlich Code zu schreiben.

Die einzige Weise, Ihre Befähigung dafür herauszufinden, ist der Versuch: Erwerben Sie ein Programmierbuch oder besuchen Sie einen Kurs. Wenn Sie die Dinge, auf die Sie dort treffen, abschrecken, ergibt es wahrscheinlich keinen Sinn, viel Zeit in ein Hobby zu investieren, das Sie niemals länger verfolgen werden.

18.2 Sprachen

Welche Sprache müssen Sie beherrschen, um mit GTK+ und GNOME programmieren zu können? Beide sind in C implementiert, ebenso die meisten Programme, die man im Moment dafür bekommt. Die meiste Dokumentation ist auf C bezogen, ebenso die Programmierbeispiele. Wenn Sie sonst keine Sprache beherrschen, ist C die richtige Wahl, da Sie aus der zum Teil kargen Dokumentation der GTK+-Bindungen an andere Sprachen eventuell nicht alles erfahren werden, was Sie wissen müssen.

Wenn Sie mehr als eine Sprache beherrschen und in der Lage sind, Probleme von der einen Sprache in die andere zu transferieren, sind Sie in der glücklichen Lage, beispielsweise GTK+ in Perl zu programmieren und bei Verständnisproblemen auf die C-Dokumentation zurückgreifen zu können.

Verwirrend für Anfänger kann auch die Tatsache sein, dass GTK+ objektorientiert implementiert ist, obwohl C offiziell nicht als objektorientierte Sprache gilt. Objektorientierung ist jedoch lediglich ein Konzept, seinen Code zu strukturieren und die Handhabung von Daten und Code ineinander zu verschmelzen, sowie Code so zu schreiben, dass er leicht an anderen Stellen weiterverwendet werden kann. Dies ist auch in C gelungen.

Sollten Sie sich generell noch gar keine Programmiersprache gefügig gemacht haben, so empfehle ich Ihnen, mit Python zu beginnen, das gut strukturiert ist und schnell und einfach zu erlernen. Mit dieser Sprache können Sie sich schon einmal die Konzepte aneignen, die Sie benötigen, um zu programmieren; die GTK+- und GNOME-Bindungen sind nicht sonderlich berauschend dokumentiert. Es existieren allerdings einige GNOME-Programme, die in Python geschrieben sind und sehr anschaulich zeigen, wie man vorgehen muss.

18.3 Literatur

Wenn Sie sich nicht ausschließlich mit der elektronischen Dokumentation behelfen wollen, sondern lieber auf Gedrucktes zurückgreifen möchten, dann steht Ihnen inzwischen Material in umfangreicher Vielfalt zur Verfügung.

Zuerst einmal sollten Sie sich mit der Programmiersprache C vertraut machen; ein sehr guter Weg dahin ist sicherlich [HA02]. Zwar lässt sich GNOME auch in diversen anderen Sprachen ansprechen, aber zum einen ist GNOME zum größten Teil selber in C geschrieben, zum anderen handelt es sich immer noch um die am meisten genutzte Programmiersprache. (Selbstverständlich verfüge ich über keinerlei Beweise für diese Behauptung. Aber ein Blick auf die Quellen der größten und bekanntesten Programme zeigt mir, dass ich recht habe.)

GNOME basiert auf einem so genannten Widgetset, das den Namen GTK+ trägt. Dieses Widgetset ist eine Bibliothek, die für die grundlegenden Funktionalitäten einer graphischen Oberfläche zuständig ist. Auf diesem Widgetset baut GNOME seine eigenen Erweiterungen und Funktionalitäten auf.

Sie müssen sich also entscheiden, ob Sie mit einem reinen Buch über GTK+ beginnen möchten, oder ob Sie Literatur wählen, die sowohl GTK+ als auch GNOME in einem Aufguss behandelt. Wollen Sie alle Vorteile von GNOME nutzen, also das Session Management, das Handling von Konfigurationsdateien und so weiter, müssen Sie auf einen Band wie [Pen99] zurückgreifen. Dieses bekannte Buch ist auch im Internet frei erhältlich. Weitere Literatur wie [Gri00] ist ebenfalls erhältlich.

Reine GTK+-Bücher gibt es ebenfalls, beispielsweise [Har98] oder das von mir selber verfasste [Fis00]. Diese Bände decken die GNOME-Programmierung *nicht* ab.

Weitergehende, neue Features wie *GConf*, *libglade*, *bonobo* werden zu dem Zeitpunkt, da ich diese Zeilen schreibe, noch in keinem erhältlichen Band behandelt. Für diese Dinge müssen Sie noch auf Online-Dokumentation, Zeitschriftenartikel und so weiter zurückgreifen. Die ansetehende Version 2.0 des GNOME-Desktop wird dementsprechend auch noch nicht abgedeckt.

18.4 Mailinglisten

Die Entwicklung von GNOME wird ebenso über Mailinglisten koordiniert wie Benutzervorschläge oder Fehlermeldungen. Unter `http://mail.gnome.org/` wird eine sehr umfängliche Liste solch abonnierbarer Dienste vorgehalten. Selbstverständlich sind die Mailinglisten kostenlos und von jedem zu abonnieren – wer jedoch Nachrichten schreibt, sollte sich darüber im Klaren sein, dass er es mit menschlichen Wesen zu tun hat, die viele menschliche Eigenschaften haben: Sie wollen freundlich behandelt werden und haben zuweilen keine Lust etwas zu tun. Wenn man keine Antwort auf eine Frage bekommt, heißt das nicht, dass man ignoriert wird, sondern höchst wahrscheinlich, dass niemand eine Antwort weiß.

Mehr über Mailinglisten im Allgemeinen und die des GNOME-Projektes im Besonderen erfahren Sie auf Seite 289.

18.5 GTK+

Wenn Sie GNOME programmieren möchten, müssen Sie das darunter liegende Widgetset GTK+ verstehen. In den folgenden Abschnitten werde ich einen kurzen Abriss des Widgetset geben und auf die wichtigsten Aspekte eingehen.

18.5.1 GLib

Unter GTK+ liegt noch eine andere Bibliothek, die GLib. Die GLib ist eine Bibliothek, deren generelles Ziel es ist, dem Programmierer das Leben erheblich zu erleichtern. Dafür werden zuerst einige neue Datentypen eingeführt, die den geläufigen `integer`, `double`, `char` etc. entsprechen, aber auf jeder Plattform garantiert gleich lang sind. Ein von der GLib defininierter `gint8` ist also *immer* acht Bit lang, ob Sie sich nun auf einem i386- oder einem IA64-System befinden.

Dazu gesellen sich Datentypen wie einfach und doppelt verkettete Listen, Hashtabellen, binäre und n-äre Bäume, Arrays und einige andere, die sich in reinem C nur schwierig handhaben lassen, mit der GLib aber recht komfortabel zu benutzen sind. Insbesondere muss man sich um die genauen Details der Speicherallozierung nicht kümmern; Speicher wird grundsätzlich durch das Anlegen eines Objektes durch seinen Konstruktor mit der Endung `_new` alloziert, und durch eine Methode, die auf `_free` endet, wieder freigegeben.

Ein weiteres beliebtes Feature der GLib ist die Vereinfachung der Zeigernotation. In C wird viel mit Zeigern, englisch: *pointer*, gearbeitet. Im Gegensatz zu Variablen handelt es sich dabei nicht um Stellen im Speicher, in denen Werte gespeichert sind, sondern um Verweise auf solche Stellen. Was sich zunächst sehr abstrakt anhört, birgt enorme Geschwindigkeitsvorteile und vor allen Dingen Flexibilität. Diese Vorteile gehen jedoch erheblich auf die Kosten der Lesbarkeit von Code, und Fehler in der Verwendung von Zeigern sind gerade für Anfänger nachgerade unmöglich zu finden.

Mit der Einführung des generischen Zeigertyps `gpointer` ist der wilden Sammlung von `*` und `&`, die man normalerweise bei der Programmierung mit Zeigern findet, ein Riegel vorgeschoben. Und obwohl Objekte in GTK+ ebenfalls als Zeiger konzipiert sind, kommt auch ihre Notierung im Code im Wesentlichen ohne Sonderzeichen aus.

Im Folgenden ein kleines Beispiel für ein GLib-Programm: Eine Liste wird mit Werten gefüllt und diese dann der Reihe nach wieder ausgegeben. Beachten Sie bitte, dass man sich an keiner Stelle um die Größe irgendwelcher Puffer etc. kümmern muss:

```
#include <glib.h>

gint ausgabe (gpointer data, gpointer user_data) {
```

```
  gchar *puffer;

  puffer = (gchar*) data;
  g_print ("%s\n", puffer);

  return (0);
}

int main (void) {
  GSList *liste = NULL;

  liste = g_slist_append (liste, "Foo");
  liste = g_slist_append (liste, "Bar");
  liste = g_slist_append (liste, "Baz");

  g_slist_foreach (liste, (GFunc) ausgabe, NULL);

  g_slist_free (liste);
}
```

18.5.2 Objekte

C ist keine objektorientierte Programmiersprache. Wenn von Objektorientierung die Rede ist, denken die meisten Leute an Sprachen wie C++ oder Java.

Objektorientierte Programmierung (OOP) bezeichnet im Wesentlichen eine Art und Weise, den Programmablauf (die Methoden) zusammen mit den dazugehörigen Daten (den Eigenschaften) zu organisieren. Wesentliche Merkmale dieser Verbindungen aus Methoden und Eigenschaften sind unter anderem die Kapselung (Verbergen der Eigenschaften nach außen und Zugang zu ihnen ausschließlich über die Methoden) und die Vererbung (Ableiten neuer Objekttypen von anderen Objekten, wobei deren Methoden und Eigenschaften übernommen werden, jedoch erweitert und verändert werden können; letzteres trägt die Bezeichnung *Polymorphie*).

Diese Organisation wird häufig mit der Notation einer Programmiersprache verwechselt. Wenn es also in einer Sprache, wie in C, kein Schlüsselwort mit dem Namen `class` gibt, um eine Klasse zu definieren (Objekte sind immer eine Instanz einer bestimmten Klasse), so wird diese Sprache als nicht objektorientiert angesehen.

Doch auch die Notation von C kann durchaus für das Einführen einer objektorientierten Arbeitsweise benutzt werden. Die Entwickler haben für GTK+ eine objektorientierte Herangehensweise gewählt, und als Basisobjekt ein Objekt mit dem Namen `GtkObject` zugrundegelegt. (Mit GNOME-2.0 wird das Objektsystem bereits in der GLib implementiert sein.)

18.5.3 GTK+-Widgets

„Widget" ist ein Kunstwort aus „window" und „gadget", übersetzt also etwa ein „Fensterdings". Alles, was Sie im Fenster eines GTK+-Programmes sehen, ist ein Widget. Ein Button ist ebenso ein Widget wie das Label, das auf ihm zu sehen ist. Am Ende des Kapitels 3 finden Sie eine Aufzählung einiger Widgets, auf die Sie bei der Arbeit mit GNOME treffen.

Widgets erben die Eigenschaften Ihrer Elternwidgets. Auch können eigene Widgets selber geschrieben oder mit Werkzeugen wie *gob* mehr oder weniger automatisch generiert werden. Wie in jeder objektorientierten Programmiersprache verfügt ein Widget über Eigenschaften, die es beschreiben, und über Methoden, um diese Eigenschaften zu manipulieren.

Jedes Widget verfügt über einen so genannten Referenzzähler. Dieser Zähler hält fest, wieviele andere Objekte sich noch um die Existenz des Widget kümmern. Erreicht dieser Zähler den Wert Null, wird das Widget zerstört und der von ihm belegte Speicher freigegeben.

Als besondere Widgets kennt GTK+ die *Container*-Widgets, die meist unsichtbar sind und zu nichts anderem dienen, als andere Widgets in sich aufzunehmen und anzuordnen. Durch diesen Aufbau etabliert sich nach und nach eine Struktur, die man aus der Informatik als *Bäume* kennt. Mit dieser Struktur sind Bibliotheken wie die *libglade* in der Lage, das Layout eines Programmes als XML-Datei abzuspeichern und zu laden.

18.5.4 Hauptschleife und Signale

GTK+ ist ein ereignisgesteuertes Widgetset. Im Wesentlichen bedeutet das folgendes:

Jedes Widget ist in der Lage, auf *Ereignisse* zu reagieren. Das kann am Beispiel eines simplen Button ein elementarer Vorgang wie das „Berühren" des Button mit dem Mauszeiger sein oder auch ein Doppelklick darauf. Jedes Ereignis, auf das ein Widget reagieren kann, kann nun mit einer oder mehreren Funktionen verbunden werden, den so genannten *Callbacks*. Wenn ein Ereignis eintritt, wird ein *Signal* ausgesandt, woraufhin GTK+ die entsprechende Callback-Funktion aufruft.

Nachdem in einem GTK+-Programm diese Verbindungen vorgenommen worden sind, tritt es in eine *Hauptschleife* ein. Diese Schleife hat GTK+ aus der GLib übernommen. Das Programm wartet darauf, dass Ereignisse geschehen, um dann bei Bedarf den oben beschriebenen Prozess anzustoßen.

Ein Widget kann für ein Signal mit mehreren Callbacks verbunden werden. Die Callbackfunktion gibt dann über ihren Rückgabewert bekannt, ob die Abarbeitung des Signals beendet ist oder ob eine eventuelle weitere Funktion in der Kette aufgerufen werden soll.

18.5.5 Callbacks

Callback-Funktionen müssen, je nach Widget und Signal, nach einem bestimmten *Prototypen* aufgebaut sein, der Anzahl und Art der Argumente für die Funktion festlegt. Welcher Art dieser Aufbau zu sein hat, erfahren Sie in den Headerfiles von GTK+ oder in einem Buch mit einer entsprechenden Referenz.

Anhand des Rückgabewertes einer Callback-Funktion können Sie festlegen, ob die Abarbeitung des Signals mit diesem einen Callback abgeschlossen ist oder ob weitere Callbacks aufgerufen werden sollen – soweit noch mehr Callbacks auf das Signal reagieren, natürlich.

18.5.6 GDK

GDK ist eine Zwischenschicht, zu finden zwischen GTK+ und dem darunterliegenden System, das für die graphische Darstellung zuständig ist – unter Linux wird das meist ein X Window System sein. Eine Portierung von GTK+ auf ein neues, bisher nicht unterstütztes System erschöpft sich theoretisch auf eine Portierung von GDK.

Das *Graphics Drawing Kit* kann direkt programmiert werden und kümmert sich um Dinge wie Farbpaletten und -kontexte, Manipulation des Mauszeigers und der Mausknöpfe (Reaktionen auf Doppelklicks anstatt auf einzelne Klicks werden beispielsweise über GDK gehandhabt), direktes Zeichnen in Widgets und so weiter.

Es passiert in den meisten GTK+-Programmen recht selten, dass man GDK direkt programmieren muss (oder überhaupt will).

18.5.7 GNOME

Was tut GNOME nun an dieser Stelle? Die Antwort auf diese Frage ist kurz, und nebenbei bemerkt meine Lieblingsantwort auf viele Fragen: Verschiedenes.

Zunächst einmal kümmert sich GNOME nicht nur um die graphische Oberfläche eines Programmes. GNOME kann auch die Kommandozeilenargumente verarbeiten, die einem Programm übergeben worden sind (mit Hilfe der Bibliothek *popt*), es kümmert sich um die Internationalisierung für verschiedene Sprachen, initialisiert das Session Management und so weiter.

Darüber hinaus stellen die GNOME-Bibliotheken noch einmal einige Vereinfachungen zur Verfügung. So ist das Erstellen einer Menüleiste mit GTK+ zwar recht einfach, aber doch mit einiger Tipparbeit verbunden. GNOME bietet einen schnelleren Weg an, solche Menüs und auch Toolbars zu erstellen. Dazu kommen die so genannten *stock icons*, kleine Symbole, die dafür sorgen sollen, dass für die gleichen Aktionen GNOME-weit auch die gleichen Bilder verwendet werden. So ist das Symbol für das Öffnen einer Datei eine kleine Diskette mit einem Pfeil; und dieses Symbol sollte man als Programmierer nach Möglichkeit auch benutzen.

18.5.8 Werkzeuge

Es gibt einige Werkzeuge, die das Entwickeln von GNOME-Anwendungen vereinfachen. Einige davon sind dafür konzipiert, Oberflächen mit wenigen Mausklicks graphisch zusammenzusetzen, wie zum Beispiel *Glade*. Andere, wie das Programm *Anjuta*, sind Quelltexteditoren oder ganze Entwicklungsumgebungen, die das Navigieren im Programmcode und die Fehlersuche erleichtern. Im Kapitel über GNOME-Anwendungen finden Sie ab Seite 216 auch eine Sektion über Entwicklerprogramme. Beachten Sie auch auf alle Fälle das KDE-Programm *KDevelop*, das auch die *GNOME-Anwendung* als Projekttyp kennt.

18.6 Ein Beispiel

Es folgt nun ein Code-Listing eines ganz einfachen GNOME-Programmes, das nichts weiter Aufregendes tut. Es verfügt über eine simple Menüzeile und zwei Buttons. Der eine beendet das Programm; der andere lässt einen Dialog erscheinen, der mit einem Klick auf den *Ok*-Knopf bestätigt und somit wieder entfernt werden kann.

Abbildung 18.1: Das Fenster unseres winzigen Testprogramms

Kompiliert wird das Programm wie folgt:

```
user@linux: > gcc `gnome-config --libs --cflags gnome gnomeui`
beispiel.c -o beispiel
```

Trotz des Umbruchs für das Drucklayout gehört all das auf eine einzige Zeile. Beachten Sie, dass Sie die GNOME-Entwicklerpakete installiert haben müssen, um eigene GNOME-Programme schreiben zu können. Diese Pakete enden in der SuSE-Distribution auf -*devel* und befinden sich ebenso in der Serie *gnm* wie die „normalen" GNOME-Pakete.

Doch nun das eigentliche Listing:

```
#include <gnome.h>

#define PACKAGE "gnome-test-app"
#define VERSION "0.1.0"

static GnomeUIInfo filemenu [] = {
  GNOMEUIINFO_MENU_EXIT_ITEM (gtk_main_quit, NULL),
  GNOMEUIINFO_END
};
static GnomeUIInfo menu [] = {
  GNOMEUIINFO_MENU_FILE_TREE (filemenu),
  GNOMEUIINFO_END
};

int aufmerken (GtkWidget *widget, GdkEvent *event,
               gpointer data) {
  printf (_("Ich bin der obere Knopf!\n"));
  printf (_("Ich bin angeklickt worden!\n"));
  return TRUE;
}


int dialog_zeigen (GtkWidget *widget, GdkEvent *event,
                   gpointer data) {
  GtkWidget *dialog;
  gchar *message;

  message = g_strdup (_("Sie haben den unteren Knopf geklickt!"));

  dialog = gnome_ok_dialog (message);

  return TRUE;
}

int main (int argc, char *argv []) {
  GtkWidget *app;
```

```
GtkWidget *box;
GtkWidget *knopf_oben;
GtkWidget *knopf_unten;
GtkWidget *dialog;

gnome_init (PACKAGE, VERSION, argc, argv);

app = gnome_app_new (PACKAGE, _("Gnome Test App"));
gtk_signal_connect_object (GTK_OBJECT (app), "delete_event",
                           GTK_SIGNAL_FUNC (gtk_main_quit),
                           NULL);
gnome_app_create_menus (GNOME_APP (app), menu);

box = gtk_vbox_new (TRUE, 2);

knopf_oben = gtk_button_new_with_label (_(" Der obere Knopf "));
gtk_signal_connect_object (GTK_OBJECT (knopf_oben), "clicked",
                           GTK_SIGNAL_FUNC (aufmerken), NULL);
knopf_unten = gtk_button_new_with_label (_(" Und der untere "));
gtk_signal_connect_object (GTK_OBJECT (knopf_unten), "clicked",
                           GTK_SIGNAL_FUNC (dialog_zeigen),
                           NULL);

gtk_box_pack_start (GTK_BOX (box), knopf_oben, TRUE, TRUE, 2);
gtk_box_pack_start (GTK_BOX (box), knopf_unten, TRUE, TRUE, 2);

gnome_app_set_contents (GNOME_APP (app), box);
gtk_widget_show_all (app);

gtk_main ();

return 0;
}
```

Um den „Vorbau" des Programmes kümmern wir uns ein paar Zeilen später; wir beginnen mit dem Einstieg dort, wo auch das Programm startet, wenn es aufgerufen wird, nämlich in der Funktion main.

Das erste Widget, das deklariert wird, ist das Hauptfenster der Applikation selber: app, später vom Typ GnomeApp. Die darauf folgende Box dient dazu, die danach deklarierten Buttons knopf_oben und knopf_unten aufzunehmen. dialog schließlich wird ein kleines Fenster sein, das man „wegbestätigen" kann.

Es folgt die Erzeugung des Widget vom Typ GnomeApp. Der Funktion wird der Name des Programmes als eindeutige Identifikation mit auf den Weg gegeben, sowie der Titel, der der Zeile über dem Programmfenster zu stehen hat. Das Makro _ () wird dabei von GNOME verwendet, um Text zu markieren, der später lokalisiert werden kann. Da in unserem kleinen Beispiel keinerlei Vorbereitungen für Internationalisierung und Lokalisierung getroffen worden sind, dient die Verwendung des Makros lediglich der Veranschaulichung.

Direkt danach kann man das Signalsystem von GTK+ in Aktion erleben: Das Objekt app wird mit dem Ereignis delete_event verbunden; tritt das Ereignis auf, wird ein Signal ausgesandt, das die entsprechende Funktion aufruft, hier eben gtk_main_quit, die Standardfunktion zur Beendigung der GTK+-Hauptschleife.

In der nächsten Zeile werden die Menüeinträge für das Programm generiert. Diese sind weiter oben als statische Variablen, ebenfalls mit Verweisen auf Funktionen versehen, deklariert worden. GNOME bietet dem Programmierer neben den so genannten *Stock Icons* weitere standardisierte Konstrukte; darunter eben auch Menüeinträge, die auch automatisch lokalisiert werden. Die betreffenden Zeilen sind für nicht standardisierte Menüeinträge sehr ähnlich und nicht schwieriger zu verstehen; sie enthalten dann einen selber zu definierenden Text und auf Wunsch den Verweis auf ein frei wählbares Icon.

Abbildung 18.2: Der Dialog in unserem winzigen Testprogramm

Danach wird eine vertikale Box kreiert, in die dann der Reihe nach zwei Knöpfe eingelagert werden, ein oberer und ein unterer. Beide sollen beim Angeklicktwerden eine andere Funktion aufrufen, die schon weiter vorne im Programm definiert worden sind: der obere Knopf gibt einfach nur eine kurze Nachricht auf der Kommandozeile aus, während der zweite einen kleinen Dialog darstellt, den man mit einen Klick auf den *OK*-Knopf wegklicken kann. GNOME stellt eine Menge standardisierter Dialoge zu Verfügung, die mit verschiedenerlei Knöpfen ausgestattet werden können – natürlich lassen sich auch Dialoge komplett und von Grund auf neu zusammenzimmern.

Die Funktionen geben beide den Wert TRUE zurück, um anzuzeigen, dass mit ihnen die Abarbeitung des Signals als beendet betrachtet werden kann. Wären noch weitere Callbacks mit diesen Signalen am aufrufenden Widget verbunden, so würden diese nicht mehr aufgerufen werden.

Die Knöpfe werden sodann in die Box verpackt, welche sodann in das Hauptfenster gegeben wird.

Schließlich wird das Fenster noch mit den Widgets, die darin enthalten sind, explizit angezeigt und die GTK+-Hauptschleife gestartet; es gibt keine GNOME-spezifische Hauptschleife.

Anhang A

GNOME im Internet

Ohne das Internet wäre Freie Software undenkbar. Die Befürchtungen vieler Medientheoretiker, das Netz würde die Menschen voneinander isolieren und zwingendermaßen vereinsamen lassen, sind zumindest für die Entwickler und Koordinatoren Freier Software leeres Geschwätz; erst durch das Internet wurde diese freie Zusammenarbeit zu jedermanns Nutzen überhaupt erst ermöglicht. Heute arbeiten Menschen aus allen Kontinenten gemeinsam an Programmen.

A.1 World Wide Web

Als Projekt, das nur durch das Internet existiert und existieren kann, gibt es natürlich eine Website für GNOME: `http://www.gnome.org/`.

Die Seite ist in diverse Sektionen unterteilt. Sie finden aktuelle Nachrichten zum Projekt und eine Liste der Programme, die zuletzt ein Update in Form eines offiziellen Release erfahren haben. Auch eine Liste aller registrierten GNOME-Software ist zu finden, sortiert nach diversen Rubriken, Installationshinweise, eine Einführung in GNOME, das *Bugzilla*-Fehlersystem... – eben alles, was man auf einer Website vorfinden möchte.

Entwickler und solche, die es gerne werden möchten, werden unter dem URL `http://developer.gnome.org/` fündig. Unter `http://freshmeat.net/` finden sich aktualisierte Ankündigungen für Freie Software, darunter natürlich auch Programme für GNOME. Und wer ein Projekt ins Leben gerufen hat bzw. es tun möchte, aber Platz für eine Webseite braucht, oder Rechenpower zum Kompilieren, einen CVS-Server, Mailinglisten und so weiter, der wende sich an `http://www.sourceforge.net`, wo alle diese Dinge und noch mehr kostenlos zur Verfügung gestellt werden.

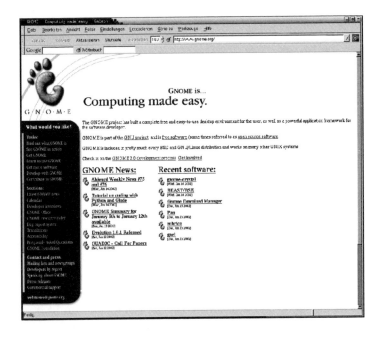

Abbildung A.1: Die GNOME-Website

Und um noch ein wenig Werbung zu machen: Aus meinen Fingern in die Tastatur fließt jeden Monat unpünktlich ein GNOME-Artikel in das *Linux Magazin*. Diese Artikel sind zuweilen (mit einigen Monaten Verzögerung auf alle Fälle) auch online verfügbar; auf meiner Website gibt es unter http://www.derfrosch.de/bib/ die nötigen Links.

A.1.1 Fehler melden

Jeder Benutzer kann sich in das Projekt einbringen, indem er Fehler meldet. Das kann zum einen über das Programm *Bug Buddy* geschehen.

Die zweite, komplexere Möglichkeit ist, sich über das Web-Frontend *Bugzilla* an das Melden von Fehlern zu machen. Gegen Ende von Kapitel 13 finden Sie einige Hinweise zur Verwendung von *Bugzilla*; der wichtigste Hinweis dort ist, dass Sie sich erst einmal mit *Bug Buddy* vertraut machen sollten, um die Konzepte zu verstehen.

Aufgrund der Komplexität von *Bugzilla* bleibt dann wirklich nur noch, Sie auf die Dokumentation dieses Systems zu verweisen. Die Bug-Seiten von GNOME sind unter http://bugzilla.gnome.org/ zu finden; auf der Seite http://www.mozilla.org/projects/bugzilla/ erfahren Sie alles über *Bugzilla*.

A.2 FTP

Über FTP-Server werden im Internet traditionell Dateien verteilt, und damit natürlich auch Softwarepakete. Unter `ftp.gnome.org/` ist der Hauptserver zu finden. `http://www.gnome.org/mirrors/ftpmirrors.php3` hält eine Liste von Spiegelservern vor, auch einige in Europa.

Beachten Sie bitte, dass es unter diesen FTP-Adressen nur Pakete mit Quellcode herunterzuladen gibt. Wenn Sie vorkompilierte Pakete haben möchten, die Sie einfach nur zu installieren brauchen, so können Sie von `ftp.ximian.com/` solche Pakete bekommen. Diese sind jedoch Bestandteil des *Ximian Desktop* (siehe Seite 237) und somit nicht zur Installation in jeder beliebigen Distribution geeignet. Wenn Sie kein *Ximian*-GNOME verwenden, müssen Sie sich an Ihren Distributor wenden – wenn Sie also beispielsweise SuSE Linux einsetzen, sollten Sie einen Blick auf `ftp.suse.com/pub/i386/GNOME` werfen. Diese Adresse gilt nur für das SuSE-Linux, das auf i386-Prozessoren läuft – also alles, was von Intel und AMD ist.

A.3 Mailinglisten

Eines der wichtigsten Kommunikationsmittel auf diesem Planeten ist inzwischen E-Mail geworden. Auch für die GNOME-Entwickler ist es gang und gäbe, sich untereinander und mit den Benutzern per Mail zu verständigen. Um dafür zu sorgen, dass mit bestimmten Nachrichten die gewünschte Zielgruppe erreicht wird und generell die Übersicht zu behalten, wurden diverse Mailinglisten aufgesetzt.

Diese Listen fungieren als Forum; Sie abonnieren die Liste, die Ihnen zusagt. Alle Kommentare, die Sie an die Liste senden, erhalten alle Teilnehmer per E-Mail. Ebenso erhalten Sie alle Beiträge, die von anderen gesendet werden.

Bevor Sie sich jedoch aufmachen und Ihre ersten Fragen stellen oder Anregungen feilbieten, stellen Sie bitte sicher, dass Sie die folgenden Punkte beachtet haben:

❑ Lesen Sie die Dokumentation, oder die Antwort wird sein: RTFM, *Read the Fucking Manual*. Wenn Sie den Eindruck erwecken, dass Sie Fragen stellen, die Sie durch einen einfachen Blick ins Handbuch beantwortet bekommen könnten, werden einige Personen unter Umständen nicht sehr freundlich zu Ihnen sein.

❑ Alle Beiträge, die Sie leisten, sind von Dauer und vor allen Dingen: öffentlich. Sogar sehr öffentlich, denn alle Beiträge werden auf einer Website archiviert. Wenn Sie es nicht ertragen würden, dass Ihnen jemand ehemalige Äußerungen aus so einem Archiv unter die Nase reibt, sollten Sie sie vielleicht nicht äußern.

❏ Lesen Sie die Dokumentation, bevor Sie Fragen stellen.

❏ Suchen Sie sich die richtige Liste für Ihre Fragen aus. Wenn Ihre Frage nicht dem Thema der Liste entspricht, werden Sie im besten Fall darauf hingewiesen, welche Liste die richtige wäre.

❏ Stellen Sie Ihre Fragen in Englisch. Das hat nichts mit Kulturimperialismus zu tun; es ist einfach der kleinste gemeinsame Nenner für alle Beteiligten.

Wenn Sie das alles in Betracht gezogen haben, picken Sie sich einfach die gewünschten Listen heraus; diese Tabelle ist unvollständig. Besuchen Sie dann die GNOME-Mailinglist-Website unter `http://mail.gnome.org/` und tragen sich in einer der Listen ein.

Beachten Sie bitte, dass Sie ein Passwort für den Zugang zu Ihren Daten festlegen müssen, das Sie auch benötigen, wenn Sie sich aus einer Liste wieder austragen wollen. Sie erhalten regelmäßig einen Hinweis darauf zugeschickt, wie Ihr Passwort lautet und welche Listen Sie abonniert haben.

Anhang B

GNOME Accessibility Project

So schön und gut GNOME auch sein mag, so hat es doch einen gravierenden Nachteil: Ebenso wie der Rest des Computers, einschließlich Maus, Tastatur, Monitor und so weiter, ist es auf Benutzer mit gesunden Augen und Händen ausgelegt. Sobald jedoch eine blinde Person versuchen möchte, den Desktop zu benutzen, oder jemand ohne Hände versucht, Eingaben zu tätigen, wird man sich bewusst, dass etwas im Argen liegt.

Unter dem Stichwort *Accessibility* (Zugänglichkeit) firmiert nun der Plan, die Barrieren, die man bei der Gestaltung von Ein- und Ausgabegeräten errichtet hat, aus dem Weg zu räumen und zwei Ziele zu erreichen: Einmal, den Programmierern die Möglichkeit zu geben, Applikationen zu schreiben, die auch von Behinderten verwendet werden können, zum anderen, Benutzern die Möglichkeit zu geben, den Zugang zu Programmen bzw. Computern und Technologie im Allgemeinen zu ermöglichen.

Der Ansatz soll dabei sein, Softwarekomponenten bei Bedarf in das System aufnehmen zu können, die einen Behinderten beim Benutzen des Rechners unterstützen: Vorgelesene Texte, On-screen Tastaturen, kopfmontierte Zeigewerkzeuge und ähnliche Gerätschaften sollen sich nahtlos in das System einfügen können, ohne dass sich an der Umgebung selbst etwas ändern muss.

Accessibility ist ein Projekt, in das im Moment eine Menge Zeit und Arbeit investiert wird, um es aus dem Stadium der Planung herauszuheben. Die Website `http://developer.gnome.org/projects/gap/` hält eine Menge Informationen bereit, die von ersten tatsächlichen Implementationen bis hin zu theoretischen Dokumenten reichen, die die Notwendigkeit des Projektes beleuchten, verschiedene Arten von Behinderungen beschreiben, auch solche, die auf den ersten Blick nicht offensichtlich sind, Gesetze verschiedener Länder zur Diskriminierung von Behinderten aufzählen etc.

Tatsächlich umgesetzt wird das *GNOME Accessibility Project* aber erst mit GNO-ME 2.0, dem nächsten großen Release des Systems, bis zu dessen Erscheinen sicherlich noch einige Zeit ins Land gehen wird. Da große Teile des Code allerdings um- oder gar neugeschrieben werden und das GAP überall seine Finger mit im Spiel hat, kann man davon ausgehen, dass die Ideen zur besseren Zugänglichkeit tief im System verankert werden.

Anhang C

Die GNOME Foundation

Auf der *LinuxWorld Expo* in San Jose wurde am 15. August 2000 die Gründung der *GNOME Foundation* bekannt gegeben.

Nachdem das GNOME-Projekt einen freien, einfach benutzbaren und dennoch komplexen Desktop hervorgebracht hat, der auch für Programmierer mit einfachen Schnittstellen versehen ist, wurde die *Foundation* ins Leben gerufen. Sie soll als offizielles Organ für das GNOME-Projekt dienen, das gegenüber der Presse, Firmen und anderen Stellen als Repräsentant für das Projekt auftreten kann. Sie soll außerdem die Möglichkeit haben, Dokumentation und anderes Material herzustellen und zu verteilen, sowie Ereignisse zu sponsorn, auf denen das GNOME-Projekt auftreten soll.

Die *Foundation* ist ausdrücklich eine nicht-profitorientierte Organisation, die das GNOME-Projekt fördern und die Entwicklung Freier Software, insbesondere für den Desktop-Bereich, vorantreiben soll.

Eine weitere wichtige Funktion ist die einfache Tatsache, dass es sich bei der *Foundation* um eine eingetragene Organisation handelt, die Spenden entgegen nehmen, Einkäufe tätigen kann etc.

C.1 Board of Directors

Das *Board of Directors* ist der Vorstand der *Foundation* und besteht zum Zeitpunkt der Niederlegung dieser Zeilen aus Miguel de Icaza, Bart Decrem, Jim Gettys, John Heard, Raph Levien, Federico Mena Quintero, Dan Mueth, Havoc Pennington, Maciej Stachowiak, Owen Taylor und Daniel Veillard.

Das *Board* wird im November jedes Jahres neu gewählt. Die genauen Regeln des Wahlvorganges und detaillierte Wahlergebnisse werden auf der Website veröffentlicht.

C.2   Weitere Mitglieder

Mitglied kann jeder werden, der einen Beitrag zu GNOME geleistet hat. Dieser Beitrag ist nicht auf das Schreiben von Programmcode beschränkt, sondern schließt auch das Schreiben von Dokumentation und so weiter ein.

Dem *Board of Directors* zur Seite steht das so genannte *Advisory Board*, was ich im Folgenden mit „Beraterstab" übersetzen möchte. Im Beraterstab sitzen überwiegend Firmenvertreter, darunter so große Namen wie Sun Microsystems, Borland und IBM, aber auch Ximian, Debian, Mandrakesoft und andere.

Die Gründung der Foundation hat einige Kritik erregt, primär wegen der Vertreter der ganz großen Firmen, die sich im Beraterstab tummeln. Dieser Beraterstab verfügt allerdings über keinerlei Entscheidungsgewalt, sondern dient lediglich als Forum für die Stimmen der darin sitzenden Unternehmen.

Zwar ist es möglich, als Mitglied einer Firma in das *Board of Directors* gewählt zu werden – eine Abstimmung, die unter allen Mitgliedern der *Foundation* durchgeführt wird –, allerdings legt die *Charta* fest, dass kein Unternehmen eine Mehrheit im *Board of Directors* erhalten darf. Eine Mitgliedschaft im *Advisory Board* ist außerdem mit einem jährlichen Mitgliedsbeitrag von $ 10.000 verbunden.

C.3   Charta

Die *GNOME Foundation* hat noch keine offizielle Satzung, hält sich aber bereits an gewisse Punkte wie die Zusammensetzung des *Board of Directors* und den Einfluss des *Advisory Board*. Den aktuellen Entwurf der *Charta* gibt es im World Wide Web unter `http://www.decrem.com/gnomefdn.html` zu begutachten.

C.4   Die Foundation im Internet

Unter `http://foundation.gnome.org/` ist die *GNOME Foundation* im World Wide Web zu erreichen.

Anhang D

GNOME und KDE

Ich habe es weiter vorne schon einmal erwähnt: Diejenigen, die eine Feindschaft zwischen diesen beiden größten Desktop-Projekten der Linux-Gemeinde ausmachen wollen, sind meist jene, die ohne Feindbilder nicht weiterkommen oder sich schlichtweg in Sachen Freie Software nicht wirklich auskennen. Die Fehleinschätzung rührt vor allen Dingen daher, dass Vorstellungen von der „realen", oder besser: kommerzialisierten Welt, in der es üblich ist, sich ständig einen Vorteil gegenüber anderen zu verschaffen und die Früchte dieser Vorteile für sich zu behalten, auf diese neue, unbekannte Subkultur übertragen werden. Doch die Welt der Freien Software folgt anderen Regeln. Ein Beispiel: Einen faux-pas leistete sich die Firma *Ximian* im Jahr 2001. Bei der Suchmaschine *Google* kann man Werbeplatz kaufen, dergestalt, dass bei bestimmten Suchbegriffen Links eingeblendet werden. *Ximian* war nun so frei, bei *Google* den Begriff „KDE" und einige andere, die damit in Zusammenhang stehen, für sich in Beschlag zu nehmen und Links zur *Ximian*-Website einblenden zu lassen, auf der die GNOME-Distribution der Firma natürlich prominent hervorgehoben ist. Sowohl bei KDE- als auch bei GNOME-Advokaten kam es zu einem Aufschrei, und nach Rücksprache mit prominenten Vertretern des KDE-Projektes wurden diese Links wieder entfernt. Ein Vorgehen, dass in der „kommerziellen" Welt alltäglich ist, hatte zu viel Widerstand hervorgerufen.

Ich möchte wirklich nicht den falschen Eindruck erwecken, als hätten sich in der Community „alle lieb"; aber obwohl der Umgangston manchmal etwas rauh ist, geht es hier wesentlich gesitteter zu als an den meisten Stellen der „realen" Welt.

D.1   Das eine unter dem anderen

Es gibt keinerlei Probleme bei dem Versuch, GNOME und KDE auf dem gleichen System installiert zu haben. Und das ist eigentlich schon der schönste Teil

am Ganzen: dass beide vollkommen konfliktfrei nebeneinander existieren können. Und wenn Sie noch weitere Alternativen brauchen oder testen möchten, so
können Sie in den meisten Fällen davon ausgehen, dass auch diese sich parallel
betreiben lassen.

Wenn Sie beides installiert haben und einen graphischen Login in Ihr System
verwenden, dann können Sie dabei in Ihrem Login-Manager unter anderem zwischen einer GNOME- und einer KDE-Session wählen. Wie Sie den GNOME-Log-
in-Manager *gdm* einrichten, wurde bereits im Kapitel „Installation" beschrieben
(ab Seite 11).

D.2 KDE-Menüs in GNOME

Die Menüs von KDE lassen sich einfach in das Hauptmenü des GNOME-Panel
einbinden, und das sogar an mehreren Stellen. Es können diverse Menüs an bestimmten Plätzen im Hauptmenü platziert werden. Das KDE-Hauptmenü nistet
sich dann beispielsweise so im Hauptmenü ein, wie man es in Abbildung D.1
erkennen kann.

Abbildung D.1: KDE-Menüs unter GNOME

Außerdem können natürlich Starter im GNOME-Panel platziert werden, die KDE-
Programme aufrufen. Sie können einfach den Namen des KDE-Programmes eintragen, das aufgerufen werden soll. In Abbildung D.2 sehen Sie beispielsweise,
ganz am rechten Rand, die von mir bevorzugte Textkonsole *konsole*.

Abbildung D.2: Ganz rechts: das KDE-Terminal *konsole* im GNOME-Terminal

D.3   Der KDE-Fenstermanager

Mit den neusten KDE-Versionen ist man mit KDE auch nicht mehr gezwungenermaßen an einen einzigen Fenstermanager gebunden, wie es früher mit *kwm*
der Fall war. Die meisten modernen Fenstermanager sind ebenso „KDE-aware"
wie sie „GNOME-aware" sind; sie sind sich also der Eigenarten der Desktopsystem bewusst und passen sich deren Forderungen an, sodass sich beispielsweise
ihre Implementierungen von virtuellen Arbeitsflächen vom jeweiligen Desktop-
System aus steuern lassen.

Beachten Sie aber, dass sich immer der Desktop um die Fenstergestaltung etc.
kümmert, den Sie als ersten gestartet haben. Das werden Sie an den Fensterdekorationen merken.

D.4   Ähnlichkeiten und Unterschiede

Eine der anfänglichen Differenzen zwischen KDE und GNOME war die unter-
schiedliche Lizenzierung des Widget-Set. Während GTK+ unter der LGPL stand,
wurde Qt, das Widgetset, welches von KDE verwendet wird, nur unter einer proprietären Lizenz benutzt. Diese Lizenz wurde jedoch – wohl auch unter dem
Druck von Außenstehenden – immer weiter gelockert, und heute kann man bei
der Installation von Qt auch die LGPL als Lizenzmodell wählen.

Neben der Tatsache, dass Qt und somit auch die größten Teile von KDE in C++
implementiert sind, während GTK+ und GNOME in C verfasst sind, hat sich
das *Look and Feel* beider Widgetsets und Desktops weiter auseinander entwickelt.
Während KDE einen „professionelleren" Eindruck macht, wartet GNOME mit einem „weicheren" Aussehen auf, das manchmal ein wenig ins Comic-artige spielt.
Das ist natürlich eine sehr grobe Einteilung, die vor allen Dingen durch Themes
zunichte gemacht oder gar umgekehrt werden kann.

Die zugrunde liegenden Bibliotheken können parallel installiert sein, ohne dass
sich die beiden Systeme in die Quere kommen. Wie oben angegeben, sind beide
Desktops in der Lage, die Menüs des jeweils anderen als Untermenüs zur Verfügung zu stellen. Auf diese Weise verschwimmen die Grenzen.

Mit der Einführung der *GNOME Foundation* als Repräsentanz nach außen – siehe
auch Seite 293 – und der Gründung des Vereins *KDE e.V.* haben sich die Organisa-
tionsmodelle ebenfalls voneinander entfernt: auf der einen Seite ein Modell, dass
die Unterstützuing großer Unternehmen sucht, um deren Schlagkraft in das Projekt einfließen zu lassen, ohne jedoch deren Einfluss zu erliegen; auf der anderen
Seite das Beharren auf das Modell des „Basars", in dem es keine organisierte Ob-
rigkeit gibt, die die Richtung des Projektes vorgibt. (Mit der Gründung der *KDE*

League mag sich das vielleicht verändert oder zumindest ein wenig verschoben haben; aber das ist ein anderer Punkt, der hier nicht diskutiert werden soll.)

Unter der Adresse im World Wide Web `http://wwwinfo.cern.ch/pdp/ose/linux/gnome/gnome_kde/` schließlich gibt es eine Seite, die sich mit den Unterschieden zwischen beiden Desktops beschäftigt, die jedoch seit über zwei Jahren nicht mehr aktualisiert worden ist. Wenn Sie ein wenig im Internet suchen, werden Sie sicherlich andere, ähnliche Seiten auftreiben können; bedenken Sie jedoch, dass solche Seiten immer ideologisch gefärbt sein werden.

Anhang E

Die GNU GPL

E.1 Allgemeines

Es ist üblich geworden, die GNU GPL als Text in ein Buch aufzunehmen. Viele Leser – und auch einige Autoren – sehen das kritisch als Versuch, das Buch künstlich zu strecken. Und in manchen Fällen mag das sogar der Fall sein. Ich möchte die Lizenz nicht ein weiteres Mal abgedruckt wissen, damit Sie die tausendste Kopie davon haben, die Sie dann doch nicht lesen. Sie kennen den Windows-Lizenzvertrag, den Sie bei der Installation dieses Betriebssystems präsentiert bekommen? Richtig, Sie wissen, dass er existiert, aber gelesen haben Sie ihn noch nie. Das kommt meist daher, dass man längere Texte am Bildschirm nur selten lesen möchte.

Wenn Sie jedoch mit GNOME arbeiten möchten, werden Sie über kurz oder lang, meist über das Internet, mit dem Begriff der „Freien Software" konfrontiert werden. Es lohnt sich zu wissen, um was es dabei eigentlich geht. Wenn man sich umschaut, was politisch auf der Ebene der Lizenzpolitik von Software, Literatur, Musik, Videofilmen und so weiter geschieht, ist es wichtig zu wissen, unter welchen Umständen man eigentlich seine Software benutzt und welche Vereinbarungen man eigentlich rechtsgültig, wenn auch stillschweigend, eingegangen ist. Und das einfach nur, indem man ein Programm startet oder den Quellcode kompiliert.

Als Benutzer einer SuSE-Distribution haben Sie bereits eine Fassung der GPL in einem der Handbücher in gedruckter Form. Andere Personen haben vielleicht nur ein CD-Set; für diese sei die GPL an dieser Stelle noch einmal niedergelegt.

Die häufigsten Fragen um die GPL werden online auf der Website der *Free Software Foundation* unter `http://www.gnu.org/licenses/gpl-faq.html` beantwortet. Bitte beachten Sie, dass es keine „gültige", d. h. rechtsverbindliche deutsche Übersetzung der GPL gibt. Die Firma SuSE hat eine eigene Übersetzung in Auftrag gegeben und verbreitet diese mit ihrer Distribution, weist aber explizit darauf hin, dass es sich nicht um einen rechtsgültigen Vertrag handelt, wie es bei der GPL der Fall ist.

Man kann immer wieder lesen, dass Freie Software lizenzfrei sei. Das stimmt schlicht nicht. Die GPL, die *GNU General Public License*, ist eine Lizenz, und sie erlegt dem Benutzer Beschränkungen auf. Wo bei proprietärer Software die Lizenz jedoch darauf abzielt, die Möglichkeiten des Benutzers so weit wie nur irgend möglich zu reduzieren, zielen die Beschränkungen in der GPL darauf ab, sowohl die Freiheit der Benutzer zu wahren als auch die Rechte des Programmierers wahrzunehmen. Dabei wird insbesondere auf die Möglichkeit für den Benutzer Wert gelegt, die Software nach seinen Wünschen zu verändern und anzupassen. Dabei wird allerdings verlangt, dass Veröffentlichungen dieser Veränderungen oder des Originals selbst wieder mit der Veröffentlichung des Quellcodes einhergehen müssen.

Bitte beachten Sie, dass der Ansatz der Lizenz Freier Software inzwischen auch in andere Bereiche wie Dokumentation und Literatur aller Art Einzug hält; ebenso werden bereits freie Lizenzmodelle für Musik entwickelt. Diese Ideen stehen im krassen Gegensatz zu den derzeitigen Tendenzen der entsprechenden Industrien, die Möglichkeiten und Freiheiten der Benutzer so weit wie nur irgend möglich einschränken und vor allen Dingen kontrollieren zu wollen.

Die Diskussion dieses Themenekomplexes ist sehr dynamisch und daher als Abdruck in einem Buch nicht gut geeignet. Beginnen Sie am besten im Web unter dem URL `http://www.gnu.org/` mit dem Lesen, falls Sie sich dafür interessieren; bedenken Sie dabei aber bitte immer, auch wenn Sie den Links zu anderen Meinungen folgen, dass die zugrunde liegenden Diskussionen hochgradig subjektiv und ideologisch gefärbt geführt werden.

Wenn Sie sich mit dieser Tatsache aber abfinden können und wenn Sie ein wenig Zeit mitbringen und sich ansehen, was andere Menschen als Konsequenz aus Freier Software erleben, werden Sie solche spannenden Fragen, ob sich mit Freier Software Geld verdienen lässt oder was von geschlossenen Betriebssystemen zu halten ist, mit mehr Fachkompetenz und tieferer Einsicht diskutieren können.

E.2 Die LGPL

Die *Lesser General Public License* ist eine „weniger rigorose" Form der GPL. Sie soll nicht noch zusätzlich hier abgedruckt werden. Während die GPL im wesentlichen bei Programmen Anwendung findet, ist die LGPL vor allen Dingen bei Bibliotheken verbreitet, weil sie es erlaubt, proprietäre Programme gegen derartig lizenzierte Programme zu linken.

Welche Konsequenz ergibt sich daraus? Mit der LGPL ist es möglich, *unfreie* Software zu schreiben, die von Freier Software abgeleitet ist, also Programme zu erstellen, deren Quellcode nicht weitergegeben werden muss. Diese Lizenz wird vor allen Dingen dann gewählt, wenn die Autoren die Verbreitung der Bibliothek mittelfristig für wichtiger erachten als die langfristige Freiheit, die sich aus der GPL ergibt.

Die LGPL und ihre Konsequenzen werden zwiespältig betrachtet. Auf der GNU-Website findet sich sogar ein langer Artikel, warum diese Lizenz eben *nicht* gewählt werden sollte.

Alle zentralen GNOME-Bibliotheken unterstehen der GNU LGPL. Das beginnt bei dem Widgetset GTK+, geht weiter über die GNOME-Libs und endet noch lange nicht bei *Bonobo*. Daraus ergbit sich, dass Sie, wenn Sie beispielsweise dem Konzept Freier Software immer noch nicht trauen sollten, auch Programme entwickeln und vertreiben können, deren Quellen Sie eben nicht weitergeben müssen.

E.3 Der Text der Lizenz

> Im folgenden der Text der GNU GPL, Version 2 von 1991.
>
> Der Text wurde inhaltlich nicht verändert, sondern lediglich in der Formatierung dem Druckbild angepasst.

GNU LIBRARY GENERAL PUBLIC LICENSE Version 2, June 1991

Copyright (C) 1991 Free Software Foundation, Inc. 59 Temple Place, Suite 330, Boston, MA 02111-1307 USA Everyone is permitted to copy and distribute verbatim copies of this license document, but changing it is not allowed.

[This is the first released version of the library GPL. It is numbered 2 because it goes with version 2 of the ordinary GPL.]

Preamble

The licenses for most software are designed to take away your freedom to share and change it. By contrast, the GNU General Public Licenses are intended to guarantee your freedom to share and change free software–to make sure the software is free for all its users.

This license, the Library General Public License, applies to some specially designated Free Software Foundation software, and to any other libraries whose authors decide to use it. You can use it for your libraries, too.

When we speak of free software, we are referring to freedom, not price. Our General Public Licenses are designed to make sure that you have the freedom to distribute copies of free software (and charge for this service if you wish), that you receive source code or can get it if you want it, that you can change the software or use pieces of it in new free programs; and that you know you can do these things.

To protect your rights, we need to make restrictions that forbid anyone to deny you these rights or to ask you to surrender the rights. These restrictions translate to certain responsibilities for you if you distribute copies of the library, or if you modify it.

For example, if you distribute copies of the library, whether gratis or for a fee, you must give the recipients all the rights that we gave you. You must make sure that they, too, receive or can get the source code. If you link a program with the library, you must provide complete object files to the recipients so that they can relink them with the library, after making changes to the library and recompiling it. And you must show them these terms so they know their rights.

Our method of protecting your rights has two steps: (1) copyright the library, and (2) offer you this license which gives you legal permission to copy, distribute and/or modify the library.

Also, for each distributor's protection, we want to make certain that everyone understands that there is no warranty for this free library. If the library is modified by someone else and passed on, we want its recipients to know that what they have is not the original version, so that any problems introduced by others will not reflect on the original authors' reputations.

Finally, any free program is threatened constantly by software patents. We wish to avoid the danger that companies distributing free software will individually obtain patent licenses, thus in effect transforming the program into proprietary software. To prevent this, we have made it clear that any patent must be licensed for everyone's free use or not licensed at all.

Most GNU software, including some libraries, is covered by the ordinary GNU General Public License, which was designed for utility programs. This license, the GNU Library General Public License, applies to certain designated libraries. This license is quite different from the ordinary one; be sure to read it in full, and don't assume that anything in it is the same as in the ordinary license.

The reason we have a separate public license for some libraries is that they blur the distinction we usually make between modifying or adding to a program and simply using it. Linking a program with a library, without changing the library, is in some sense simply using the library, and is analogous to running a utility program or application program. However, in a textual and legal sense, the linked executable is a combined work, a derivative of the original library, and the ordinary General Public License treats it as such.

Because of this blurred distinction, using the ordinary General Public License for libraries did not effectively promote software sharing, because most developers did not use the libraries. We concluded that weaker conditions might promote sharing better.

However, unrestricted linking of non-free programs would deprive the users of those programs of all benefit from the free status of the libraries themselves. This Library General Public License is intended to permit developers of non-free programs to use free libraries, while preserving your freedom as a user of such programs to change the free libraries that are incorporated in them. (We have not seen how to achieve this as regards changes in header files, but we have achieved it as regards changes in the actual functions of the Library.) The hope is that this will lead to faster development of free libraries.

The precise terms and conditions for copying, distribution and modification follow. Pay close attention to the difference between a "work based on the libraryänd a "work that uses the library". The former contains code derived from the library, while the latter only works together with the library.

Note that it is possible for a library to be covered by the ordinary General Public License rather than by this special one.

GNU LIBRARY GENERAL PUBLIC LICENSE TERMS AND CONDITIONS FOR COPYING, DISTRIBUTION AND MODIFICATION

0. This License Agreement applies to any software library which contains a notice placed by the copyright holder or other authorized party saying it may be distributed under the terms of this Library General Public License (also called this License"). Each licensee is addressed as "you".

A librarymeans a collection of software functions and/or data prepared so as to be conveniently linked with application programs (which use some of those functions and data) to form executables.

The Library", below, refers to any such software library or work which has been distributed under these terms. A "work based on the Librarymeans either the Library or any derivative work under copyright law: that is to say, a work containing the Library or a portion of it, either verbatim or with modifications and/or translated straightforwardly into another language. (Hereinafter, translation is included without limitation in the term modification".)

SSource codefor a work means the preferred form of the work for making modifications to it. For a library, complete source code means all the source code for all modules it contains, plus any associated interface definition files, plus the scripts used to control compilation and installation of the library.

Activities other than copying, distribution and modification are not covered by this License; they are outside its scope. The act of running a program using the Library is not restricted, and output from such a program is covered only if its contents constitute a work based on the Library (independent of the use of the Library in a tool for writing it). Whether that is true depends on what the Library does and what the program that uses the Library does.

1. You may copy and distribute verbatim copies of the Library's complete source code as you receive it, in any medium, provided that you conspicuously and appropriately publish on each copy an appropriate copyright notice and disclaimer of warranty; keep intact all the notices that refer to this License and to the absence of any warranty; and distribute a copy of this License along with the Library.

You may charge a fee for the physical act of transferring a copy, and you may at your option offer warranty protection in exchange for a fee.

2. You may modify your copy or copies of the Library or any portion of it, thus forming a work based on the Library, and copy and distribute such modifications or work under the terms of Section 1 above, provided that you also meet all of these conditions:

a) The modified work must itself be a software library.

b) You must cause the files modified to carry prominent notices stating that you changed the files and the date of any change.

c) You must cause the whole of the work to be licensed at no charge to all third parties under the terms of this License.

d) If a facility in the modified Library refers to a function or a table of data to be supplied by an application program that uses the facility, other than as an argument passed when the facility is invoked, then you must make a good faith effort to ensure that, in the event an application does not supply such function or table, the facility still operates, and performs whatever part of its purpose remains meaningful.

(For example, a function in a library to compute square roots has a purpose that is entirely well-defined independent of the application. Therefore, Subsection 2d requires that any application-supplied function or table used by this function must be optional: if the application does not supply it, the square root function must still compute square roots.)

These requirements apply to the modified work as a whole. If identifiable sections of that work are not derived from the Library, and can be reasonably considered independent and separate works in themselves, then this License, and its terms, do not apply to those sections when you distribute them as separate works. But when you distribute the same sections as part of a whole which is a work based on the Library, the distribution of the whole must be on the terms of this License, whose permissions for other licensees extend to the entire whole, and thus to each and every part regardless of who wrote it.

Thus, it is not the intent of this section to claim rights or contest your rights to work written entirely by you; rather, the intent is to exercise the right to control the distribution of derivative or collective works based on the Library.

In addition, mere aggregation of another work not based on the Library with the Library (or with a work based on the Library) on a volume of a storage or distribution medium does not bring the other work under the scope of this License.

3. You may opt to apply the terms of the ordinary GNU General Public License instead of this License to a given copy of the Library. To do this, you must alter all the notices that refer to this License, so that they refer to the ordinary GNU General Public License, version 2, instead of to this License. (If a newer version than version 2 of the ordinary GNU General Public License has appeared, then you can specify that version instead if you wish.) Do not make any other change in these notices.

Once this change is made in a given copy, it is irreversible for that copy, so the ordinary GNU General Public License applies to all subsequent copies and derivative works made from that copy.

This option is useful when you wish to copy part of the code of the Library into a program that is not a library.

4. You may copy and distribute the Library (or a portion or derivative of it, under Section 2) in object code or executable form under the terms of Sections 1 and 2 above provided that you accompany it with the complete corresponding machine-readable source code, which must be distributed under the terms of Sections 1 and 2 above on a medium customarily used for software interchange.

If distribution of object code is made by offering access to copy from a designated place, then offering equivalent access to copy the source code from the same place satisfies the requirement to distribute the source code, even though third parties are not compelled to copy the source along with the object code.

5. A program that contains no derivative of any portion of the Library, but is designed to work with the Library by being compiled or linked with it, is called a "work that uses the Library". Such a work, in isolation, is not a derivative work of the Library, and therefore falls outside the scope of this License.

However, linking a "work that uses the Library"with the Library creates an executable that is a derivative of the Library (because it contains portions of the Library), rather than a "work that uses the library". The executable is therefore covered by this License. Section 6 states terms for distribution of such executables.

When a "work that uses the Libraryüses material from a header file that is part of the Library, the object code for the work may be a derivative work of the Library even though the source code is not. Whether this is true is especially significant if the work can be linked without the Library, or if the work is itself a library. The threshold for this to be true is not precisely defined by law.

If such an object file uses only numerical parameters, data structure layouts and accessors, and small macros and small inline functions (ten lines or less in length), then the use of the object file is unrestricted, regardless of whether it is legally a derivative work. (Executables containing this object code plus portions of the Library will still fall under Section 6.)

Otherwise, if the work is a derivative of the Library, you may distribute the object code for the work under the terms of Section 6. Any executables containing that work also fall under Section 6, whether or not they are linked directly with the Library itself.

6. As an exception to the Sections above, you may also compile or link a "work that uses the Library"with the Library to produce a work containing portions of the Library, and distribute that work under terms of your choice, provided that the terms permit modification of the work for the customer's own use and reverse engineering for debugging such modifications.

You must give prominent notice with each copy of the work that the Library is used in it and that the Library and its use are covered by this License. You must supply a copy of this License. If the work during execution displays copyright notices, you must include the copyright notice for the Library among them, as well as a reference directing the user to the copy of this License. Also, you must do one of these things:

a) Accompany the work with the complete corresponding machine-readable source code for the Library including whatever changes were used in the work (which must be distributed under Sections 1 and 2 above); and, if the work is an executable linked with the Library, with the complete machine-readable "work that uses the Library", as object code and/or source code, so that the user can modify the Library and then relink to produce a modified executable containing the modified Library. (It is understood that the user who changes the contents of definitions files in the Library will not necessarily be able to recompile the application to use the modified definitions.)

b) Accompany the work with a written offer, valid for at least three years, to give the same user the materials specified in Subsection 6a, above, for a charge no more than the cost of performing this distribution.

c) If distribution of the work is made by offering access to copy from a designated place, offer equivalent access to copy the above specified materials from the same place.

d) Verify that the user has already received a copy of these materials or that you have already sent this user a copy.

For an executable, the required form of the "work that uses the Librarymust include any data and utility programs needed for reproducing the executable from it. However, as a special exception, the source code distributed need not include anything that is normally distributed (in either source or binary form) with the major components (compiler, kernel, and so on) of the operating system on which the executable runs, unless that component itself accompanies the executable.

It may happen that this requirement contradicts the license restrictions of other proprietary libraries that do not normally accompany the operating system. Such a contradiction means you cannot use both them and the Library together in an executable that you distribute.

7. You may place library facilities that are a work based on the Library side-by-side in a single library together with other library facilities not covered by this License, and distribute such a combined library, provided that the separate distribution of the work based on the Library and of the other library facilities is otherwise permitted, and provided that you do these two things:

a) Accompany the combined library with a copy of the same work based on the Library, uncombined with any other library facilities. This must be distributed under the terms of the Sections above.

b) Give prominent notice with the combined library of the fact that part of it is a work based on the Library, and explaining where to find the accompanying uncombined form of the same work.

8. You may not copy, modify, sublicense, link with, or distribute the Library except as expressly provided under this License. Any attempt otherwise to copy, modify, sublicense, link with, or distribute the Library is void, and will automatically terminate your rights under this License. However, parties who have received copies, or rights, from you under this License will not have their licenses terminated so long as such parties remain in full compliance.

9. You are not required to accept this License, since you have not signed it. However, nothing else grants you permission to modify or distribute the Library or its derivative works. These actions are prohibited by law if you do not accept this License. Therefore, by modifying or distributing the Library (or any work based on the Library), you indicate your acceptance of this License to do so, and all its terms and conditions for copying, distributing or modifying the Library or works based on it.

10. Each time you redistribute the Library (or any work based on the Library), the recipient automatically receives a license from the original licensor to copy, distribute, link with or modify the Library subject to these terms and conditions. You may not impose any further restrictions on the recipients' exercise of the rights granted herein. You are not responsible for enforcing compliance by third parties to this License.

11. If, as a consequence of a court judgment or allegation of patent infringement or for any other reason (not limited to patent issues), conditions are imposed on you (whether by court order, agreement or otherwise) that contradict the conditions of this License, they do not excuse you from the conditions of this License. If you cannot distribute so as to satisfy simultaneously your obligations under this License and any other pertinent obligations, then as a consequence you may not distribute the Library at all. For example, if a patent license would not permit royalty-free redistribution of the Library by all those who receive copies directly or indirectly through you, then the only way you could satisfy both it and this License would be to refrain entirely from distribution of the Library.

If any portion of this section is held invalid or unenforceable under any particular circumstance, the balance of the section is intended to apply, and the section as a whole is intended to apply in other circumstances.

It is not the purpose of this section to induce you to infringe any patents or other property right claims or to contest validity of any such claims; this section has the sole purpose of protecting the integrity of the free software distribution system which is implemented by public license practices. Many people have made generous contributions to the wide range of software distributed through that system in reliance on consistent application of that system; it is up to the author/donor to decide if he or she is willing to distribute software through any other system and a licensee cannot impose that choice.

This section is intended to make thoroughly clear what is believed to be a consequence of the rest of this License.

12. If the distribution and/or use of the Library is restricted in certain countries either by patents or by copyrighted interfaces, the original copyright holder who places the Library under this License may add an explicit geographical distribution limitation excluding those countries, so that distribution is permitted only in or among countries not thus excluded. In such case, this License incorporates the limitation as if written in the body of this License.

13. The Free Software Foundation may publish revised and/or new versions of the Library General Public License from time to time. Such new versions will be similar in spirit to the present version, but may differ in detail to address new problems or concerns.

Each version is given a distinguishing version number. If the Library specifies a version number of this License which applies to it and äny later version", you have the option of following the terms and conditions either of that version or of any later version published by the Free Software Foundation. If the Library does not specify a license version number, you may choose any version ever published by the Free Software Foundation.

14. If you wish to incorporate parts of the Library into other free programs whose distribution conditions are incompatible with these, write to the author to ask for permission. For software which is copyrighted by the Free Software Foundation, write to the Free Software Foundation; we sometimes make exceptions for this. Our decision will be guided by the two goals of preserving the free status of all derivatives of our free software and of promoting the sharing and reuse of software generally.

NO WARRANTY

15. BECAUSE THE LIBRARY IS LICENSED FREE OF CHARGE, THERE IS NO WARRANTY FOR THE LIBRARY, TO THE EXTENT PERMITTED BY APPLICABLE LAW. EXCEPT WHEN OTHERWISE STATED IN WRITING THE COPYRIGHT HOLDERS AND/OR OTHER PARTIES PROVIDE THE LIBRARY ÄS IS"WITHOUT WARRANTY OF ANY KIND, EITHER EXPRESSED OR IMPLIED, INCLUDING, BUT NOT LIMITED TO, THE IMPLIED WARRANTIES OF MERCHANTABILITY AND FITNESS FOR A PARTICULAR PURPOSE. THE ENTIRE RISK AS TO THE QUALITY AND PERFORMANCE OF THE LIBRARY IS WITH YOU. SHOULD THE LIBRARY PROVE DEFECTIVE, YOU ASSUME THE COST OF ALL NECESSARY SERVICING, REPAIR OR CORRECTION.

16. IN NO EVENT UNLESS REQUIRED BY APPLICABLE LAW OR AGREED TO IN WRITING WILL ANY COPYRIGHT HOLDER, OR ANY OTHER PARTY WHO MAY MODIFY AND/OR REDISTRIBUTE THE LIBRARY AS PERMITTED ABOVE, BE LIABLE TO YOU FOR DAMAGES, INCLUDING ANY GENERAL, SPECIAL, INCIDENTAL OR CONSEQUENTIAL DAMAGES ARISING OUT OF THE USE OR INABILITY TO USE THE LIBRARY (INCLUDING BUT NOT LIMITED TO LOSS OF DATA OR DATA BEING RENDERED INACCURATE OR LOSSES SUSTAINED BY YOU OR THIRD PARTIES OR A FAILURE OF THE LIBRARY TO OPERATE WITH ANY OTHER SOFTWARE), EVEN IF SUCH HOLDER OR OTHER PARTY HAS BEEN ADVISED OF THE POSSIBILITY OF SUCH DAMAGES.

END OF TERMS AND CONDITIONS

How to Apply These Terms to Your New Libraries

If you develop a new library, and you want it to be of the greatest possible use to the public, we recommend making it free software that everyone can redistribute and change. You can do so by permitting redistribution under these terms (or, alternatively, under the terms of the ordinary General Public License).

To apply these terms, attach the following notices to the library. It is safest to attach them to the start of each source file to most effectively convey the exclusion of warranty; and each file should have at least the copyrightline and a pointer to where the full notice is found.

<one line to give the library's name and a brief idea of what it does.> Copyright (C) <year> <name of author>

This library is free software; you can redistribute it and/or modify it under the terms of the GNU Library General Public License as published by the Free Software Foundation; either version 2 of the License, or (at your option) any later version.

This library is distributed in the hope that it will be useful, but WITHOUT ANY WARRANTY; without even the implied warranty of MERCHANTABILITY or FITNESS FOR A PARTICULAR PURPOSE. See the GNU Library General Public License for more details.

You should have received a copy of the GNU Library General Public License along with this library; if not, write to the Free Software Foundation, Inc., 59 Temple Place - Suite 330, Boston, MA 02111-1307 USA.

Also add information on how to contact you by electronic and paper mail.

You should also get your employer (if you work as a programmer) or your school, if any, to sign a copyright disclaimerfor the library, if necessary. Here is a sample; alter the names:

Yoyodyne, Inc., hereby disclaims all copyright interest in the library 'Frob' (a library for tweaking knobs) written by James Random Hacker.

<signature of Ty Coon>, 1 April 1990 Ty Coon, President of Vice

That's all there is to it!

Literaturverzeichnis

[Bun00] BUNKS, CAREY: *Grokking the Gimp*. New Riders, 2000.

[CH00]   COTTRELL BRYANT, STEPHANIE und HODGSON, TILLMAN: *Gimp for Linux Bible*. Hungry Minds, 2000.

[Die02] DIEHL, THOMAS: *KDE 3 – Praxisführer zur graphischen Benutzerumgebung für Linux/UNIX*. SuSE PRESS, 2002.

[FH01]   FUHS, HOWARD und HASENBEIN, MARKUS: *GNOME – Der intuitive Desktop für Linux/Unix*. dpunkt, 2001.

[Fis00] FISCHER, THORSTEN: *GUI-Programmierung mit GTK+. Handbuch und Referenz*. SuSE PRESS, 2000.

[Gri00] GRIFFITH, ARTHUR: *Gnome/Gtk+ Programming Bible*. Hungry Minds, 2000.

[HA02]   HEROLD, HELMUT und ARNDT, JÖRG: *C-Programmierung unter Linux*. SuSE PRESS, 2002.

[Har98] HARLOW, ERIC: *Developing Linux Applications with GTK+ and GDK*. New Rider Publishing, 1998.

[Hau02] HAUSER, TOBIAS: *GIMP Praxisführer – Bildbearbeitung und -gestaltung unter Linux*. SuSE PRESS, 2002.

[Kof02] KOFLER, MICHAEL: *Linux – Installation, Konfiguration, Anwendung*. Addison-Wesley, 2002.

[NR95]   NEWHAM, CAMERON und ROSENBLATT, BILL: *Learning the bash Shell*. O'Reilly, 1995.

[Ost00] OSTERBERG, JÜRGEN: *Gimp. Anspruchsvolle Grafikbearbeitung unter Linux und Windows*. dpunkt, 2000.

[Pen99] PENNINGTON, HAVOC: *GTK+/Gnome Application Development*. New Rider Publishing, 1999.

[Spe00] SPENGLER, ANDREAS: *Das Einsteigerseminar Gnome 1.x.* bhv Verlags GmbH, 2000.

[Ste00] STEIL, MICHAEL: *Gnome. Objektorientiert arbeiten mit X.* Computer & Literatur, 2000.

Index